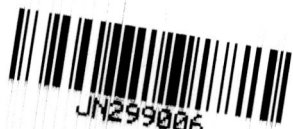

47都道府県・
こなもの食文化百科

成瀬　宇平 著

丸善出版

まえがき

Ｂ級グルメが各地でイベントを行い、お互いに競争するようになってから、「こなもの」の焼きそば、餃子、お好み焼きなどが地域の活性化に寄与するようになっている。これら「こなもの食品」は、古くから私たちの食生活を楽しませてくれるだけでなく、栄養上非常に大切な食品であった。

伝統的「こなもの」の食材には、コメ、コムギ、ソバ、サツマイモなどを粉にしたものが多い。これらの原料となる植物の可食部は、サツマイモを除いて種子である。種子には皮や殻がついていて食べにくい。皮や殻を除いて、種子の中身（ほとんどは胚乳）を取り出すために、粉砕して粉にし、さらに粉を団子状や麺状にして食べるようになった。この成分はほとんどがデンプンである。

デンプンは、ブドウ糖（グルコース）のα1,4結合やα1,6結合からなる多糖類である。多糖類のデンプンを構成しているブドウ糖は、体内で吸収されて血糖となり細胞内のエネルギー源となる。私たちは、エネルギー源となるブドウ糖をコメ（米粉）、小麦粉、そば粉、トウモロコシ粉などのデンプンから摂取しているのである。

世の中は、歴史ブームである。このことは歴史の中に「温故知新」を求めて便利になりすぎた現代の生活を反省する意味があるのかと思う。そして、食生活の点では、高価な料理や食品に満足している人がいる反面、手作りで素材の味や素朴な料理に価値を求めている人もいる。さらに、現代の料理の種類や調理技術には、いろいろなジャンルのものが多くなってきているが、単純で素朴な和食を求める人も多くなった。そのために、古くから伝わる農家の料理や一般家庭の料理が注目されてきている。

日本の「こなもの」といえば、うどんや日本そば、団子、すいとんなどが主体であったが、第二次世界大戦後、欧米の食材や料理が日本人の食生活に導入されてから、食生活は多様化した。家庭の食事の内容にパン、スパゲッティ、ラーメン（中華麺)、餃子などが取り入れられるようになった。ただ欧米から導入された「こなもの」には、今のところ地域的特性はみられない。ラーメンについては、横浜・神戸などの中華街よりも、戦後日本にきて生活するようになった中国の人によって広められたが、後に地域性が生まれ、日本の国民的な料理となった。ラーメンの美味しい店を求める人は、今も続いている。また餃子については、B級グルメの普及により地域性が生まれてきている。

本書では、農家の生活から生み出された「こなもの」の郷土料理、美味しい食べ方を求めて生み出された「こなもの食品」について、主として小麦粉、そば粉、米粉、芋粉を使った麺類・団子類・菓子類など、基本的な「こなもの食品」を紹介した。

本書で紹介できなかった食品や料理はまだあるが、本書が読者諸氏の「こなもの」に対する知識と理解を深める一助になれば幸いである。

本書をまとめるにあたり、企画・編集にご協力いただいた丸善出版株式会社・企画編集部の小林秀一郎氏、松平彩子氏に謝意を表す。

2012年6月

成 瀬 宇 平

目　次

第Ⅱ部　都道府県別　こなもの食文化とその特徴

第I部

概　要

1．日本人と穀類およびその加工品の歴史

穀物と粉食の歴史の概要

粉食文化の大きな流れは、歴史的には小麦を媒体として展開された。その小麦が、日本に伝来し、栽培されたのは弘法大師が中国から持ち帰ったという説もある。

弘法大師が小麦の穂を持ち帰るにあたっては、次のような伝説が残っている。すなわち、小麦の1穂を摘んで袂《たもと》に入れようとしたとき、犬に吠えられて、持ち主に見つかった。見つかる寸前に、ナイフで足の部分を切り3粒の小麦の種子を故郷に持ち帰ったという伝説がある。

韓国南端の南は朝鮮海峡、東は日本海に面している「慶尚南道」(キョサンナムド）の金海（クムへ）貝塚（弥生時代のもの）からは、コメ、オオムギ、コムギ、ダイズ、アワ、アズキが出土されていることから、すでに、朝鮮半島からコメや、ムギなどの雑穀類が九州地方に渡来していたと推察されている。

穀物と日本の食文化

粉食の原料となる「粉」は、コムギ、オオムギ、コメ、ソバ、トウモロコシのように「穀物」を原料としたものが多い。オオムギ、コムギ、コメ、トウモロコシはイネ科に属し、ソバはタデ科に属する。また、サツマイモ、ジャガイモなどのイモ類も粉の原料として使われる。

「穀類」あるいは「穀物」の定義は定かではない。古くから「五穀の豊饒を祈る」といわれ、農作物が豊かに稔り収穫されることを神に祈るための祀りごとは地域ごとに「祭り」という形で行われている。この場合の「五穀」とは米や麦といった特定の作物をさしているのではなく、日本人が古くから食用としている作物がよく育って豊かな稔りもたらす願望が含まれている。あえて作物を限定するとすればタネ（種子）を食用とする種類の総称といえる。さらに、その種子を主食かそれに近い食べ方をするものともいえる。タデ科のソバを除けばすべてイネ科に属する植物である。雑穀

の仲間とされるハトムギやシコクビエはイネ科に属する。ただ、マメ科のダイズ、アズキ、ゴマ科のゴマも雑穀の仲間に加えることもある。

これらの作物の中で世界中で最も多く栽培されているものは、1位コムギ、2位コメ、3位がトウモロコシである。これらは「世界三大主要作物」とよばれ、それぞれ地域により主食の作物として栽培されている。食べ方としてはこれらの作物に物理的、化学的手法を加えて食べやすい状態の加工品を開発して世界的に広く利用されている。

それぞれの栽培の中心地帯には、稲作文化、小麦文化、トウモロコシ文化と称される特色をもった生活様式や食生活が形成されている。

穀物の日本への伝来

日本の穀物のすべては、日本が原産地ではなく、海外から渡来したものである。

イネの原産地は中国南部、東南アジアなどの諸説がある。B.C.5000年頃、インドのアッサム地方や中国の雲南地方で野生のイネが栽培されていたとの説がある。

オオムギの原産地は、六条大麦が西アジア、二条大麦が西南アジアといわれている。六条大麦は朝鮮を経て2～3世紀頃渡来し、二条大麦は明治時代になって北ヨーロッパから導入されたといわれている。

コムギの原産地はアフガニスタンからカスピ海南岸地域といわれている。1万5000年～1万年前から栽培され、人類最初の作物と考えられている。日本には中国、朝鮮を経て北九州に4～5世紀に渡来したといわれている。

原産地が北米大陸のトウモロコシは天正年間（1573～1592）に、スペインを経由して日本に導入された。ポルトガル人によって長崎に伝えられ、西南地方より順次関東北部、東北南部へと達した。一方、明治時代に入りアメリカより北海道へ新品種が導入され、これが次第に南下し、東北を経て関東に到達した。

アワの原産地はアフガニスタンで、有史以前にアジア各地、ヨーロッパ、アフリカに伝わり、中国ではB.C.2700年頃には栽培されていたといわれている。わが国では、縄文時代には栽培されていたと推測されている。

キビ（原産地は東アジアまたは中央アジア）は中国、朝鮮を経て平安時代に伝来されたともいわれ、北海道には明治時代になって伝わった。

モロコシ（原産地は熱帯アフリカ）は中国を経て室町時代に導入された

ともいわれている。

ヒエの原産地はインドといわれている。わが国では縄文時代から栽培されていて、アワと並んでイネ伝来以前の最も古い穀物と推測される。

明治時代以降に輸入されたライ麦とえん麦は、前者は黒パンの原形となり、後者はオートミールの原形となった。これらは、ヨーロッパの食文化の導入のきっかけとなったが、これまでのコメを主食としていた食生活には、参入し難かったために普及しなかった。

日本の食生活におけるコメの位置は、古くから重要視されていた。コメを主食とする日本の食文化においては、明治時代以降に伝来したコメ以外の穀類は副食として取り扱われていた。第二次世界大戦後、欧米の食文化が導入され、小麦粉を原料としたパンやパスタ類は、大戦以前に比べれば普及し、欧米風の料理も家庭で広く作られるようになった。とくに、学校給食では、パン、麺を主食とするメニューが多かったが、肥満をはじめとする生活習慣病の予防のためには、コメを主食とすることが見直されてきた。また、パンや麺類の食事が多くなったため、コメを利用する量が減少してコメが余り、コメの利用法としてコメを粉状としてまたは粒状としての利用法が考えられるようになった。その例としては、パンの製造にコメの粉を利用するということもあげられる。

粉食と生活

煎りとねりもの

昔は粉物を作るには、各家庭で穀物を臼に入れ、杵《きね》で磨り潰して粉末にし、さらに篩《ふるい》でコバタキ（篩い分ける）をし、粒子の小さい粉を調製した。その後、手でまわす石臼で穀物を粉にした。その粉で作った団子などをハタキモノともいったようである。ハタクというのは、臼で潰して粉にするという意味で、もともとは「叩く」の意味であった。コメの粉、オオムギの粉、コムギの粉、ダイズの粉、モロコシの粉、ソバの粉、トチの粉、クリの粉などが作られた。山梨県には、これらの粉を碾物《ひきもの》とよぶところもある。昔の臼や石臼で粉末にした方法に由来する呼び名と思われる。

昔は、農家では粒の揃ったコメは藩主への貢納用にし、残った屑コメや砕コメは粉に調製して、それをいろいろな形にして食べることが多かった。

「カイ餅」や「クダケ餅」といわれた餅をつくり昼食に食べることが多かったのである。

コメ以外に雑穀も粉にし、それを団子のようにして食べたようである。粉化は臼と手杵で粉ハタキをするよりも石臼で挽くほうが粉が細かく仕事もしやすかったのである。

「そばねり」「そばがき」

粉を湯で練って食べる「そばねり」「そばがき」は、関西地方ではすでに奈良時代に食べられていた。昔は、山畑が多かったのでソバが多く栽培されていた。そのため、1日1回は「そばねり」または「そばがき」を食べる習慣が、全国的に普及していた。農家では、夏の草刈の時、朝の起き抜けに湯を沸かして「そばがき」を作り、早朝の仕事の前に食べたという。つまり、朝食前の仕事のための腹ごしらえに食べていた。

団子と餅

日本における粉の食べ方には、香煎《こうせん》のように粉そのものを食べる方法、そばがきのように湯を加えて練って食べる方法、団子のように丸めて蒸したり、焼いたりして食べる方法、うどんのように紐のように細長くし、煮たり、茹でて食べる方法などがある。また、コメについて、コメ粒を蒸してからキリタンポのように丸めたもの、コメ粒を蒸してから、あるいは蒸さないで粉にして団子のように丸めたものもある。

コメの粉には、新粉と白玉粉がある。前者は、うるち精白米を水洗・水切り・乾燥し、適度に吸水した状態で粉砕、乾燥したもので、主に和菓子の原料となっている。後者は、もち精白米を水洗・浸漬・水切りしたのち、石臼で水挽きした乳液を圧搾脱水したものを切断・乾燥したもので、「寒晒し粉」ともいわれている。

新粉《しんこ》という言い方は、関東から近畿、長崎県の壱岐の島のほうまで及んでいる。コメの粉に微温湯で丸めたものが団子といわれているが、マルメモン・オマル・マルコという地方もある。この言い方は、新潟県や長野県から四国や九州の喜界島、石垣島に及んでいるという。植物の葉に包む団子は、柏餅・粽《ちまき》・包団子・マキダコとよばれるものがあり、5月に子供の成長を祈願して作ることが多い。

餅はもち米を蒸して臼で搗き、さまざまな形にまとめたもので、聖なる食べ物として正月には欠かせない。元々は餅飯《もちいい》の略で、神前に供える餅（しとぎもち）に由来する。臼や杵のなかった時代は、穀物を水に浸して軟らかくしてから、粉食として用いたようである。

小麦と小麦粉

麦文化の始まり

大麦の原産地は西南アジアで、新石器時代（日本は縄文時代、紀元前3世紀頃）にはヨーロッパに伝わり、日本には朝鮮を経て2～3世紀頃に渡来したと推測されている。小麦の原産地は、アフガニスタンからカスピ海南岸地域とされている。日本には朝鮮を経て5～6世紀に渡来している。最初は大麦の栽培が始まり、小麦の栽培は大麦より遅れて行われたといわれている。

1万年前頃は大麦や小麦の区別なく両者を同時に栽培し、豆や雑穀と一緒に石と石の間に挟んで粗く挽き、焼いて食べていた。土器が使われるようになると、臼で大麦を挽き、土器に入れて煮て食べるようになった。

紀元前3000年頃、古代エジプトでは小麦を粉状に挽く「サドルカーン」（日本語では「すりうす」または「鞍型臼《うす》」といわれているものの古い型の臼《うす》）が作られたことにより、小麦の外皮を簡単に取り除き、内部を粉状にすることができるようになった。できあがった小麦の粉に水を加えて捏《こ》ね、弾力と粘りのある塊をつくり、焼いて食べることも確立したようである。やがて小麦の粉が、大麦に比べて簡単に粉にできるようになり、焼いてパン状のものを作って食べることを身につけてからは、大麦よりも小麦の利用が多くなった。小麦粉を利用したパンを作り始めたのは約1万年前頃と伝えられている。

小麦粉の加工品のうどんが日本に渡来したのは、平安時代に中国から伝わったといわれている。中国の唐代（618～907）ではハレの日の祝いの食べ物として作ったようである。日本には「ほうとう」のような形で伝えられたという。鎌倉時代中期頃に、水田裏作として、大麦、小麦の栽培が始まる。全国的に広まったのは、江戸時代になってからである。粉にする技術がなかった時代には、粒食として利用した。例えば、炒って香煎を作ったり、水と煮て粥（つぶがゆ・こながゆ・あらびきがゆ）を作って食べた。

小麦の種類

春小麦と冬小麦

小麦は栽培する時期によって春小麦と冬小麦に分類される。春小麦（スプリング小麦）は、春に種子を播いてその年の秋に収穫するもの、冬小麦（ウインター小麦）は､秋に種子を播いて翌年の夏に収穫するタイプをいう。冬の寒さの厳しい地域を除いて、世界の大部分の地域では冬小麦を栽培し、アメリカ・ヨーロッパ・北海道など北半球の一部では春小麦を栽培している。

赤系の小麦と白系の小麦

小麦は外皮の色合いによって赤（レッド）小麦と白（ホワイト）小麦に大別されている。赤小麦は、外皮の色が赤または赤褐色の色素をもつ小麦で、白小麦は外皮の色素が黄白色の小麦である。同じ小麦の品種でも、生育期の後半に雨量が少なく、強い高温が続くと、外皮の色素が濃い褐色になりやすくなり、流通過程では「ダーク」と仕分けされる。一方、雨量が多い場合は小麦粒の中にデンプンが十分に形成され、外皮の色は淡い褐色になりやすく、流通段階では「イエロー」と仕分けされる。

一般に、硬質小麦では、たんぱく質含有量が多い小麦は「ダーク」となり、たんぱく質含有量の少ない小麦は「イエロー」となる。軟質小麦では、たんぱく質含有量の多い小麦の外皮はやや褐色が強く現れる。ダークの硬質小麦はパンの製造に適していて、色の淡いイエローの軟質小麦はケーキの製造に適している。

オーストラリア、北アメリカの太平洋岸に面している北西部の小麦は、大部分が白小麦で、日本の小麦は赤小麦である。

小麦粒の粉になる部分は胚乳である。麺用の小麦は、製粉しやすければ、外皮の色が赤でも白でも関係ない。うどんのように白い粉は、白小麦のほうが作りやすい。現在、日本のめんに適している小麦粉は、オーストラリア産のものが多い。その理由は、オーストラリアの小麦は、白小麦であることと、デンプンの質が麺に適していることによるといわれている。

『日本食品大事典』（医歯薬出版）を参考にすると、上記のことは次のように分類されている。

①　ガラス質小麦―軟質小麦：胚乳組織が密で、断面が半透明ガラス状

を示すのでガラス質小麦といわれている。胚乳組織が粗く、断面が粉状のものを粉状小麦とよんでいる。

② 硬質小麦—中間質小麦—軟質小麦：粉が硬く、一般にガラス質でグルテン含量が多い。製パンに適しているものを硬質小麦、製パンに適していないものは軟質小麦、両者の中間のものを中間小麦とよんでいる。

③ 強力小麦—薄力小麦：グルテン形成量の多いたんぱく質が多く、生地の粘弾性の強いものを強力小麦、その反対のグルテン形成量を左右するたんぱく質含有量の少ないものを薄力小麦と区別している。

④ 白小麦—赤小麦：種皮の色が黄白色から黄色のものを白小麦、種皮の色が黄褐色から赤褐色のものを赤小麦と区別している。白小麦は、粉の色は白いが、穂の発芽性が高いので収穫期が梅雨の地域では栽培が適さない。

⑤ 冬小麦—春小麦：冬小麦は秋に種を播き、翌年初夏に収穫するもの、春小麦は春に種を播き、夏から初秋に収穫するものとしている。春小麦は、寒冷地で栽培され、冬小麦に比較して収量は低いが、たんぱく質含有量は多く、品質に優れたものが多い。日本では、北海道の一部で栽培されている。

⑥ 内麦—外麦：国内産のものを内麦《ないばく》、輸入ものを外麦《がいばく》といっている。内麦は南は沖縄から北は北海道で生産されるものである。この中で、比較的硬質ガラス質が多く、たんぱく質も多く、特別な加工特性をもつものを強力小麦という。内麦は、成熟期と収穫に高温・多湿の影響を受け、製粉したもののデンプンはアミロペクチンが多く、たんぱく質（主として水を加えて練るとグルテンを形成する）含有量も多く、外麦に比べて強靭で粘弾性に富み、グルテン形成が速く、生地の伸展性も大きい小麦粉を必要とするパンやラーメンの材料として適している。

小麦のデンプンにもアミロースとアミロペクチンがあり、後者の多いものはコメと同じようにウルチ系統に属す。アミロペクチンの多いウルチ系の小麦は日本で品種改良して作りだしたものである。

小麦粉の性質と小麦粉製品の例

国産の小麦を挽いて粉にし、うどんやそうめんに加工していたのは江戸時代以前からといわれている。一方、明治4（1871）年には、北海道開拓使の黒田清輝が、アメリカからコムギやジャガイモの種子を持ち帰り、栽培し、粉にして麺類、団子、おやきなどの独特の食品を作ったともいわれている。

うどん粉とメリケン粉

江戸時代以前から、国内産小麦を挽いた小麦粉は、うどんやそうめんに使っていたので「うどん粉」とよばれていた。一方、明治時代の後半になってアメリカからたんぱく質含量の多い小麦粉を輸入し、食パンの原料とした。この粉は、国産のうどんに使っていた小麦粉に比べれば、性質が違い、弾力性、伸展性などが大きかった。アメリカ産の粉であることから「メリケン粉」とよばれたようである。

麺・麪

日本では、小麦粉のことを麺（こむぎ）・麪（こむぎ）とよんだ時代があった。『和《わ》名《みょう》抄《しょう》』（承平5［935］年以前）に「麺」とは「無岐乃古（むぎのこ）」とあり、江戸時代前期の『本朝食鑑』（元禄8［1695］年）では、麪は麦粉（むぎこ）のことであると記載されている。

『本朝食鑑』によると、江戸時代の小麦粉については、①とにかくコムギの品種は多く、粘りの多いものは美味で、粘りの少ないものは美味しくない。②用途には、まんじゅう・温飩（おんとん＝うどんのこと）・索麺（そうめんのこと）・中国菓子がある。③コムギは粒食にむかずコムギ粉は、つき臼ではつくれない。ひき臼にかけながら篩に5～6回かけると、コムギ粉は上等粉と下等粉に分けられる。④ふすま（篩にかけて網の目を通過しなかった外皮）は、加良古（からこ）とか不須麻（ふすま）とよばれ、脂垢をとるのによい、記載されている。

江戸時代中期の『和漢三才図会』（正徳2年、1712年）には、①コムギの品種は多く、播き方も早・中・晩とさまざまで、②丸亀のものが質はよく、まんじゅうに向く、③関東と越後のコムギは粘りが強く、麩や索麺によく、④肥後のものは、醤油の原料になり、⑤コムギ粉の用途は多い。⑥一番粉は、最も色が白く粒子も細かい、⑦ふすまは、古無岐乃加須（こむぎのかす）とよぶ、とある。

表　各種小麦粉の性状と用途

	強力粉	準強力粉	中力粉	薄力粉
たんぱく質（%）	11−13	9.5−10.5	8.5−9.5	8−8.5
湿麩量（%）	38−52	34−38	24−32	18−25
灰分（%）	0.38−0.90	0.42−0.55	0.38−0.75	0.35−1.40
用途	パン、麺類	パン、麺類	麺類	菓子、天ぷら

荒井綜一ほか著　『食品の貯蔵と加工』（エスカ・シリーズ、同文書院）

小麦粉の種類

一般に、「強力粉」「中力粉」「薄力粉」に分けられている。小麦粉のグルテン含有量によって、パンに向く小麦粉とかうどんに向く小麦粉などのように用途が異なる。用途に適した小麦粉は、グルテン含有量の異なる何種類かの原料の小麦を配合して作る。強力粉は、たんぱく質の量が多く、水を加えて捏ねたときに生地の中にできるグルテンの量も多く、弾力性や伸展性の強い小麦粉である。中力粉、薄力粉の順にたんぱく質の量が少なくなり、グルテンの量も少なく、弾力性も弱くなる（表参照）。

表中の麩湿量とは、小麦粉に水を加えて練り、これをガーゼまたは布で包んで、水の中でデンプンをもみだすと、ガーゼまたは布に残る湿麩の量のことである。

パスタ用にはデュラム小麦を原料とした小麦粉を用いる。

グルテンの強い粘弾性を応用したものには、パン、麺があり、適当な温度で長時間よく捏ねると粘弾性が形成される。一方、グルテンの形成をあまり望まないものには、ケーキ、天ぷらの衣があり、低温で短時間の攪拌《かくはん》で留める。

パンケーキ、スポンジケーキ、ビスケット、ドーナツ、から揚げや天ぷらの衣、などに適した小麦粉に調製したものは「プレミックス粉」といわれる。これらは、小麦粉などの穀類の粉に糖類、油脂類、乾燥卵、膨張剤、食塩、香料などを配合してつくる。

小麦粉用の原料小麦

①強力粉には、カナダ産ウエスタン・レッド・スプリング・ホイート、米国産ダーク・ノーザン・スプリング・ホイート、②準強力粉は米国産ハード・レッド・ウインター・ホイート、米国産ダーク・ノーザン・スプリ

ング・ホイート、カナダ産ウエスタン・レッド・スプリング・ホイート、③中力粉にはオーストラリア産スタンダード・ホワイト・ホイート、国内産普通小麦、④薄力粉には米国産ウエスタン・ホワイト・ホイートなどがある。⑤パスタ用には米国産デュラム・ホイート、アンバー・デュラム・ホイート、ハード・アンバー・デュラム・ホイート、カナダ産ウエスタン・アンバー・デュラム・ホイートなどがある。

小麦粉の特性とうどん

小麦粉の性質を左右する代表的成分は、たんぱく質、灰分、デンプンである。たんぱく質の性質は、欧米の食品のパンの製造において重要であり、デンプンは中国から伝わったうどんの製造において、茹でたときに生ずる食感に影響する因子である。灰分は小麦粉の色合いに影響している。

たんぱく質とグルテン

小麦粉には、80種類以上のたんぱく質が存在している。その中でとくに重要なのは、グルテン形成に必要なグルテニンとグリアジンである。グルテニンは水と捏《こ》ねると引っ張り力に抵抗する力が強いので、引っ張って伸ばすのに強い力が必要となるたんぱく質である。水と一緒に捏ねたグリアジンは、軟らかくべとべとした状態となる。小麦粉に水を加えて捏ねると、弾力や粘りがでるのは、この2つの成分が混合して形成されたもの、すなわち「グルテン」による。グルテンには弾力と粘性があり、冷えても縮まないでその形を保っているのは、グルテンの性質なのである。

コメやトウモロコシの粉に水を加えても、小麦粉のように弾性と粘性が生じないのは、グルテンを形成するたんぱく質が存在しないためである。これらの粉に水を加えて粘りがでるのは、デンプンの糊化《こか》によるのである。

色

小麦粉の色は、基本的には淡いクリーム色または淡黄色で、白色ではない。硬質小麦は赤褐色、軟質小麦は白色～淡い黄色である。これらの色は灰分の含有量によって違ってくる。灰分の含有量の低い粉ほど白色に近い色になる。小麦粉の淡い色の色素は、胚乳部のカロテノイド系の色素である。また、皮部、胚芽、胚乳部の外側にはフラボノイド系の色素が存在し、製粉時に小麦粉に混入する。フラボノイド系の色素を多く含む小麦粉は、淡い褐色にみえることがあり下位にランクされる。中華麺が黄色なので、小麦粉の添加するかん水（アルカリ性）により、小麦粉が黄色に発色する。精選が悪いと、夾雑物《きょうざつぶつ》つまりほこりが小麦粉に混ざって色がくすんだりし、品質の劣化の原因となる。小麦粉の色に及ぼす要因としては、①精選、②歩留まり、③粒度、④鮮度の4つがあげられている。小麦粉の淡いクリーム色は、小麦の胚乳部に含まれるカロテノイド系色素による。保存時間の経過とともに、カロテノイド色素は酸化して白色になる。したがって、新鮮な小麦粉ほど淡いクリーム色を呈しているのである。

同じ等級の小麦粉でも粒度が小さくなればなるほど、光の乱反射の影響で白色にみえることもある。

小麦粉とデンプン

小麦粉中のデンプン含有量は70％以上である。小麦粉中のデンプンは、構造上からアミロースとアミロペクチンに分けられる。すなわち、グルコース（ブドウ糖）の1,4結合をもつ直鎖状で分子量の小さいアミロースと、分子内に1,6結合をもつ分岐状の分子をもつアミロペクチンが存在している。アミロースの存在する割合の少ないほど（アミロペクチンの存在の多いほど）粘りが強くでて、デンプンの劣化も遅い。小麦の場合、通常アミロースの存在する割合は27～29％である（私たちが食べているうるち米のアミロース含有量はデンプン全量の16～23％、タピオカデンプンではアミロース含有量は全デンプンの17％である）。

アミロペクチン含有量の多い小麦粉、言い換えれば低アミロース小麦粉は、水を加えて練ると粘弾性がでる。すなわち食感の優れた麺になる。

讃岐うどんの原料は、低アミロース小麦粉なので、食感に弾力性がある。一方、山梨県の「ほうとう」の原料の薄力粉は、アミロペクチン含有量が少ないので、食感に弾力性は小さい。

小麦粉のデンプン粒は、吸水することにより体積は膨らみ、膨潤が極限に達すると、デンプン粒の崩壊が始まり分散する。この状態で加熱すると糊状になる（「糊化現象」という）。

うどんと小麦の表皮

上級の小麦粉を材料として使えば、おいしいうどんができるとは限らなく、うどんを作る人の腕によるところが大きい。また、同一のメーカの小麦粉でも、すべてが同じ品質とは限らない。とくに水分の含有量は、製粉した小麦の状態、日の環境条件などによって異なるので、家庭ではテキストに記載されている作り方に沿って作っても、すべてが同じようなドウ（dough、生地）ができるとは限らない。また品質に影響を及ぼす成分（ミネラル類）は胚乳の中心部よりも、表皮に近い部分（ふすま）に多く含まれている。例えば、小麦の表皮の部分の「ふすま」が、小麦粉に混入すると、黒いうどんができ、喉ごしのザラつく食感のうどんになってしまう。しかし、小麦の表皮には、うどんの風味を高める成分が含まれている。胚乳には味はないが、表皮には甘味がある。甘味成分は小麦粉に含まれている糖質によるので、めんつゆをつけないでうどんの味を確かめるのも重要なポイントである。

中力粉

うどんには、中力粉が使われる。中力粉は、中間質小麦を製粉してつくるものである。便宜上、強力粉と薄力粉を混ぜて中力粉とすることもあるが、これは中力粉とはいえない。

小麦の製粉機の発達の概略

小麦文化の歴史は古いので、いつ頃に製粉技術が発明され実用化されたかは定かでない。人類が初めて、石器という道具を使い出した約250万年まで遡ると推察されている。そして、石器を農機具として使われるようになったのは、それからずっと後で、今から1万5000年前から1万年前のことといわれている。この頃に使われたと思われる石臼も発見されていたことから、小麦を粉に加工して、食用として利用したともいわれている。小麦を小麦粉に加工し、さらにパンを作ったのは今から2万3000年前と考えられている。この頃までは粒のまま食べていて、ある日突然に石臼で潰して粉にして食べる方法を考えだしたのではないかともいわれている。

紀元前4000年頃の古代エジプトでサドルカーン（saddle quern）という2個の石臼を往復運動させてすり潰す小麦製粉用の「摺り臼」が使われるようになる。紀元前1500～1000年頃には、現在も使われている丸い回転式のロータリー・カーン（rotary quern）の原形が出来上がっていた。我が国にもこの回転式ロータリー・カーンを使っているそば店がある。ギリシャ時代になって、ミルストーンという製粉機が完成する。

19世紀頃の石臼を動かす動力は水車か風車であった。また、潮の干満差を利用した製粉機のタイド・ミル（tide mill）というものも考案されたこともあった。アメリカのオリバー・エバンスとの2人の兄弟は完全自動化した製粉工場を開発した。さらに完全無人化の製粉機を発明した。この機械は、段階式の製粉方法で、フラット・グラインディング・システム（flat-grinding-system）といわれた。

段階式製粉方法（gradual reduction system）は、「破砕・粉砕」という工程を何回も繰り返して行い、最終的に小麦粉にする機械であり、途中に微粒子となった粉に篩い分けるmeshが設置されている。19世紀になって精製するために、「吸引」と「篩い」を組み合わせた「ピュリファイアー」が発明された。

これまで、いろいろな製粉機が発明され、改良されてきて、現在の「ロール製粉機」にたどりついた。最初のロール式製粉機は、1834年頃にイタリア人によって発明された。現在の完成品は、ロール式製粉機と階段式製粉機を組み合わせ、1μm以下の小麦粉を作り上げることができるものである。

小麦を利用した食品

- **小麦粉**　小麦を製粉したもの。小麦は皮が硬く、胚乳は軟らかく粉状となる性質がある。皮と胚乳の性質を利用して小麦粉と皮（ふすま）に分ける。水を加えて混捏《こんねつ》すると、生地ができる。水を加える量と捏《こ》ね方により、ドウとバッターに分けられる。水を多目に加えて流動性があり、一定の形を保つことができないものが「バッター」（batter）で、天ぷらやフライの衣、ケーキなどに利用される。水の加える量を少なめにし流動性がなく、生地は形を保つことのできるものは「ドウ」（dough）といい、パン、麺類、餃子の皮、パイ、ドーナッツ、饅頭の皮などに使われる。
- **小麦たん白**　小麦粉から分離したグルテンの製品には、グルテンとこれを粉末化した粉末状小麦たん白、粒状またはフレーク状の肉様の組織をもつ小麦たん白、冷凍したペースト状の小麦たん白がある。
- **プレミックス粉（premixed flour）**　小麦粉に用途に応じて糖類、油脂類、乾燥卵、膨張剤、食塩、香料などを配合したもので、パンケーキ、スポンジケーキ、ビスケット、ドーナツ、天ぷら、から揚げ、その他の目的に合わせた調製粉がある。

- **パスタ類**　工業的には、小麦粉としては強力粉やデュラム小麦粉に水や卵を加え、混捏しながら空気を抜き、これをシリンダーに押し込み、練りながら高圧（80kg/cm^2）で、鋳型の孔より押しだし乾燥して作る。家庭ではシリンダーに入れて押し出すことはしないで、水を加えて捏ねてできたドウを家庭用の製麺器で麺帯を作り、さらに麺線を作る。スパゲッティ、マカロニーなどに加工される。
- **パン粉**　生パン粉、半生パン粉（水分26％前後）、乾燥パン粉（水分13.5％以下）がある。コロッケ、カツレツ、メンチなどの衣に利用される。
- **パン**　小麦粉またはその他の穀類の粉を主原料とし、イーストや発酵助剤を加えて、膨張させた生地を焼き上げたもので、1万年前からパンに近いものを食べていたと伝えられている。日本への伝来は天文12(1543)年で、九州の種子島にポルトガル人が漂流したときに、ポルトガル人によってパンと鉄砲が伝えられた。寛永16（1639）年に3代将軍徳川家光により鎖国令によって一時パンの姿が消えた。天保13（1842）年に伊豆韮山の代官、江川太郎左衛門は自宅の邸内にパン用の窯をつくり、兵糧のパンの試作を行った。町でパンがみられるようになったのは安政5(1858）年の日米修好商条約の後で、この時はフランス人によってフランスパンが作られた。明治に入ると日本人によってアンパンが考案された。それが、今も人気の木村屋のアンパン（表面の中央に塩漬けした桜の花をのせたもの）である。現在、日本の主流となっている食パンが軟らかいのは、第二次世界大戦後であり、これはアメリカ風のパンといわれている。フランスパンやドイツパンのような硬いパンはヨーロッパ風のパンである。

  乾パンは普通のパンよりも水分を少なくして焼き上げたもの。クロワッサン、菓子パン、デニッシュ、食パン、スコーンなど、多種多様のパンがある。
- **麩**　小麦粉から分離したグルテンを主原料として作った、日本伝統食品の一つである。グルテンを原料としているので、たんぱく質含有量は多い。100g当たりのたんぱく質量は生麩10g前後、焼き麩30g前後である。竹輪麩《ちくわぶ》、生麩、焼き麩がある。

- 麺類　小麦粉に水を加え、ドウを作り、さらに麺帯を形成してから、線状に細長く成形したもの。うどん中華麺には生と乾燥したものがある。沖縄そば、素麺（乾燥）、即席麺、ひやむぎ、冷麺などがある。

小麦粉を利用した伝統食品

- 小麦粉せんべい　小麦粉を主原料とした焼き物菓子の一種で「干し菓子」に属し、南部せんべい（八戸せんべい）、磯部せんべい、臼杵せんべい、卵せんべいなどがある。奈良時代に中国から伝わったせんべいは、小麦粉を薄紙のように延ばして、油で揚げたものであった。せんべいの原料を小麦粉と黒砂糖にしたものは、江戸の元禄時代に発展した。また三角形の形の中に玩具を入れた「大黒せんべい」は、木造の大黒様を紙に包んで折り込んだせんべいで、福が当たるような売り方が人気だったようである。
- うどん類　うどん、冷麦、ひらめん、そうめんなどは、小麦粉に食塩または食塩水を加えて作る麺である。江戸時代から各地でうどんが作られ、名物うどんが輩出された。

コメと米粉

コメの歴史

コメの渡来

コメはイネのたね（種子）、厳密には胚乳のことであり、すなわち、イネの可食部のことである。コメの粉は胚乳を粉砕し粉状にしたものである。

イネの栽培の発祥地は、インドという説、中国の雲南地方という説があるが、近年は後者の説が有力視されてきている。中国から東南アジア、北アフリカにまたがって、イネと比較的近縁の野生種が利用されていたようである。現在の栽培種は、祖先がつくりだしたものと推定されている。

日本のコメは中国か東南アジアなど海外から伝わったことは推定できる。コメの日本への渡来については諸説がある。①朝鮮半島を経由して渡来したという説、②中国・江南を経由して伝わったとの説、③琉球（現在の沖縄県）を経由して伝わった説、④以上述べた経由の複数のルート説がある。コメが日本に伝わったのは縄文時代（旧石器時代の後から紀元前３世紀）の後期頃という説が有力である。最初に渡来した地域は西日本で、その後東北の北端までは非常に速く広まった。北海道では明治時代以降に本格的に栽培されるようになった。イネが伝来して以来、イネは常に主な作物であり、イネの種子のコメは主食として尊重されるようになり、日本の稲作文化（またはコメ作文化）が誕生したのである。

「粉」という字が「米」偏であることは、粉はコメを原料として作ることに由来する字と推定できる。すなわち、日本では小麦粉よりも米の粉が大切に使われたとも推定できる。平安時代前期の『令義解《りょうのぎげ》』（天長10［833］年）に米粉を作ることを「碾（てん）」、小麦粉（麺）をつくることを「磑（がい）」と記述してある。

コメの文化的特徴

コメが農作物の中で、なぜ特別に尊重されるようになったのか？　その背景については興味あるところである。日本は古代から貢租の中心がコメであったことと関係があるようである。江戸時代には、大名の石高など、すべての価値を決める基本としてコメに換算して表す習慣があった。そのため、農民や町人はコメを増産するために細かく手間を加える集約農法が成立した。イネの栽培には、水分を欲しがるイネについては、水田で育てる。水を欲しがらないイネには陸稲《おかほ》がある。とくに、水田で栽培する場合の水の管理は、地域の農村住民の共同作業として行われた。

コメの用途と米粉

コメは炊飯してそのまま食べるほか、炊飯したコメや蒸したコメはおはぎ、キリタンポ、餅、酒、米酢、米麹として利用されている。握り飯、すし飯など携帯用にすることもある。コメを粉砕して粉状にしたものは、上新粉（うるち精白米の粉）、白玉粉（もち精白米の粉）、道明寺粉（もち精白米を蒸してから乾燥してから製粉する）、煎餅、和菓子などの原料となる。最近は、コメの粉を混ぜた小麦粉を原料として食パンやその他のパンを作っている。

米粉の種類と用途

米粉には、ウルチ（粳）、モチ（糯）を用いたものがある。製造法は、原料の違いにより、それぞれ異なった名前でよばれている。主に、菓子の原料や調理用に用いられる。

うるち米を原料とするものに新粉、上新粉、香煎《こうせん》があり、もち米を原料とするものに白玉粉、落雁粉、寒梅粉、求肥《ぎゅうひ》粉などがある。

コメの粉砕方式には、昔は石臼ですり潰して粉状にするか、すり鉢ですり潰した。現在の製粉方式には、ロール製粉、衝撃式粉砕、胴搗製粉、気流粉砕がある。

- **上新粉**　うるち米の精白したもので、水浸漬後、水切り、乾燥し、適度に水分を含んだ状態で、粉砕、乾燥したものである。団子、まんじゅう、和菓子の原料として広く用いられる。和菓子の「かるかん」に用いられるものは、水切り後、乾燥させずにそのまま挽いた粗挽きしたもので、「かるかん粉」といわれている。
- **白玉粉**　別名「寒晒粉（かんざらしこ）」という。もち米を清水に1～2日間浸漬して、これを石臼で水挽きし、攪拌、沈殿を繰り返して精製する。量産の場合は、遠心分離機を用いて精製する。料理用、求肥、団子などの菓子用に使われるほか、病人や乳幼児食にも使われる。求肥は、白玉粉を蒸し、砂糖・水飴を加え、火にかけて練り固めた菓子。軟らかく弾力性がある。求肥飴、求肥糖がある。
- **寒晒粉**　もち米を浸漬して、一度餅を作る。この後、加熱ローラーで圧扁し、80メッシュ程度に粉砕したもので、和菓子、豆菓子に使われる。
- **道明寺粉**　もち米の精白したものを、水洗・浸漬し、蒸したものを乾燥して糒《ほしいい》とし、これを2つ、3つなどに粗砕したものである。ほとんどが桜餅・椿餅・みぞれ餅・みぞれ饅頭などの和菓子の原料となる。
- **米粉**　いわゆる「ビーフン」である。台湾、東南アジアで作られる麺で、中華料理に多く使われる。調理前に1～2時間水に浸けて、あらかじめ調味した肉類、野菜などと油で炒めて焼きそばと同じように食べる。

コメ粉と菓子の歴史

室町時代初期からコメの粉が作られ、それを材料として菓子を作っていた。『庭訓《ていきん》往来』（14世紀後半出版）には、菓子には、柚柑《ゆこう》、柑子《こうじ》、橘、沢茄子《みつなすび》を使い、伏菟《ぶと》・曲《まがり》・煎餅（焼き餅）・粢《しとぎ》・興米《おこし》・索餅《さくべい》などがあると記載されている。

粢は「まがりもち」のことで、コメ・麦の粉を飴に混ぜ、捻じ曲げて輪のような形にして、油で揚げたものである。神に供える神饌の餅に由来しているらしい。粢（シトギ）は、鏡餅の小型と考えられ、神道の大祭には、シトギを信者に配るところもある。

索餅は、コメの粉と小麦の粉を練って、縄の形に捻じった菓子であった。陰暦7月7日に魔除けのしるしとして、内藤司から禁中に奉納したり、節会の時に、晴れの御膳に供した。団子は、粳コメの粉を水と混ぜ、揉み合わせて餅にし、蒸して食べた。食べ方は、煮た赤豆・炒った豆粉などをまぶして食べたようである。

餅菓子は『本朝食鑑』（1697）には、粳コメを原料として作った餅から作る菓子を総称して餅菓子とよんでいた。大福餅、うぐいす餅、安倍川餅などがあった。道明寺種を使用して作った餅は椿餅といわれていた。道明寺種とは、もち米を蒸して乾燥した糒《ほしいい》を用途により挽き割ったもの。

宝暦4（1754）年に刊行された『日本山海名物図会』には、粳米を挽いて粉にし、これを糝粉（しんこ）（粳米粉）といい、粽《ちまき》、柏餅、草餅、団子などに作ったことが記載されている。葛粉やわらび粉も使われたとも記載されている。

『料理物語』（1643）には粽の作り方が記載されていて、篠の葉で巻いたようである。『守貞謾稿《もりさだまんこう》』（1853年完成）には柏餅は赤餡（砂糖入り味噌）を挟み大きな柏の葉で包んだものであった。

江戸時代に発刊された文献によると、3月3日の桃の節句や春祭りの行事食には草餅があった。ヨモギを入れた草餅は、ヨモギの芽を摘み、これを摺って餅に混ぜる。ヨモギの芽を使うのは、子どもたちが伸びていくようにとの願いから芽を入れたのである。

名古屋の三河地方の雛祭りには、「いが饅頭」が供えられる。饅頭を蒸すと米粒が立って栗に似ているので、この名がある。

みたらし団子が登場したのも江戸時代であり、「おやき」はくず米で作ったといわれている。米粉は、精米した米を乾燥して石臼で挽いて作る。この時、乾燥しすぎるとくず米ができる。くず米を粉にし、「おやき」を作ったのである。

米粉を使った伝統食品

- 餅　搗き上げた餅を平たく延ばしたのしもち、延ばした餅をひし形の形にした菱餅、餅を夜間の氷点下で凍結し、日中の暖かい気温で溶かしながら乾燥した凍り餅（長野県の諏訪地方の厳寒な自然条件で作る）、あられもち、きりたんぽ（秋田県の名物）がある。
- 餅菓子、饅頭　大福餅、新粉餅、求肥、さくら餅、くず餅、わらび餅などがある。
- せんべい　米粉の煎餅。
- おこし　コメやアワを煎ったおこし種を砂糖や水飴の液でからめて成形したもの。起源は中国から伝わった糖菓子にある。粟おこし、岩おこし、米おこし（雷おこし）がある。

ソバとそば粉

ソバという植物は、日本だけでなく世界中のどの国でも栽培し、利用している。現在、日本で利用しているそば粉は中国やアフリカから輸入しているという話もある。ロシアでは、キャビアを食べるときのブリニはそば粉で作った小さなパンケーキである。ただ、細長い麺状にして食べるのは日本と中国の一部だけである。日本でも最初は、そば粉を湯を加えて団子状にした「そばがき」で食べていた。

ソバの渡来とそば屋の発達

ソバの原産地については諸説がある。アムール川流域のシベリア・旧満州説、バイカル湖周辺の北方説、東アジアの温帯北部説、チベット・ヒマラヤの南方説などがある。ソバの染色体からは日本のソバは中国雲南省から朝鮮半島を経て渡来していることがわかっている。縄文遺跡からソバの花粉が確認されていることから、縄文時代に日本に渡来したものと推測されている。

『続日本紀』には、養老6（722）年に元正天皇が、救荒作物としてソバの植え付けを詔《しょう》したとの記録がある。これが、日本で記述に現れた最初の「そば」である。「そば」に当てた漢字の「蕎麦」は中国で使っている漢名をそのまま使用したものである。中国では「蕎麦」は「チャオマイ」とよぶ。

日本でのそばの食べ方は、日本に渡来してからしばらくの間は、水を加えて団子のようにまとめて焼いた「焼餅」の形、雑炊の形、すいとんの形で食べられた。

そばが細長い麺の形で食べるようになったのは、石臼を使った製粉方法が進歩してからで、「そば切り」が作られるようになった。そば切りができるようになった時期と場所については明らかでないが、「そば切り」という言葉が確認できる最も古い記録は、『慈《じ》性《しょう》日記』であると推測されている。その理由は、この日記の慶長19（1614）年の2月3日の記録に、「江戸常明寺へ……ソバキリ振舞被申也」とあることから推察されている。その発祥については、甲州・天目山という説と信州・本山宿説がある。

日本のそば切りは、奈良・平安時代に唐から伝来されたうどんの技術的下地が基となり、江戸時代の初め頃、江戸（東京）以外の地で発祥したことと考えられている。

現在、東京・日本橋の有名な「砂場」というそば店は、もともと、大坂城（現在は大阪城）の築城（1583～85）の際に、集められた労働者たちの食事を賄う食堂が築城資材の砂や砂利の置き場にあったことに由来するとの説があるくらいだから、「東京はそば、大阪はうどん」という地域的な好みは、新しい時代になってから固定したと考えられる。大坂（現在の大阪）の砂場が江戸のそば屋として進出したのは、寛延4（1751）年頃であった。この年に刊行された『蕎麦全書』に「薬研堀大和屋大坂砂場そば」が記載されていることから、江戸のそば屋の開店が推測されている。

ヨーロッパへの伝播は12世紀初頭、十字軍が東方サラセン諸国から持ち帰ったもので、「サラセン麦」といわれていた。

また、ソバを題材とした多くの詩歌があるのは、ソバの花畑の美しさやソバ畑が自然の情景も文学的題材となる要因が隠れていると思われる。

そばの料理

そばは、玄そばのどの部分を粉にするかによっていろいろなそば切りができる。

そば粉の製造は、石臼またはロール、あるいはその他の併用により行われる。まず、殻を剥離し、風選、篩い分けで殻を除き、ついで胚乳部を1段、

2段、3段と順次に製粉し、篩い分ける。これらの各段階でとれたそば粉は、それぞれ内層粉（1番粉）、中層粉（2番粉）、表層（3番粉）とよばれる。

製造の初期工程で得られる内層粉は種子の中心部分で、ほとんどが胚乳である。粉は白色で最も良質である。この粉で作ったそば（そば切り）はうま味と香りがあるが、粘りは少ないので、そば切りは作りにくい。

次に得られる中層粉は、ある程度の殻、種皮が混じっているので、やや緑褐色である。この粉で作ったそば切りは、特有の香りと歯応えがあり、そば特有のアクの強さと粘りがある。本来の香り、味、色調はあるが、ややきめが粗い。

1番粉～3番粉は、用途に応じて配合し、各種のそば粉が作られる。そば粉には「挽きぐるみ」といって1番粉～3番粉に相当する部分を全部挽き込んだ「全層粉」という。この粉は、色が黒く良質ではない。

食品成分表によると、各そば粉100gに対する炭水化物は全層粉69.6g、内層粉77.6g、中層粉71.6g、表層粉65.1gであり、そば切りの生54.5g、茹でたもの26.0gとなっている。

中心部（さらし粉という）だけで作ったそば切りは、純白の「さらしなそば」になり、皮に近づいた部分を多く入れると、だんだん色が黒くなる。そばを味わう食べ方には「もり」「かけ」「ざる」がある。

「もり」の語源については、江戸時代末期の風俗考証書『守貞謾稿《もりさだまんこう》』（嘉永6［1853］年）に「蒸籠《せいろ》の上に高く盛り上げる」に由来すると述べている。「かけ」という言葉は、寛政年間（1789～1801）といわれている。

「ざるそば」の登場は「もりそば」より早く江戸中期といわれている。「ざる」も「もり」も冷たくしたそばの呼び方である。「ざるそば」の元祖は、享保20（1735）年刊『続江戸砂子』によると、江戸時代中期に深川州崎《すざき》の弁天前にあった「伊勢屋」というそば屋で、蒸籠や皿に盛ったのではなく、竹で編んだ「ざる」に盛って「ざるそば」と名乗り評判となったといわれている。

そば米

玄そば（玄殻）を茹でたのち乾燥し、そば殻を取り除いて、丸抜きにしたものが「そば米」という。これを粒食として利用している地域がある。利用の仕方としては米と混ぜて炊いたり、雑炊、お茶漬けがある。長野地方ではそばまい、徳島地方ではそばこめ、山形地方ではむきそばといって利用している。外国ではスープ仕立てで利用しているところもある。

その他の雑穀と粉類

小麦、コメ、ソバのほかトウモロコシ、ヒエ、アワ、キビなども粉にして利用される。さらに豆類も粉に加工される。ここでは、これらについての概略を述べる。

トウモロコシ

- **原産地**　南米北部と推定されている。コロンブスにより、1493年に新大陸よりスペインに伝来され、その後急速に世界中で栽培されるようになった。日本には、天正年間（1573～1592）に、ポルトガル人により長崎に伝えられたといわれている。その後、西南地方から順次関東北部、東北南部に達した。北海道には明治元(1868)年にアメリカから直接、「八列トウキビ」という品種が導入され、その後東北地方を経て関東北部に達している。
- **可食部**　トウモロコシはイネ科に属する1年生草本であり、種子の胚乳部が可食部である。胚乳部には角質デンプン（硬質デンプン）と粉質デンプン（軟質デンプン）が存在していて、その分布の状態によりデント種、フリント種、ソフト種、スイート種、ポップ種、ワキシー種に分類されている。
- **用途**　未成熟のものは、生食、冷凍品、スイートコーン缶詰などに用いられる。完熟したものは、コーンスターチ、コーングリッツ、コーンフラワなどこなものの原料になる。カナダやアメリカでバーボンウイスキーの原料とするのも完熟したものである。コーングリッツやコーンフラワー、コーンミールは、用途により粒度をいろいろと変えて利用している。トウモロコシの粉は、スープ、天ぷら粉などに利用されている。

アワ（粟）

- **原産地**　アフガニスタンが有力な説である。有史以前に、アジア各地、ヨーロッパ、アフリカに伝わった。中国で栽培を始めたのは紀元前2700年頃であるといわれている。日本での栽培は、ヒエとともに縄文時代で、イネより早く伝わっていたと考えられている。
- **可食部**　日本で栽培されているアワはオオアワという種類で、穂の形により円筒型、棍棒型、円錐型、紡錘型、猿手型、猫足型などがある。コメの籾殻に当たる外皮は「稃（ふ）」といい、光沢があり、黄色～橙色、または青色がある。利用上からは糯（もち）種と粳（うるち）種があり、日本では主にもち種が栽培されている。稃を除いた種子は、中央の胚乳部を糊粉層で囲んでいる。炭水化物のほとんどがデンプンで、アワ100g中に73.1gを含む。たんぱく質はアワ100g中に10gを含む。
- **用途**　粒状や粉状で利用され、もち種はあわ餅、あわ飯、あわ麩、菓子（あわ羊羹、あわ饅頭）、あわおこしなどの原料となっている。現在の大阪のあわおこしの材料はコメである。うるち種は、あわ飯、あわがゆ、コハダのあわ漬けなどに使われている。

キビ（黍）

- **原産地**　東アジアあるいは中央アジアの大陸性気候の温帯地帯といわれている。ヨーロッパ、中央アジア、中国では有史以前から栽培されていた。日本には中国北部、朝鮮半島を経て、コメ、アワ、ヒエ、麦より遅れて伝来した。北海道には明治に入って導入された。
- **可食部**　子実の中は、白色から黄色である。精白してコメと一緒に炊いて食べる場合、粉にして団子にする場合が多い。きび餅は、等量のきびともち米を混ぜて餅状にしたきび餅もある。

ヒエ（稗）

- **原産地**　インドといわれているが、日本や中国のヒエはインドのものとは別の野生種である。日本にはイネ以前に伝来し、縄文時代から栽培されていた。高温・高湿、低温に強く、長期間の貯蔵が可能である。

- 可食部　イネ科に属する。救荒《きゅうこう》作物として重要な作物であった。種子は稃《ふ》に包まれているので、稃を除いて食べる。100gのヒエにはデンプンは72.4g、たんぱく質9.7gを含む。デンプンの性質は粘りがある。精白してコメと混ぜて炊き、ひえ飯ともする。精白の方法は、玄穀を水に浸し、蒸してから乾燥して稃を除き、砕きやすくしてから、臼で搗く。精米機で精白する場合もある。

ハトムギ（鳩麦）

- 原産地　インドからミャンマー地域。マレー半島、フィリピンという説もある。日本には享保年間（1716～36）に、中国から渡来した。日本ではヨクイ、シコクムギとよばれていた。
- 可食部　イネ科に属する。種子が可食部で、精白してコメとともに炊飯する。粉に加工して小麦粉と混用し、パン、菓子に使われている。ハトムギははとむぎ茶として利用されている。その効用は、鎮痛、利尿、イボ取り、消炎、強壮などが期待されている。100g中のハトムギにはデンプン72.2g、たんぱく質13.3gを含む。

モロコシ（蜀黍）

- 原産地　熱帯アフリカのエチオピア地域。紀元前3世紀頃にはエジプトで栽培されていた。中国での栽培は4世紀初めといわれている。日本には室町時代（1336～1573）に、中国から伝わったといわれている。用途により子実用もろこし、糖用もろこし、ほうき（箒）用もろこしがある。
- 可食部　イネ科に属する。可食部の種子は、稃《ふ》に包まれている。種子の中心には胚乳が存在している。精白して使用する。精白粒100gに含むたんぱく質は9.5g、デンプンは74.1gである。精白したものはコメに混ぜて炊く。製粉したものは餅、団子に利用する。これらをきび餅やきび団子とよぶ地方もある。日本のモロコシの種子はほとんど赤褐色なので、モロコシ製品はあずき色であり、キビ製品は黄色である。

ライムギ（らい麦）

●**原産地**　西南アジアといわれている。寒冷地でも生育するので、小麦・大麦の栽培不安定な地域でも独立した作物として栽培されていた。日本には明治時代にヨーロッパから導入され、北海道を含め日本中で栽培されている。

●**可食部**　イネ科に属する。可食部は種子で、製粉して製パンに使われる。ライムギ粉はグルテンを形成しないが、酸性になるとたんぱく質の膨張力がよくなる。この性質を利用して乳酸菌の発酵により生成した乳酸になるので、生地が発酵する。ライムギの全粒100gに含むデンプンは70.7g、たんぱく質は12.7g、ライムギ粉100gに含むデンプンは75.8g、たんぱく質は8.5gである。

サツマイモ

●**原産地**　紀元前3000年以上前から栽培されている歴史のある野菜の一種。原産地は確定的ではないが、中央アメリカのメキシコとコロンビア地方とされている。中米・北米のインディアンにより栽培されていた。これをコロンブスの「新大陸発見」からスペインに広まり、さらにヨーロッパに広まった。日本へは、1605年に琉球進貢船によって中国の福州から琉球（現在の沖縄県）に持ち込まれた。1615年には三《み》浦按針《うらあんじん》（ウィリアム・アダムス）によって平戸に持ち込まれたといわれているが、それ以前に沖縄から長崎、鹿児島を経て山陽、関東地方へと全国的に広まっていた。サツマイモには、多くの品種がある。

●**可食部**　ヒルガオ科の植物のサツマイモの可食部は根塊で、主成分は炭水化物で、デンプンが大部分である。根塊部、すなわちイモ部の肉色は白色、黄色（薄い黄色～濃い黄色）、紫色（ベニアズマ、ベニコマチという品種）がある。黄色品種（ベニハヤト）、紫色品種はペースト状にして菓子の原料となることが多い。いもあん、いも羊羹、タルト、いも煎餅、いもかりんとう、いも納豆、スイートポテトチップス、冷凍食品、いも焼酎などに利用されている。黄色はカロテノイド系、紫色はアントシアン系の色素である。

- **いも粉**　サツマイモから作るいも粉は、第二次世界大戦後の食糧難時代の主食として利用されていた。昭和45（1970）年頃より新しい粉として、「スイートポテトマッシュ」が開発され、スナック食品や製菓の原料に用いられている。

ジャガイモ

- **原産地**　南米アンデス山脈の標高4000～5000 mの地域とされている。この地方では古くから重要な食品として栽培されていた。1540年頃にスペインに伝えられ、18世紀末までにはヨーロッパ各国に普及した。日本には慶長3（1598）年に、オランダ船により長崎に伝えられている。江戸時代はあまり普及しなかったが、第二次世界大戦後、食糧難時代に貴重な主食として利用された。その後、利用方法が広がり、ジャガイモを利用した料理の数は多い。

  ジャガイモの名の由来は、インドネシアのジャワ島の商業港ジャカトラ（現在のバタビア）で、訛ってジャガタライモとなり、さらにジャガイモとよばれたという。

  馬鈴薯の名の由来は、江戸時代の植物学者小野蘭山が中国の文献からヒントを得て名付けたといわれている。
- **可食部**　現在は、食用、加工食品用、デンプン原料用、飼料用など用途別の品種が育成されている。食用品種では、春作品種では、男爵、メークイン、農林1号、早生シロ（別名伯爵）がある。秋作の品種では、デジマ、農林1号、タチバナ、ニシユタカ、シマバラがある。デンプン用には皮が紅色で肉食は白色の紅丸がある。

  主成分は炭水化物である。炭水化物の主な成分はデンプンである。乾燥マッシュポテト、ポテトチップスをはじめ各種スナック菓子などに利用されている。また加工食品の原料としても利用範囲が多い。乾燥マッシュポテト（インスタントマッシュポテト）は、温水を加えて混ぜるとマッシュポテト状になる製品。成形ポテトチップスをはじめ各種スナック菓子、加工食品に利用される。

やまのいも

- **原産地**　熱帯および亜熱帯地王に分布する。中南米が最も多く、次いでアジアの熱帯地方とアフリカに多い。わが国では、副食および製菓の原料として利用されている。日本にはじねんじょ、やまのいも、だいじょ（大薯）がある。
- **可食部**　可食部はヤマノイモ科の根塊で、主成分はデンプンと粘質物（グロブリン様たんぱく質にマンナンが結合したもの）である。古くからとろろ汁として食用とされているが、漢方では滋養強壮に用いられた。関西で発達したやまいもは、京都、兵庫で古くから栽培され、製菓用原料として利用されている。京都では和菓子の発達と密接な関係がある。はんぺん、がんもどき、そばなどのつなぎの目的に使われている。

くず（葛）

- **「くず」**　クズはマメ科の大形つる性多年生草である。山野・荒地に自生している。肥大した根から葛粉《くずこ》をとる。また漢方では葛根（かっこん）といい発汗・解熱薬とする。
- **クズデンプン**　クズデンプンは水を加えて練り、薄く延ばした生地として、これを蒸してデンプンを糊化する。半生の状態で麺線に切断したのが葛切りである。葛餡《くずあん》は、葛粉・かたくり粉などを加えてとろみをつけた汁。料理にかける。

2. 伝統食品としてのこなもの

こなものの原料は、タデ科のソバ、イモ類、豆類を除いて、ほとんどがイネ科に属する。イネ科の穀類、ソバに含まれるデンプンは、人が活動するための脳や筋肉細胞のエネルギー源となるブドウ糖（グルコース）が基本的構成成分であるが、食味の点からはデンプンそのものには味がない。味がないから喫食者の好みによりいろいろな味付けができ、毎日食べても飽きがこない。ほとんどがデンプンからなる穀類は、病人の回復時や遭難者の体力回復のために消化しやすいお粥の状態で供給することから辰巳芳子氏は「命のスープ」とよんでいるほど、私たちの健康保持や生命活動に大切な食物なのである。

したがって、ご飯として、あるいはご飯に混ぜた形で摂取するほかに、季節、行事、各種のイベントに合わせて、麺類、団子、菓子類、その他の伝統食品に加工して摂取している。先人たちは、経験からこなものの原料に含まれるデンプンやたんぱく質、その他の成分の特性を生かした食品に作り上げたのである。一方、豆類には小豆のようにデンプンを多く含むもの、大豆のようにたんぱく質を多く含むものがある。小豆についてはデンプンの特性を生かした食品や料理、大豆については大豆たんぱく質の特性を生かした伝統食品が作り出されている。

もち(餅)類ともちせんべい

もちは、縄文時代(今から約16500年前、紀元前145世紀～紀元前10世紀)から存在していたと推測されている。最初は、雑穀の粉を水で捏《こ》ね、蒸して搗《つ》いたものだったと考えられている。奈良時代の天平年間(710～794)になってコメを潰して作る餅の原形が誕生したといわれている。主として公家の家庭を中心に、行事のときに神聖な食べ物として扱ったようである。江戸時代(1600～1867)には、公家や武士ばかりでなく、商人や町民の間でも祭り、慶事、仏事の供え物として餅を使うようになった。餅は自分の家で作ることもあったが、「もちは餅屋」という言葉があるように専門業者がいたのである。

餅の種類

餅の種類は、単にもち米を蒸して搗いた、いわゆる白餅が主流となっているが、ヨモギの若芽やしぼり汁を加えた「草餅」、大豆や黒豆を混ぜた「豆餅」、ゴマを加えた「ゴマ餅」などがある。特に、草餅は3月の節供には子どもたちがヨモギの若芽のようにすくすくと伸びるようにとの願いをこめて作る。

餅ともち菓子類の違い

餅ともち菓子の違いは、餅はもち米だけで作り、ほとんどが主食として利用されることが多い。雑煮、海苔を巻いた磯部餅、醤油をつけて食べるか、砂糖や砂糖入り黄な粉、餡をつけるか、からめるかして食べる。もち米の風味と食感を重視している。間食でも利用するが、いわゆる甘い菓子がないときに食べる。

一方、もち菓子は、餅の中に砂糖や水飴などの甘味成分が混入されているか、餡を中心に置き餅で包んだものであり、嗜好品に属するものである。間食に利用する場合もある。もち米から直接作ることは少なく、もち米の粉に水を加えて餅状の生地をつくり、その生地で餡を包み、蒸すなどの加熱操作を加えて作ることが多い。大福、柏餅、粽《ちまき》、最中の皮などがある。

米を細かく粉砕するのは難しく、最初の粉砕装置は石臼である。これを基礎として微細米粉を製造する装置や技術が開発され、現在は石臼のほか、ロール製粉機、衝撃式製粉機（ピンミル）、胴搗き製粉機（スタンプミル）、気流粉砕機（ブレードミル）などの粉砕機がある。

切り餅

醤油が普及し始めたのは江戸時代であるが、それまでは小さく切った餅、薄く切った餅を焼き、農家の間食として利用されていた。醤油の登場により、醤油を塗ったかき餅、細かく刻んだ餅からあられが作られ、米菓という菓子の一分野が形成した。

餅製品の中で最も多く出回っているのが「切り餅」である。家庭での製造は、カビによる汚染などにより可食期間は短い。現在の工場での製造技術は進歩し、無菌包装切り餅が製造することができ、市場には通年出回る商品となっている。賞味期限は6カ月程度となっている。

製造工程

うるち米の入っていないもち米を水洗し、異物やぬかを除き、浸漬して水を吸収させる。浸漬後、コメをザルに移し水切りし、蒸し工程に入る。水蒸気の熱とコメが吸水した水により、生デンプンを糊化デンプンに変える。一定の圧力を加えて蒸気を噴出する。蒸し時間は約30分である。蒸し工程の終了後、「つき工程」により、餅を作る。つく工程は、「杵つき」「ミキサー」「練りだし」の3つの方法がある。昔ながらの臼と杵を用いる方法は、第一段階では蒸し上げた直後のもち米を臼に入れて荒熱（米粒の表面に付着した水分を蒸発させる）をとってから、杵で米粒の形がある程度なくなるまで潰し、搗きの工程に入る。

ミキサー方式は、家庭用にある卓上型のものの餅つき機である。練りだし方式は、蒸し上がったもち米をスクリューで練りつぶしながら連続的に押し出す方式のものである。

搗き上がった餅は取り板にのせ、延ばし工程に入る。延ばし工程の終わったものは冷却する。冷却した餅は切断し、乾燥やカビの発生を抑えるため、プラスティックの袋に入れて冷蔵庫で保存する。市場に出回っているものは、ガスバリアー性の高い袋に入れ、脱酸素剤も入れてカビの発生を防いでいる。

のし餅

のし餅は、搗き上げた餅を平たく仕上げたもので、地方により丸い形のもの、四角形のものがある。福島県には、丸く延ばした餅をお盆に載せ、年始に親戚へ持っていくところもある。四角形に延ばしたものは、プラスティックフィルムの袋に入れて市販している地域もある。

なまこ餅

切断した形が海の生物のナマコに似るように成形したもので、白色の餅のほか、赤く着色したもの、ヨモギを入れた草餅、ゴマを入れた餅などいろいろある。

菱餅

搗いた餅をひし形に切ったもので、雛祭りの飾りにし、女の子どもの健やかな成長を願う。行事食として作られる。白色、桃色、草色の菱餅を作り三段重ねにして飾る。

凍り餅

餅の凍結乾燥品の一種である。冬に厳寒期に長野県諏訪地方と安曇地方で作る。この地方の冬の夜間は氷点下の気温になるので、この温度で餅を凍らせ、日中は日当たりのよいところで解かしながら徐々に乾燥させて作る。製造開始から1～2カ月かけて、凍結と解凍を繰り返しながら乾燥して作る。

製品として市販されている「凍り餅」は、熱湯を注ぐだけで簡単におもゆ状や薄粥状になる。

あられ餅

あられ餅は、奈良時代にもち米を煎って膨らませたものとして存在していた。江戸時代以降は、ついた餅を硬くさせ、この餅をあられ状に細かく切って乾燥させてから煎って膨らませ、これに砂糖や醤油で味付けしている。現在では米菓子に分類されている。市販の製品にするには、時間をかけてじっくりと乾燥させ、表面と中心部にむらのないようにしなければならない。

米粉ともち菓子

古くから丸い鏡餅は神への供え物であった。中世になって塩味の小豆餡や味噌を包んだ餅が茶菓子となり、江戸時代には甘い小豆餡を包んだ大福餅やあんころ餅が庶民の間で人気となった。さらに季節に合わせて牡丹餅《ぼたもち》やおはぎが登場した。もち菓子は、もち米やもち粉、上新粉で作られる。

もち菓子が生まれる前には、炊いたうるち米をヘラで潰し、わらじ形か団子にして串に刺して、ごまだれなどをつけて焼いた御幣餅（五平餅）があった。この御幣餅は、伊那、木曾地方の名物であるが、今では山奥の観光地には必ずといえるほど御幣餅が利用されている。蒸したもち米を寒気に晒し水分を除いた道明寺糒《どうみょうじほしいい》は、旅人や軍兵の携帯食であった。

米粉は取り扱いが楽で、作業効率もよいので菓子の材料として米粒よりも広く用いられた。米粉から作った餅で餡を包んだものが餅菓子の最初であり、草餅、柏餅など子どもたちの健康と成長を願う一年の行事（雛祭り、端午の節供）に作られる。

草餅は、雛の節供に作る餅のことで、いつ頃発生したかは定かではないが、平安時代の『三代実録』（嘉祥2［849］年）3月3日の条に、母子草《ははこぐさ》を用いて餅を作り、「蒸しつきて餻《もち》とする」と初めて、草餅のことが記録されている。ハハコグサは薬草であるので、母と子の健全を意味し、草餅が作られたようである。

柏餅は、5月5日の端午の節供に供える餅菓子である。偏平な円形にした新粉《しんこ》餅に、餡を入れ、2つ折にし、柏の葉で包んだものである。柏の葉は、古代人の食器であり、包んで蒸す柏餅は、古代の食べ物の形を表現したものである。もともとは、粽を作り、江戸では端午の節供を祝ったが、後に柏餅に代わったという説がある。天明年間（1781～89）に、江戸に現れたという説もあるし、それ以前にも市中で販売されていたという説もある。柏の葉を使うのは、柏の葉は新芽が出始めてから古い葉が落ちるので、男子の成長と子孫繁栄を願う意味がある。

もち菓子の代表である「大福餅」は、もち米を蒸してつき、ぬるま湯を少しずつ加えて餡を包みやすい軟らかさに仕上げる。出来上がった生地は40～50℃の温かいうちに取り粉を敷いたバットに適当な大きさにちぎって並べ、あらかじめ用意した餡を包む。

ぎゅうひ（求肥）は、白玉粉・もち粉・羽二重粉を混ぜたものに、水を加えて乳白状に捏ねる。これを型枠に入れて蒸し、蒸し終わってから鍋に入れて弱火で徐々に練りながら砂糖や水飴を入れる。一晩放置して切りやすい硬さにし、適度な大きさに切る。

新粉餅は、もち米を粉にした上新粉に水を加えて捏ね、蒸してから餅状に搗き上げたもので、串団子、柏餅に使われる。

もち菓子の分類と製品

もち菓子は、餅および米粉、しん粉などを加工して作る和菓子の総称である。ほとんどが生菓子である。

餅で餡《あん》を包むもの…大福、うぐいす餅、桜餅、柏餅、つばき餅、笹団子（新潟）、など

餅を調味し、加工したもの…豆餅、わらび餅、くるみ餅、ういろう、すあま、ちまき、など

よく知られているもち菓子

赤福餅、ずんだ餅、安倍川餅、栗餅、あんころ餅、大福、草餅、葛餅、桜餅、鶯餅、わらび餅、椿餅、いちご大福、市だご、亥の子餅、五平餅、きびだんご、打吹く公園だんご、白玉粉、汁粉、ぜんざい、菱餅、羽二重餅、ゆべし、桔梗信玄餅、最中

せんべい（煎餅）

せんべいの発祥は、中国の前漢（紀元前206～8）の頃とされている。その後、中国の古い時代には宮廷料理の正月や節供の儀式の食事に供された。

せんべいの由来は、安土桃山時代の天正年間（1573～92）に、千利休の門人幸兵衛が小麦粉に砂糖を混ぜて焼いた菓子を作り、千利休から、「千」の文字を貰い、これを千幸兵衛（せんこうべえ）と名付けた。この名が「せんべい」に転訛したという説もある。日本に伝わったのは、奈良時代（710～784）に、唐菓子として小麦粉せんべいが伝えられた。平安時代（794～1185/1192頃）に渡来したという説もある。

いずれにしろ、せんべいは干菓子の一種で、コメせんべい（米菓）と小麦粉せんべいの２つの系統がある。

米菓（米粉せんべい）

米を原料とした菓子を総称して米菓（べいか）という。うるち米を原料としたものは淡白な風味をもつ「せんべい」と、もち米を原料とした口どけのよい「あられ・おかき」がある。「せんべい」は関東地方を中心に、「あられ・おかき」は関西地方を中心に製造されている。正倉院文書の『写千巻経所食物用帳』には、ごま油・コメ・もち米・荒麦（大麦）・糖（飴）で「せんべい」を作ると記録されているように、奈良時代にはコメを原料として作っているのである。嵯峨天皇（786～842）の時代には、空海（774～835）が中国・唐で油を使わない「亀甲型のせんべい」を見てきて、これを作った。日本人の好みの淡白な味であるために広く普及した。山城国（京都）の和三郎にこのせんべいの製法が伝えられ、葛・米粉・果実の糖液で工夫して作り、これを亀の子せんべいとして嵯峨天皇に献上した。和三郎は、のちに亀屋和泉藤原政重と名のり、中国由来の小麦粉の鼈甲せんべいを作った。

日本の初期のせんべいは中国から渡来した小麦粉せんべいが主体であった。文化・文政年間（1804～30）頃から、小麦粉せんべいに代わり、日本人の創作による米系統の丸形の塩せんべいが普及した。米せんべいのパリパリとする食感と醤油の香ばしさが江戸っ子の好みに合い、米せんべいを単に「せんべい」とよぶようになった。

代表的な米せんべいには、草加せんべいがある。おかき、かきもちも米せんべいの一種である。

米せんべいの製造の特徴は、精米を水洗して水浸けした米を製粉して米粉を作り、これを蒸しながらこねて団子のような生地を作る。これを50～60℃まで冷却し、薄く延ばして、煎餅状に小さな円形に形抜きし、熱風乾燥してから、焼いて、調味を行う。

使用する米粉が細かくなればなるほど膨化が大きくなり、製品の硬さが低下してソフトな食感となる。

小麦粉せんべい

小麦粉せんべいは、小麦粉を主な原料とした焼き菓子の一種で、干し菓子に分類されている。

前の項でも述べたように、奈良時代に中国から小麦粉を原料とした亀の子せんべいが渡来し、亀甲せんべいへと発展した。江戸時代の前期の『毛《け》吹草《ふきぐさ》』（寛永15［1638］年）には、京都六条にせんべいがあって、かなり普及したとの記述があり、元禄年間（1688～1704）になると、江戸では「うすやきせんべい」「巻きせんべい」「葛せんべい」「翁せんべい」「菊一せんべい」という名のせんべいが売られていた。この頃に人気のせんべいには、小麦粉と黒砂糖を原料として作った「大黒せんべい」がある。前にもふれたように（16頁）、大黒せんべいは三角形の型にして、その中に木像の大黒様を包んで折り込んだものが混ざっていて、これが当たると福がくるとして大いに売れたのである。このせんべいは、手に持って振るとガラガラと音がし、食玩具として人気だったそうである。今も山形県鶴岡市では売られている。江戸中期の『和漢三才図会《わかんさんさいずえ》』（正徳2［1712］年）には、小麦粉せんべいの作り方が記述されている。すなわち、小麦粉に糖蜜を加え、軟らかすぎず、硬すぎない程度の硬さに捏ねてから、薄く延ばして乾かしてから、鉄製の蓋のある型枠に入れて、蓋をして両面を焼いて作ったのである。現在の薄い型枠のたい焼き機に似たものと思われる。寛延（1748～51）年代から明和（1764～72）年代に、江戸では「木の葉せんべい」、百人一首の歌留多をかたどった「歌せんべい」が売りだされている。その後も歌舞伎の役者を表した「団十郎せんべい」、名所旧跡を表したせんべいなどが売り出された。天明年間（1781～89）になると、小麦粉せんべいは、町人の間にも普及し始めた。『嬉遊笑覧《うれしゆうしょうらん》』（文政13［1830］年）には「塩せんべい」が登場したことが記載されている。この頃になると江戸の駄菓子屋や神社の祭りの縁日でも市販されるようになったようである。代表的なものに、八戸せんべい、南部せんべい、磯部せんべい、炭酸せんべい、魚せんべいがある。

中国からの小麦粉の加工品の伝来したものに饅頭もある（後述する）。

作り方は関東と関西で違いがあり、関東式は薄焼きで、関西式は厚焼きの傾向がみられ、味の点では関東は塩味で単調であり、関西は九州に近づけば近づくほど、甘味が強く感じ、味や香りに多彩な面がみられる。

小麦粉と米粉の特徴となる成分の違い

こなものとして使われる原料としては小麦粉と米粉が多い。それぞれ水を加えて練ると粘弾性ができることが、原料として利用しやすい。これらから作った生地の粘性・伸展性・弾性が、出来上がった製品の食感を左右する。

小麦粉の特徴

小麦粉の主成分はデンプンである。一般には、100g 当たりの水分は14～15g、たんぱく質は6～17g、脂質2g、炭水化物65～78g、灰分1g 以下である。小麦粉に水を加えて捏ねると粘性や弾性、伸展性が生まれるのは、小麦粉に含まれるたんぱく質（グリアジンとグルテリン）からグルテンが形成されるためである。

グルテンを形成した場合の物性は、グルテニンは硬さを与え、グリアジンは軟らかくする性質がある。両者が結合したグルテンは、伸展性・弾力性・粘性をもった独特の物性が発現する。小麦粉は、グルテンの質と量により用途が異なる。

菓子・天ぷら用には、たんぱく質が少ない薄力粉が用いられる。天ぷらの衣に使う場合は、できるだけ、グルテンを形成させないために、水との混ぜ方は軽く行い、粘りを出さないようにする。スポンジケーキの場合は、粘りを出すためによく練る。

うどんに使う場合は、小麦粉に食塩を加えてよく練ると、いわゆるコシのある特有の粘弾性が発現する。これは、水に不溶なたんぱく質であるグルテンの量と質が関係している。すなわち、麺生地の強さが発現し、コシのあるうどんができるのである。麺生地に添加した食塩は、グルテンを凝集させ、生地の粘弾性を高めるとともに、伸展性も高くしている。

うどんの生地では、デンプンが繊維状や膜状のグルテンで囲まれており、茹でると表面のデンプンは糊化して軟らかくなりなめらかな食感が発現する。うどんには中力粉が用いられるのは、グルテンのバランスがよいので、生地のグルテンの粘弾性が強く均一になりやすい。

米粉の特徴

米粉に水を加えて練ると粘弾性が発現するのは、アミロペクチンというデンプンの影響によるところがある。米粉の炭水化物（精白米で77％）のほとんどはデンプンである。米のデンプンの成分は、アミロースとアミロペクチンからなっている。アミロースとアミロペクチンに水を加えて練り加熱すると、アミロペクチンの粘性が大きい。うるち米のデンプンのアミロースとアミロペクチン含有比率は2：8であり、もち米のデンプンの100％がアミロペクチンなので、もち米は粘性や伸展性が大きい。

3．こなもの原料としての「デンプン」

デンプンは、緑葉植物の光合成（炭酸同化作用）によって作られる。デンプンの資源植物には、ジャガイモ、トウモロコシ、サツマイモ、小麦、キャッサバ（タピオカ）、サゴ、コメ、クズ、ワラビ、リョクトウ（緑豆）、マイロ、ソルガムなどがある。

デンプンの構成成分はブドウ糖（グルコース）である。デンプン粒の大きさや形は、それぞれの原料となる植物によって異なる。

デンプンの特性

アミロースとアミロペクチン

デンプン粒はブドウ糖のα-1,4結合が直鎖状に配列したアミロースとよばれる多糖類と、直鎖のブドウ糖のつながりのなかにα-1,6結合水で分岐したブドウ糖のつながりをもつアミロペクチンという多糖類がある。

アミロペクチンは、ブドウ糖がα-1,4結合のほかに、約5％のα-1,6結合の分岐状の多糖類を含む。その重合度は、数十万のブドウ糖の単位と考えられている。基本単位は、約20～25のブドウ糖の直鎖が、α-1,6結合で連なった房状構造を形成していると考えられている。

アミロースに水を加えて加熱してできる糊状のものはさらりとしていて、粘りが弱い。これに対して、アミロペクチンに水を加えて加熱して生じた糊の粘りは強い。うるち米のデンプンは、アミロペクチン：アミロースの比が8：2の割合で存在しているので、粘りはもち米ほどの強さはない。もち米のデンプンはアミロペクチンのみが存在しているので、粘りが強い。

デンプンのアミロース含量は、普通20～25％で、残りはアミロペクチンである。モチトウモロコシ、モチゴメのデンプンは全くアミロースを含まず、リョクトウデンプンは35％、高アミロースコーンのデンプンはアミロースを約80％を含む。

デンプンの特性　麺類、餅、菓子などデンプンを含む食材を利用する場合、デンプンの糊化は重要な変化である。

糊化することにより、デンプンを消化する酵素アミラーゼが作用しやすくなり、非常に消化しやすくなる。この糊を放置しておくとゲル状になり、時間の経過に伴い白濁する。さらに進むと、糊は離水して沈殿する。この一連の変化をデンプンの老化（retrogradation）という。

デンプンの調理性　デンプンの調理には、必ず糊化が必要である。しかも、全体に一様に糊化することが望ましい。このためには、水を加え、加熱前に十分に攪拌し、ムラのない状態になるよう吸水させておかねばならない。吸水状態が不均一であると、加熱したときに部分的に糊化されデンプンの塊ができ、後で攪拌しても均一にはならない。

調理の用途は、あんかけや炒め物をまとめる場合には、糊化したデンプンが使われる。

加工デンプン

天然のデンプンを利用目的に合うように、化学的、物理的、酵素的に処理したもので、食品用として可溶性デンプン、デキストリン、α化デンプン、デンプンリン酸エステル、カルボキシメチルデンプン、リン酸架橋デンプンなどがある。

- 可溶性デンプン　デンプンを糊化温度以下で弱く加水分解したもので、天然デンプンの形を保ち、冷水に不溶性、熱水に可溶性で粘性の低い溶液である。増粘剤、増量剤に使われる。

- デキストリン　デンプンを熱、酸、酵素で加水分解したもので、処理条件により溶解性、粘着性、吸着性などの性質が異なる。たれ類のとろみ、佃煮の保温、ハム・ソーセージの保水などに使い分ける。
- α化デンプン　デンプンと水を加熱して糊化し、急速に脱水・乾燥したもの。冷水には溶けにくい。ソース、スープ、ケーキミックス、アイスクリーム、インスタント食品の安定剤。
- デンプンリン酸エステル　デンプンのリン酸エステル誘導体で、デンプンリン酸エステルナトリウムが食品の増粘剤、糊料などに利用される。
- カルボキシルデンプン　デンプンのヒドロキシル基にカルボキシメチル基を導入したもの。冷水に可溶性で、増粘剤、粘着剤に利用される。
- リン酸架橋デンプン　デンプンをトリメタリン酸ナトリウムでエステル化したもので、分子間の水酸基が架橋していて酸性に強い。

天然デンプンの種類

- かたくり粉　ユリ科のカタクリの鱗茎からつくったデンプン。純白で味もよい。生産量が少ない。市販されているものにはジャガイモデンプンで代用しているものが多い。高級和菓子、高級料理に使われる。
- 葛デンプン　マメ科のクズの根からつくられるデンプン。主な生産地は奈良・福岡・三重・福井などである。高級和菓子に使われる。
- 小麦デンプン　小麦粉からつくられるデンプン。小麦粉を水と混和し、練りながら水をかけてデンプンを洗いだしてとりだす。得られたデンプン粉乳を篩い分けした後、遠心分離し、脱水、乾燥して調製する。多くの接着剤、菓子（くず餅）、水産練り製品の弾力性形成に使われてきた。
- コメデンプン　コメからつくるデンプンで、生産量は少ないので市場には出回っていない。粒子が極めて小さく（2～10 μm）、他のデンプンとは違い表面を滑らかにすることができる。原料の精白米をアルカリ処理してたんぱく質を除き、原料が軟化したら石臼で摩砕し篩分けし、たんぱく質の抽出処理を行う。得られたデンプンは精製後、乾燥する。
- サツマイモデンプン　サツマイモを原料としたデンプン。水洗いしたサツマイモを摩砕し、篩い分けする。生デンプン、さらしデンプンに分けられるが、食用にはさらしデンプンが使われる。ほとんどが水飴、ブドウ糖、異性化糖液に使われる。

- ジャガイモデンプン　ジャガイモからつくるデンプン。デンプンの粒形は卵形で、粒径は比較的長い。糊化温度は他のデンプンと比べて低い。加熱と攪拌を続けると急に粘度が低下する。水産練り製品、食品用、加工デンプンに使われる。市販のかたくり粉は、精製ジャガイモデンプンである。
- タピオカパール　キャッサバから調製したデンプンを直径1～6mmの球状に成形したもの。湿潤状態のキャッサバデンプンを回転鍋を用いて成形する。スープの浮き身、プディングに利用される。
- とうもろこしデンプン　一般にコーンスターチとよばれているもの。ブドウ糖、水飴の原料となる。天ぷら粉、各種菓子類、アイスクリームに利用される。もちもちしたワキシーコーンスターチを作り、食品の増粘剤、安定剤に使われる。ハイアミロースコーンスターチは高アミロース種のトウモロコシからつくる。難消化性なのでダイエット食品や低エネルギー食品にも利用される。
- わらび粉　ワラビ科のワラビの根（地下茎）から調製したデンプン。ワラビ餅、和菓子の材料として利用される。地下茎の泥を落とした後、石臼で挽いて粉にし、この粉に水を加えて溶け出してくるデンプンを集める。これを繰り返し、集めたデンプンは脱水、乾燥する。極めて粘度の高いデンプンなので、かつては和傘、提灯の糊に使った。

4．行事と粉食文化

一年の初めには鏡餅を飾り、雑煮の具の餅を入れる。3月の桃の節句には草餅や菱餅を作り、5月の節句には柏餅や粽《ちまき》を作るように、日本の行事には、搗いたコメ、コメの粉を使った食べ物を作る。月見には小麦粉で饅頭を作り、一年の暮れには年越しそばを食べる。

ハレには粉食、ケには粒食

日常的な普通の状況をさす言葉を「ケ」といい、これに対して、あらたまった特別な状況、公的な、あるいはめでたい状況をさす言葉を「ハレ」といっている。私たちは「ハレ着、ハレの姿、ハレの舞台、ハレの場所」などと特別なことに対して、気づかずに使っている。かつては、正月を迎えるにあたって、大晦日には着る物や履物も新しいものを用意し、正月に新しいものを身につけて、正月に年神様を迎えたものであった。そして、正月の料理を食べた。お節料理という正月料理には、食材や料理にそれぞれ家族の健康や繁栄、五穀豊穣や大漁祈願などの意味がこめられている。

民俗学者の柳田國男は「ハレの食べ物は粒食ではなく、粉食中心である」といっている。その理由は、食べ物の加工には多くの手間がかかり、大量には作れず、また、湿度の多い日本の風土では食品の長期保存が適していなかったために、短時間で気軽に作れる粉を利用した食べ物が便利だったのであった。そのために、ハレの日には粉を利用した食べ物を作っていたと考えられている。

七夕と索餅《さくべい》

『延喜式』によると、七夕の節供には、小麦粉と米粉に塩を混ぜて、練って細長くして縄の形にねじり、藁で包んだ「索餅」を天皇に献上した。この索餅は、麦縄とよばれていた。平安時代の寺院社会では、索餅は夏季に客人を招いた宴会の際に食べられた。索餅の主な原料は小麦粉であり、夏には寺領から小麦が献納されるので、寺院内で製粉して索餅が作り、客人に提供したようである。

索餅と素麺は基本的には同一のもので、技術的には素麺は索餅作りを発展させたものといわれている。鎌倉時代後期には小麦粉を原料として素麺を作っている。室町時代には、奈良に素麺座があり、近世には三輪素麺が名物となった。奈良は素麺作りの先進地であったが、その作り方のルーツは索餅作りにあったようである。

鏡開きと歯固め

正月に飾る鏡餅は、米粒を凝縮した餅は神聖な力のこもった食べ物とされている。鏡餅が丸い形としてあるのは、人間の心臓を意味している。

鏡餅は、飾っておく間に割れ目がでてくるほど硬くなる。鏡餅を下げる日は「鏡開き」といい、江戸の武家の鏡開きを1月11日とした。現在も東京を中心に1月11日を鏡開きをすることが多い。

鏡餅を「歯固め」の習俗として用いるところがある。正月の鏡開きを6月1日までとっておいて食べる。これを歯固めといっている。霊力の強い正月の餅の、さらに硬くなった餅を食べることで歯を丈夫に保ち、体力の消耗しがちな夏を無事にのりこえようとの意味がこめられている。

霊力をもつ草餅

3月の節供のときには草餅を作る。餅は霊力を宿すという意味で、蒸したもち米で作る。これにヨモギを入れて作った餅が草餅である。春は、ヨモギは芽生え、生命力を象徴する植物とされていた。ヨモギの新芽を摘み、その葉の液を餅に入れる。ヨモギの葉の液は苦味があるので、邪気を追い払う、魔除けの意味が含まれている。

端午の節供に風呂に入れるショウブにも魔除けの意味がこめられているのである。

粽と柏餅の意味

端午の節供に作る粽《ちまき》の中は、もち米で作るから霊力が入っていると信じられていた。粽に茅（チまたはチガヤ）で飯を巻くのは、茅にも霊力が存在していると信じられたためである。柏餅の柏の葉にも霊力がやどっていると信じられていたので使ったのである。

仲秋の名月と月見団子

中国では仲秋の日は「月餅」を飾って、祝う。中国では仲秋は正月と同じように盛大に祝う。月餅は餅ではなく中国の菓子である。

日本では、月見団子を作り、静かに祝うのは、氏神信仰の行事であり、盛大な祝いの行事ではないので、餅の代わりに団子で静かに祝うという習慣となったようである。

5．うどん（饂飩）類

ここでとりあげるうどん類は、うどんや冷麦、ひらめん、そうめんなど、小麦粉に食塩を加えて作られる麺類である。現在、日本各地には、名物といわれるうどん・そうめんなどのうどん類が、北海道を除いて各都府県に存在する。

うどん類の歴史

うどんのルーツ

現在、日本に広まっている「うどん」のルーツは中国にあるといわれている。中国北魏《ほくぎ》の農書『斉民要術《さいみんようじゅつ》』（6世紀）に、湯餅《ゆへい》（のちの「うどん」）、索餅《さくへい》（のちの「索麺《さくめん》」）、餺飥《はくたく》（のちの「ほうとう」）、切麺粥（のちの「きしめん」）が記載されている。

中国では唐の時代（618～907）になると、ハレの日の祝いには、麺類を食べた。宋の時代（960～1279）には、細長いひも状のめん線状のめん料理が盛んになった。

日本の「うどん」の発達

中国で発祥した麺類は、奈良時代（710～784）に日本に伝わったという説と、平安時代から鎌倉時代（790～1333）という説がある。『延喜式』（927）には索餅《さくへい》、餛飩《こんとん》、餺飥《はくたく》の文字のみが記載されている。これらが、今日の「うどん」「そうめん」と深いかかわりをもっていた。平安時代の前期に伝えられた唐菓子の中の餛飩（混沌）は、小麦粉で作ったあん入りの団子状のもので、うどんの原型といわれている。鎌倉時代に入って、「そうめん」の技術とともに、うどんより細い「切り麦」とよばれる技術も導入された。

鎌倉時代の初期は多くの禅僧が入れ替わり日本と中国を往復していた。麺類を中国から日本に持ち込むために大きな役割を果たしたのは、栄西や道元であった。栄西は文治3（1187）年に浙江省から抹茶を習得し、日本に持ち込んでいた。道元は1223年に浙江省に渡った時に、5年後に帰国し『典座教訓《てんざきょうくん》』や『麩赴粥飯法《ふしゅくはんぽう》』に麺類について記述を行い、弟子の僧侶たちに麺類を食べさせ、その際の食事の作法まで教えている。

室町時代の初期に刊行された『庭訓往来《ていきんおうらい》』（天文5［1536］年）では、饂飩・温飩・温麺・うんどん・うどんなど、さまざまな呼び名が使われている。幕末の『貞丈雑記《さだじょうざっき》』（天保14［1843］年）でも、あん入り団子は温かくして食べるので「温飩《おんとん》」とよんでいる。

江戸初期の寛文年間（1661～73）頃になると、「けんどんうどん」が流行した。宝暦年間（1751～64）には「そば切り」が流行して、江戸では「夜鷹そば」が盛んになった。関西では「夜啼《よな》きうどん」が好まれた。うどんが庶民の食生活に広まったのは江戸時代であるといわれている。めんつゆには、醤油や味噌も使われるようになった。江戸時代以前のうどんの食べ方には、塩、梅酢などを使用していたが、江戸時代に広く醤油が普及するようになり、刺身を醤油で食べるようになり、麺類も醤油仕立ての汁で食べるようになった。

索餅《さくべい》は、『延喜式』によると、旧暦7月7日の七夕の儀式に、供え物として使われた。とくに、平安時代からは、宮中では七夕の行事には欠かせない食べ物だった。この習慣は、中国の故事にのっとり、「この日に食べると疫病にかからない」という言い伝えに従った。17世紀の料理書『料理切万秘伝抄』では、そうめんを織女の機織りにかけた糸にみたてるような意味が述べられている。

索餅は奈良時代に、「ほうとう」は平安時代に、「そうめん」や「ひやむぎ」は鎌倉中期以前に中国から製法が伝わり、食べ方については日本流に組み立てられたのである。索餅は、小麦粉と米の粉を練り、それを縄のような形にねじった食品であったと考えられている。奈良時代から鎌倉時代の「索餅」は、「むぎなわ」（麦縄、无岐奈波《むぎなわ》）とよばれていたようである。

江戸時代以降のうどんの展開

江戸時代中期以降のうどんは、農山村の人々の労働のための日常食として利用した。うどんは小麦粉に食塩を加えて練ってから作るのであるが、この時代の農山村では、手回しの回転式の挽き臼が普及し、食塩を加えないで小麦粉と水だけで練ったうどんを作り、下茹でしないで、直接具材と共に煮込み、手作り味噌で味をつけて食べていた。石臼は、大豆も挽き、豆乳を作り、それを利用して豆腐も作った。

明治維新により鎖国から一変して開国となり、日本は近代化へと展開していくことになった。明治20年頃、横浜の外国人居留地に南京街が生まれ、そこに中華料理店は20軒あった。屋台もあり、そこではめん専門店もあった。ここのめんを日本人は南京そばとよんでいた。すなわちうどんではなく、かん水を添加した支那そばの始まりであった。

そうめんの普及

室町時代（1336～1573）には、「そうめん」については「索麺」といっていた。この時代になって、現在の素麺の作り方のように、小麦粉と食塩を原料として生地を練り、植物油を塗りながら「めん」を延ばしていく「手延べそうめん」の方法が取り入れられた。この時代にはそうめんを作る専門家の「そうめん師」という専門職人がいて、京都にはそうめん屋が存在していたことが知られている。現在の素麺の名産地と知られている奈良の「三輪そうめん」、播磨の「揖保の糸」などでの素麺作りは、室町時代後期から江戸時代初期に始められたようである。

室町時代のそうめんの食べ方には、「冷やしそうめん」と「蒸してたべるそうめん」があった。冷やしそうめんの食べ方は、切りめんを水に浸けておいて食べる方法であり、蒸して食べるそうめんは、手延べそうめんを味噌味の汁に入れて温かくして食べる方法であった。熱蒸《あつむし》、蒸麦《むしむぎ》などとよばれる温麺《おんめん》としての食べ方である。江戸時代になると、夏は冷やしそうめん、冬は温麺（現在の煮めん、またはにゅうめんに似たもの）という食べ方が確立した。

現在では、そうめんは夏の食べ物として認識している人が多く、夏に冷やしそうめんとして食べるものという人が多い。夏のそうめんの残りは、秋から冬の寒い時期には、みそ汁や澄まし汁などに入れて「にゅうめん」または「温麺」として食べる人もいる。温麺を「うーめん」ともよんでいる。宮城県の白石温麺は350年以上の歴史のある麺で、三輪素麺や揖保の糸に比べれば、その長さは1/3～1/4であり、温麺として利用されている。

うどんの普及

奈良時代には、うどんのルーツといわれている餛飩《こんとん》は、小麦粉を捏ねて団子の形に作り中に餡を入れて煮たもので、丸くどこにも端のないことから「餛飩」となづけられたといわれている（伊勢貞丈《さだたけ》『貞丈雑記』、1843年）。『貞丈雑記』では、これが食べ物であるところから「食」偏のついた「餛飩」となり、熱く煮て食べることからさらに「温飩（おんとん）」となり、さらに「饂飩」の字が当てられるようになったと述べている。この時代に唐菓子として伝えられた餛飩は、現在のワンタンのようなものであり、うどんとは形が違っていたといわれている。最初は、寺院の修行僧が朝夕二度の食事の間に食べた軽食であった。その後、一般に普及した食べ物である。

室町時代には、小麦粉で作った「めん」を「麦」といい、包丁で細かく切った切麦が生まれ、切麺が普及していた。現在のうどんの形は、この切麺から発展したものであるといわれている。これ以前の14世紀には「手打ちうどん」があったという説もある。

室町時代後期に一条兼良《かねら》（1402～81）によって編纂された『尺素往来《せきそおうらい》』には、切り麺を冷やして食べるのを「ひやむぎ」とよんでいた。「冷やしそうめん」を「ひやむぎ」とよんだり、細い切りめんを「ひやむぎ」とよんだこともあるようである。

ひらめんの普及

「ひらめん」は「きしめん（棊子麺）」や「ほうとう」のことをさしている。「ほうとう」は「餺飩（はくたく）」から「ほうとう」によぶようになった。「きしめん」の棊子は、碁石のことで平らにした小麦粉の生地を竹筒で打ち抜いて碁石の形にしたものを茹でて、黄な粉をかけて食べていたという説、帯状の麺を巻いた中国将棋の駒に似ているという説、紀州の人が作った「紀州めん」が訛ったなどの諸説がある。江戸時代に、現在の愛知県刈谷市（旧・三河国芋川）で作られたのが、名古屋の「きしめん」のルーツともいわれている。芋川で作られた平らなうどんは「芋川《いもかわ》うどん」と、江戸時代からよばれていた。なお、江戸では芋川が訛って「ひもかわ」といっている。

現在の名古屋の味噌煮こみうどんから想像できるように、うどんより幅広く切った「ひらめん」を作り、野菜類を入れた煮込み料理は、全国的に広まっている。

ほうとうの原形の餺飩は、小麦粉に肉汁を加えて捏ねてから、生地を両手でもみながら親指ほどの太さにして5cmほどの長さに切ったものである。これをもみながら押し広げた、湯の中で煮て食べる。「ほうとう」を冷たくして食べる料理に「おざら」がある。

6．そば

ソバの原産地と栽培地域

ソバの原産と種子のそばの伝来

雑穀類のほとんどが、イネ科に属するのに対して、ソバはタデ科に属する1年生草本である。普通ソバの他、韃靼《だったん》ソバなどがある。わが国でソバが栽培されて食べられるようになった時代は定かではないが、縄文時代後期の遺跡にソバの痕跡が認められている。紀元前1000年代（縄文晩期）の埼玉県岩槻市真福寺遺跡からソバの種子が出土し、弥生前期には静岡県登呂遺跡や韮山の山木遺跡、青森県の田舎園村の弥生中期の遺跡、そして東京・世田谷の玉川養魚場の古墳時代の遺跡からもソバの種子が出土していることが報告されている。これらのことから、古くから日本の各地で広くソバが栽培されていたことが推定できる。

原産地は、北東アジアで、その野生種はシベリアのバイカル湖畔および黒竜江流域で見つかっている。これから東方へ渡来したものと推察されている。いずれにしろ、冷涼な山地に適し、やせ地でもよく生育し、短い期間で収穫できるので、救荒《きゅうこう》作物としての価値が大きかった。現在の日本のソバの有名な産地が辺鄙なところであるのは、救荒地で栽培できる作物として注目されてきたからである。

韃靼ソバは、北方アジア原産で、帰化植物となっている。とくに、耐寒性が強く果実に苦味があるので、ニガソバの別名がある。

『続日本紀』（平安時代初期に編纂）によると、養老6（722）年に、元正天皇は農民に対し蕎麦・大麦・小麦を栽培し、収穫の少ないときのために貯蔵しておくように命じていた。平安時代初期の僧侶・弘法大師（空海、774～835）は、唐から日本に戻る際に真言宗とソバを日本に持ち込んだ。

鎌倉時代（12～14世紀）以前のソバの食べ方は、搗精して粒食していたが、鎌倉時代に中国から「点心」とともに、「そばがき」（かきもち、かいもち）のような粉食法が持ち込まれた。

寛永年代（1624～44）に、朝鮮から日本に来た天珍という僧侶が、南都東大寺に、ソバのつなぎとしてうどん粉（小麦粉）を混ぜる方法を広めた。これを機会に「そば切り」が広がったといわれている。

そば切りの起源

ソバの麺である「そば切り」の起源は、それほどはっきりしていない。日本でそば切りが作られるようになったのは、「切りめん」「切り麦」の技術があったからである。16世紀後半の臨済宗の寺の文献によると、日本に「そば切り」が誕生したのは信州であったといわれているが、甲州という説もある。「そば切り」は江戸時代に創作されたという説もある。

「そば切り」という言葉は、そば粉の食べ方の「そばがき」「ソバ焼きもち」と区別するために、ソバの生地を延ばして包丁で切るところから「そば切り」と称するようになったといわれている。明治以降は、単に「そば」とよぶようになった。

そば切りの起源は甲州にあるということは、江戸中期の天野信景《さだかげ》『塩尻』（宝永7［1710］年）に記載され、そば切りの起源は信州にあるということは森川許六《きょろく》編『風俗文選』（宝永3［1706］年）に記載されている。また、そばきりの初見とされる近江多賀大社の社僧・慈性が書いたといわれる『慈性《じしょう》日記』（慶長19［1614］年）には、「仲間と一緒に風呂に行ったが、近座していたので、戻って常明寺でそば切りをご馳走になった」と記載されているという。その後、江戸ではうどんとそばの需要が逆転し、うどん屋よりも蕎麦屋が多くなった。そば切りが、町民の間で人気となると夜鷹そば・風鈴そばが盛んになった。江戸中期の日新舎友蕎子《にっしんしゃゆうきょうし》『蕎麦全書』（宝暦元［1751］年）には、つなぎに小麦粉、米、豆腐、卵、長いも、フノリを加えて試みたことや、そば湯のことが記載されている。現在も福井にはフノリをつなぎに使った有名な「フノリ入りそば」がある。

日本最初の料理書といわれている寛永20年に刊行された『料理物語』（著者未詳）には、そば切りの製法や料理法が詳しく紹介されている。ただし、つなぎに関する記載がない。つなぎが使われた代表的なそばが、「二八そば」である。そば粉80％に小麦粉20％を混ぜ、生地も打ちやすく、風味のよいそばとして普及した。そばの加熱方法については、つなぎを使わないそば切りだった頃には煮崩れしやすいので蒸した。つなぎを使うようになった頃から、蒸したそば切りの姿が消えるようになったという。

『料理物語』では、そばの食べ方として、そばにダイコンの汁（だいこんおろしのことと思われる）をかけたり、カツオ節やおろしアサツキ、ワサビ、カラシなどで食べることを勧めている。男の食べ方として汁をかけて食べることは勧めないと記載されている。江戸っ子の間には、そばに汁をぶっかけて食べることが流行っているが、汁をつけて食べるそば切りは、「もり」というとも記載されている。

そば切りの伝統食品としての特徴

そば切りは製粉技術の発展とともに、全国に普及したと考えられている。享保年間の江戸には、4000軒ものそば屋があったらしい。各地にみられる伝統的そば切りは、製粉技術の向上によって多様なものができるようになっていった。

例えば、ソバの種実は、果皮（そば殻）・種皮・胚乳から成り立っているので、それぞれを分離し、胚乳だけのそば切り、種皮を含むそば切りなどを作り出すことができた。ソバの甘皮ごと挽くそば切りは「藪系統」であり、種実の中心部の胚乳部でつくるそば切りは「更科系統」とそば屋にも系統が誕生した。また、つなぎにトロロを使った「藪そば」は、江戸っ子に人気であった。胚乳を使った「更科そば」は将軍家の大奥などが好んだ。更科そばは一番粉といわれるソバの芯だけを厳選し、光沢があり、淡白な風味があるとの定評がある。

生産されるソバの特徴を生かしたそば切りが日本各地にでき、地域の文化として継承されてきている。素材からみると海藻のフノリをつなぎに使った北陸の「へぎそば」や大豆を使用する「津軽そば」などがあげられる。

そばの製品

そば切り

そば切りは、そば粉を主原料として、適量な水を加えて捏ね、麺状に成形したものである。成形方式は、手打ち製麺、機械製麺（ロール押し出し式や溝のある切り刃で麺線を作る方法がある）がある。

使用するそば粉がソバ種実のどの部分の粉であるかで、麺の色がうすく味が淡白な更科そば系と麺の色の濃く味の強い藪そば系に大別される。さらに、ソバ殻の破片が混入した「田舎そば」、そば粉に他の材料を混ぜた「変わりそば」（茶そば、ユズきり、その他ゴマ、卵など）がある。そば粉には小麦粉のようにグルテンが存在していないので、水を加えても粘りが出ず、そば粉だけでは麺線を形成するのは難しい。しかし、そば粉に含む水溶性たんぱく質（主としてグロブリン）は、水を加えながら捏ねると粘りが生じ、弱いつなぎの働きをする。

乾燥そば（干しそば）

干しそばの基本材料は、そば粉、小麦粉、つなぎ（ヤマイモ、海藻、卵、グルテンなど）、食塩である。干しそばはそばらしさが求められるので、比較的色の濃いそば粉が使用される。製麺機を使用して切り出した麺線を竿にかけて乾燥させる。乾燥室で乾燥させるものが多い。乾燥機内を竿にかけられた麺が移動し、その間に乾燥させる移動式乾燥と、乾燥室内に竿をかけ移動しないで、静置して乾燥させる静置式乾燥法がある。乾燥には除湿した空気を乾燥機の室内に送り乾燥する方法や、適度な温度に加温した空気を乾燥室内に送る乾燥法がある。

そば米（むぎそば）

そば米（むぎそば）は徳島県、山形県、長野県でみられる。殻のついたソバの種実（玄そば）を塩水で茹でて、殻が開き始めた頃に、湯を切って乾燥し、ソバ殻を除去したものである。アワ、ヒエなどの雑穀と混ぜて炊いたり、吸い物の具にしたりする。

そばがき

そばがきはそば粉の調理法の1つである。鍋やお椀に計りとったそば粉に熱湯を加えて、ヘラや箸などで手早くかき混ぜて、練り上げたもので、つけ汁をつけて食べる。そば粉のデンプンが、熱湯で糊化して可食状態となる。

そば粉の特徴

成分の特徴

そば粉の栄養成分は、たんぱく質約10%、脂質約3%、デンプン約70%であり、デンプンが主成分である。たんぱく質のアミノ酸組成の特徴は、含硫黄アミノ酸が少なく、リジン、トリプトファンが多い。脂質の主な構成脂肪酸はオレイン酸とリノール酸で両者を合わせて総脂肪酸の35%を占めている。デンプンの成分であるアミロースとアミロペクチンの比は1：4で、糊化温度は64～68℃である。ビタミン類ではB_1, B_2を多く含み、ビタミンPの一つであるルチンが15mg/100g含まれている。

そば粉の特徴

そば粉の製造は、石臼、ロールを使うか、併用する。胚乳を1段、2段、3段と順次製粉にし、篩《ふる》い分ける。それぞれの段階で1番粉、2番粉、3番粉とよばれる。製造の初期工程で得られる内層粉は種子の中心部で、ほとんどが胚乳であり、白色で最も良質のそば粉である。2段目の中層粉は、殻、種皮のある程度の量が挽き込まれているので、やや緑色の粉であり、特有の香りと歯応えがある。

各成分における表層粉に対する内層粉の割合は、一般成分では炭水化物を除いて40%前後、無機質ではカリウム、マグネシウム、リンが20～25%、その他は30～40%、ビタミン群ではB_2の50%となっている。ソバに含まれるルチンは、表層に多い。

7. 和菓子類

和菓子は日本の伝統的な菓子の総称であるが、日本独自の菓子というより、中国から伝来した唐菓子の影響を受けているところが大きく、また、明治維新により欧米の文化が入ると、欧米の菓子（洋菓子）の影響を受けたものも多い。和菓子の歴史は、次のように区分されている。中国から仏教や唐菓子とともに日本に入った奈良時代から鎌倉時代（唐菓子時代）、室町時代から安土桃山時代までの茶道の登場に伴う生菓子の発達した時代（点心時代）、室町時代から江戸時代初期のポルトガルやスペインとの交流による南蛮菓子、カステラ、金平糖などの導入の時代（南蛮菓子時代）、甘い和菓子が著しく発達した時代（京菓子時代）、そして文明開化とともに導入された洋菓子が発達した明治時代から昭和初期の時代（洋菓子時代）、最後に、世界各国の菓子類を導入し、アレンジしている現代（多国籍菓子の時代）である。

菓子と果物

古代のスイーツは果物か

弥生時代の人々は農耕民族であったから、食糧となる鳥獣を捕らえるのには山野を歩き、農耕をするには田畑へ行かねばならない。途中で、空腹を感じれば、野生の「果物」「木の実」「草の実」を採取して食べたと想像されている。この際、採取した果物は、現在のようなスイーツという感覚として捉えているのではなく、補助食として生活の一部となっていたにちがいないとも想像している。

昔の人の果物の話題として、しばしば引用されているのが『古事記』の「伊邪那岐《いざなぎ》命《のみこと》と桃」の神話である。すなわち「イザナギノミコトが黄泉《よみ》の国から逃げて帰るときに、追いかけてきた黄泉の軍に桃の実を投げつけて撃退した。その功をめでてその桃子を意富加牟豆美《おほかむづみ》命《のみこと》と名付けた」という話であるが、「人間の苦労を救う力が桃の実にある」と伝えたかったことと、「昔の人は果物をいかに重要視していたか」、という伝説である。

果物と菓子の関係

平安貴族の生活を物語風に書いた『栄花物語』（平安朝の後期、1100年頃。前編30巻は赤染衛門、後編10巻は出羽弁作といわれている）の「ものしづくの巻」の中に「さまざまのくだものを皆物の形に造りなどして」という文章があり、それは菓子のことを意味しているのではないかと推測されている。このことは、菓子は自然に生育している果物に端を発していたのではないかと考えられている。

いつ頃に「菓子」という名称が登場したかについては、昔からいろいろな説から次のようにまとめられている。すなわち、奈良時代から平安時代初期に現在の中国から輸入された「唐菓子《からがし》」の「古能美」（このみ、木の実）

または「久多毛能」（くたもの、果物）が「菓子」に当たる最初の言葉でないかと考えられている。唐菓子が登場する以前は、「菓子」と表現する言葉はなかったが、自然の果物が現在の菓子と同じような位置にあったのではないかとの説もある。

中世期以後は、「田菓子《たがし》」や「点心《てんしん》」という言葉が存在し、果物との混同はされないようになった。

「菓子」という文字の起源からは次のような説がある。

元来「菓子」の正しい字は「果子」で、果物の正しい文字は「菓子」であったという説がある。字義の解釈からは、「菓」は「木の実」「果物」の意味で、「樹実」と書く場合もあったようである。「菓」の字を「樹実」と書く場合にはこれに対して「草実」とも書いたようである。

実際は、平安時代初期から江戸時代までは菓子と果実は混同されて使われていたようである。元禄（1688～1704前後）の頃になって、菓子が急に発達して、菓子と果物が分立し、果実を「水菓子」というようになった。

外国の文化の日本の菓子への影響

日本の菓子の発達には、中国の宗教すなわち仏教や文化の影響は大きい。このことを考えると、日本の菓子の発達は次のように考えられる。すなわち、仏教の伝来により奈良・平安の両時代を経て鎌倉時代までは、唐菓子が中心となって日本固有の菓子へと展開したと考えられる。

室町時代から安土桃山時代までは、菓子に関しては、茶道に伴う茶菓子を中心にした時代であった。茶菓子は点心といい、菓子文化に貢献したのである。

江戸時代の終わり頃の文明開化は、菓子の文化にも影響を及ぼしている。すなわち、関東と関西では対立するほどの二大風潮が誕生した。すなわち、京都式菓子と新興江戸式上菓子が対立しながら発達したのである。明治時代に入り、西欧の文化と導入とともに入ってきた洋菓子は、日本の菓子すなわち和菓子の展開にも影響を及ぼし、和洋折衷したような菓子も登場した。第二次世界大戦後、アメリカ、ヨーロッパばかりでなく世界各国の文明文化が、どんどんと日本社会に導入され、それが日本の各地に広まったことは、日本の食生活や食文化にも影響を及ぼした。いうまでもなく、日本の和菓子に、これまで和菓子に使わなかった乳製品、果物を取り入れたものも登場した。

また、機械文明の発達は、菓子の自動生産・大量生産を可能にするようになり、食材の研究により保存性、テクスチャーなどの改善も可能にしている。ただし、第二次世界大戦後の急激な自動化によって大量に製造された和菓子に対する食味や食感が、手作りの和菓子に比べれば劣ると感じている人の中には、手作りの菓子を求めている傾向もみられている。

饅頭

代表的な和菓子として、日本各地の名物には地名や歴史を看板にした饅《まん》頭《じゅう》があるので、ここでは、饅頭の歴史の概略を解説する。

饅頭の意味

饅頭の外皮は小麦粉の生地で、中心の餡を包んで、蒸籠で蒸すので蒸菓子というカテゴリーに属するといわれている。一方、饅頭に似た形をした大福餅は、外皮は米粉や米をついた餅を使い、餡を包んで蒸すので、これも蒸菓子に分類されている。宋の時代に著された『事物紀原』によると、「饅頭」は蜀漢《しょつかん》の宰相諸葛亮（181～234、字《あざな》が孔明）が考え出したものだと伝えられている。

饅頭は、もともとは中国では小麦粉に酵母を入れ、蒸かして作った蒸餅《むしもち》であったようである。饅は漢音では「パン」といい、呉音では「マン」といったというから、パンが饅頭というようになったとも考えられる。『和漢三才図会』（寺島良安著、正徳2［1712］年に成立）では、饅頭は餛飩《こんとん》・胡餅・十字などと書かれている。饅頭を「十字」というのは、中国の晋の歴史を記した史書の『晋書《しんじょ》』（唐の648年）が出典とされている。すなわち、「蒸餅《じょうへい》の上に小刀で食べやすいように十文字形の切目を入れたことから、蒸餅を十字とよぶようになったという。この蒸餅は米粉で作った饅頭で、饅頭餅ともいった。

饅頭の伝来

鎌倉幕府（1180～1266）の事績を編纂した『吾妻鏡』には、「源頼朝が狩りで鹿を射当てた長子頼家に、十字をあげて労をねぎらった」という記録から、饅頭は鎌倉時代のはじめには、すでに日本に伝来していたと推測されている。

蒸餅の饅頭餅（すなわち十字）の中に餡を入れたのが本当の饅頭で、餡には獣肉と野菜が使われた。獣肉を入れたのが肉饅頭であり、野菜を入れたのが菜饅頭といった。肉饅頭は中国から伝わったもので、日本固有の饅頭は赤小豆餡を入れた塩味の餡饅頭が作られた。饅頭が伝来した系統には2つの説がある。

一説は鎌倉時代の頃、四条天皇の仁治2（1241）年に、臨済寺東福寺派の祖の円爾弁円《えんじべんえん》が宋からの帰国の際に持ってきたという説、もう一つの説は、慶応4（1341）年の頃、建仁寺の龍山徳見《りょうざんとくけん》禅師が、宋からの帰国の際に、一緒に日本に来た中国人が饅頭の店を始めたという説がある。最初の説については博多の茶店に饅頭の作り方を教え、饅頭の店を開いたと伝えられ、二つ目の説については中国人の林という姓を塩瀬と改め、塩瀬饅頭を始めたといわれている。

室町時代の饅頭

室町時代の国語辞書の『撮壤集《さつじょうしゅう》』（飯尾永祥著、1454年）には、点心の項に「麺類・餅類・餛飩《こんとん》」が記載されている。これらの食品と一緒に記載されているので、一般の饗宴の料理として供されていたと推定されている。室町時代（1336～1573）には、饅頭は広く賞味されていたらしい。室町時代には料理の流儀の四条流や大草流などが誕生し、饗宴の料理には本膳・二の膳・三の膳・四の膳・五の膳などが確立した。本膳を出す前に、三献《さんこん》があり、初献には雑煮、二献には饅頭、三献には吸い物として提供された。

この時代には、饅頭には垂味噌の汁が添えて提供された。索麺・蒸麦・羊羹にも汁を添えた。饅頭に添える汁には「粉《こ》と切物《きりもの》」を加えた。粉とは山椒、肉桂、胡椒、芥子などの粉をさし、切物にはユズ・ミカンの皮、シソ・タデの葉、ミョウガの芽などを刻んだものをさしていた。これらの何種類かを刻んで饅頭のサイ（菜）にした。この時代のサイは「添え（そえ）」から転じた発音で主食に添える副食の材料の意味があった。

饅頭が普及するにつれて、これに対する世間の関心が深くなり、奈良や京都の寺社での講話の際に提供された。また、先述した塩瀬饅頭の店では、砂糖饅頭、野菜饅頭を作り出した。

江戸時代の饅頭

江戸時代には、饅頭の普及はさらに広くなり、饅頭に関するたくさんの文献も出ている。

文献によると、松屋・亀屋・二口屋・宝来屋などの饅頭をつくる店ができ、互いに競い合った。この時代に、外側は精白した米を使い、内側は甘味のある杏《あん》を使った。内側は赤い小豆の餡を入れて、外側の皮は餅の生地で包み、蒸して食べる饅頭が確立した。塩瀬・虎屋・松屋・亀屋・二口屋・宝来屋などが、羊羹・月羹・外郎餅・高麗仙袂《せんべい》を作り出したという説がある。江戸の塩瀬、大阪の虎屋が東西の饅頭の有名店であった。

江戸時代の饅頭の種類には、吉野饅頭、旭饅頭、中華饅頭、朧《おぼろ》饅頭、腰高饅頭、山吹饅頭、葛饅頭、薯《いも》蕷《よ》饅頭、田舎饅頭などがあった。

現在の饅頭

江戸時代に登場した饅頭の中で、現在も消滅することなく残存している饅頭には、田舎饅頭、焼き饅頭、栗饅頭、開化饅頭などがある。

田舎饅頭は、小麦粉に少量の砂糖を加え、温湯で捏ねて、小切り、延ばして、その中に潰し餡を入れて蒸《ふ》かし丸形にして、スノコの上で冷ましたものである。

焼き饅頭は、葬儀・忌日・命日などの贈り物として用いる小判形の饅頭である。小麦粉・炭酸アンモニア・清水を合わせて捏ね、小切れにし、延ばして赤い餡を包んで、平鍋で焼いたものである。焼き上げるときに、上面な小さな檜の葉をのせ、鍋の面に伏せて焼き色をつける。

栗饅頭は、小麦粉・清水・白砂糖・鶏卵・水飴・重層を混ぜて捏ね合わせ、切って栗餡を内に詰め、蒸し焼き用鍋に並べ、味噌汁（味噌ダレ）を塗り、窯の中で焼いたものである。開化饅頭は、赤小豆餡を詰め、卵黄液を塗り、栗饅頭と同じように作る。

カステラは和菓子か

カステラは、安土桃山時代の天正年間（1573〜92）頃に、南蛮船によって長崎に伝えられ、江戸前期の寛永年間（1624〜44）頃から南蛮菓子のカステラが作られ、それがカステラの原形であるといわれている。南蛮菓子の一種のスポンジケーキであり、和菓子と洋菓子の両域にまたがっている菓子といわれている。17世紀の前半には、カステラを作っている菓子屋ができ、現在も存続している。

カステラの製法は、長崎から京都に伝えられ、江戸時代になって江戸でも盛んに作られるようになった。カステラはたんぱく質含有量の少ない薄力粉を使い、水飴や蜂蜜などを加えたり、［小麦粉：卵：砂糖］の配合比を工夫して店独特のカステラを作っている。日本風にアレンジしたカステラであるが、日本の洋菓子の始まりといえるかもしれない。

第Ⅱ部

都道府県別
こなもの食文化とその特徴

01 北海道

札幌ラーメン

地域の特色

明治２（1869）年、明治政府は北海道に開拓使を置き、さらに北海道庁を置いて開拓を始めた。明治８（1875）年には札幌農学校が開設され、北海道の開拓は進展していった。広大な農地と恵まれた土地資源を活かし、大規模で専業的な農家を主体とする農業が展開されている。

地理的には、日本列島の最北端にあり、日本海・オホーツク海・太平洋に囲まれ、津軽海峡を間にして本州からは切り離されたようになっている。中央部には天塩山地・北見山地・石狩山地や夕張山地・白糠丘陵・日高山脈が南北に連続して存在している。その間に名寄・上川・富良野盆地があり、石狩・十勝・釧路・天塩川などの下流には、平野が発達し、農作物の栽培が行われている。平成21（2009）年の調査では、農耕地面積は115.8万 ha もあり、全国の25.1％も占めている。畑作物では、てん菜、インゲン、小豆、バレイショ、コムギなどが多く栽培されている。地域によってはソバも栽培している。とくに、旭川市の江丹別地域ではソバの生産に力を入れている。

北海道では砂糖の原料となるビートの粉末も利用されている。このように、粉の原料は穀類、イモ類、ソバ、その他とするところに地域的特徴もある。

明治元（1868）年に北海道に導入された「八列《はちれつ》トウキビ」は、冬になると粉にし、粥に入れて食べた。

食の歴史と文化

北海道は、蝦夷地《えぞち》とよばれていたものを、アイヌ文化に精通し、開拓使の高官だった松浦武四郎により明治２（1869）年に、現在の名前の北海道と名付けられた。江戸時代には、松前藩の領地であったが、幕末には箱館（後の「函館」）などの一部は、江戸幕府の直轄の領土となり、幕府の重要な経済的基盤となっていた。明治2年に開拓使の本府が札幌に置かれ、蝦夷地の本格的な開発を進めた。北海道の農業・漁業の生産額は全国1位で、食料自給率は200%に近い。しかし、高齢化と少子化により人口が減少しているので、これからの農業や漁業に携わる人口に課題が生じると考えられている。

古くから大規模酪農や農業の経営が特色であり、北海道を囲む沿岸は暖流と寒流の交わる好漁場であり、四季折々に漁獲される魚介類の美味しさは、格別である。

新開地北海道には、日本全国から集まった人々が、伝統にしばられないけれどもアイヌ民族の文化の影響もみられる味覚文化を創出してきている。松前藩の拠点であった渡島《おしま》半島や日本海沿岸地域には、東北地方から渡った漁民たちが多かった。彼らは、日本海で漁獲した海産物を北陸地方や近畿地方から進出してきた商人に売りさばくなどして、これら地方の商人との交流も発生した。その特徴の一つが松前料理で、東北風と京都風をとりいれた料理であった。さらに、江戸時代中期以降に北国の物資を北海道から東北・北陸を経由して西国へ、西国の物資を北国へ運ぶ北前船《きたまえふね》が北海道と北陸や京都、大阪との交流に重要な役割を果たした。

北海道の生活では、魚介類が大切なたんぱく質供給源であったから、魚介類を使った保存食や郷土料理が発達した。北海道の農作物の大半は、明治維新後に導入されたもので、タマネギ（札幌黄タマネギ）、トウモロコシ（八列トウキビ）、ジャガイモ（男爵、メークイン、農林1号、キタアカリ、インカのめざめ）、キャベツ（札幌大球《だいきゅう》キャベツ）、アスパラガス、大野紅カブ、夕張メロンなどのブランド野菜は相変わらずの人気である。郷土料理には、北海道で収穫できる野菜と漁獲できる魚介類を使った鍋物、漬物などの郷土料理がある。また、北海道で収穫できる穀類や粉を使ったクッキー、スイーツなどのアイデア品や惣菜などが創作されている。

アイヌの葬式と団子

死者がでると、アイヌの村人は団子の材料（アワやヒエ）の穀類を持ち寄り、臼で粉にして大きな団子を作り、細長く4等分に分け、真ん中の2つの細長い部分を死者への供え物とする。残った両端の半月状の部分は、手伝いや死者の関係者に分ける。

知っておきたい郷土料理

だんご・まんじゅう類

①うずら豆入りそばだんご

軟らかく煮たうずら豆やササゲの一種の金時豆を入れたそばだんご。これらの豆を煮たときに作り、おやつとしてはゴマ味噌やゴマ入り砂糖醤油、砂糖醤油、砂糖味噌をつけて食べ、惣菜としては野菜の入った「おつゆ」に浮かせて「そばだんご」として食べる。うずら豆（または金時）を煮た中に、そば粉より少し大目の水を入れて、この中にそば粉を入れてよくかき混ぜ、手にジャガイモデンプン（またはかたくり粉）をつけながら丸めて、味噌だれをつけて食べるか、つゆに浮かせて食べる。

②糖蜜入りそばだんご

十勝地方にビートを原料とする製糖工場ができてから、十勝地方の人々は工場からビートの糖蜜を分けてもらい、これにそば粉とつなぎとしての小麦粉を入れてかき混ぜ、だんごにして蒸したものである。一度にたくさん作る。焼いて食べる方法と煮て食べる方法がある。厚鍋で焼くと、混ぜたビート糖に焼き目がつき、ビート糖の甘さはさらっとした食感での甘味となる。煮て食べる方法は、厚鍋に入れ、煮ものにする。

③べこもち

５月の端午の節句にはかならず作る。うるち米またはアワともち米を半々に混ぜて、５時間ほど水に浸してから、ザルにとり３時間放置して水切りを行う。胴がくびれている臼（女臼）で手杵《てぎね》を用いて搗《つ》き、篩《ふるい》にかけて粉にする。黒砂糖を溶かした熱湯で、搗いた米の半分をしめらす。残りの粉は砂糖を加えた熱湯でしめらす。水をしめらせた白と黒の粉は、一緒にして素早くかき混ぜて、丸めて小判型のだんごにして、ふかし鍋で蒸かす。白と黒のまだらのべこもちを笹の葉にのせる。中に練餡を入れることもある。

出来上がった外観の白と黒の混じった模様がホルスタインの模様に似ているので、牛の方言の「べこ」をつけて「べこもち」といっている。

④そばまんじゅう

北海道の積雪の多い冬は、子どもたちは外で遊ぶ時間が少ない。屋内での生活の多い子供たちの誕生祝に、甘いそばまんじゅうを作り、家族で楽しむ。長いも、そば粉、モチキビ（イナキビ）の粉、砂糖を混ぜ、水を加えて練ってから搗いてまんじゅうの生地を作る。小豆餡を包んで、蒸す。

⑤よのこまんじゅう

北海道の特産物である筋子（サケの卵巣の塩蔵品）を米粉の生地で包んだまんじゅうで、松前地域では、10月のえびす講のときに作る。えびす講は、商家で、商売繁盛を祈って恵比須をまつり、親類・知人を招いて祝う行事である。もともとは旧暦の10月20日、11月20日、1月10日に行う。サケは秋から冬にかけてとれ、卵巣はイクラや筋子などの塩蔵品として貯蔵し、北海道では、正月に欠かせない食べ物である。

⑥華まんじゅう

北海道はジャガイモの産地である。そのジャガイモのデンプンを利用したのが、この華まんじゅうである。一般には、ジャガイモで作るが、ジャガイモデンプンも使うことがある。法事や葬式に提供する華やかなまんじゅうである。ジャガイモやジャガイモデンプンを混ぜて作ったまんじゅうの生地で小豆餡を包み、蒸かす前にまんじゅうの表になる面に、赤・青・黄に染めた生地で花模様をつける。

⑦いもだんご（イモ餅）

ジャガイモに小麦粉・デンプンを混ぜて練り合わせ、丸めて薄く延ばしオーブンで焼くか揚げたもの。食べやすいように串に刺してあるものもある。

豆類

①旭豆

旭川の地方色のある豆菓子。北海道産の大豆と甜菜糖《てんさいとう》に着目して作られた古くからの豆菓子。豆が中心であるが、小麦粉も使う。炒った大豆を甜菜糖と小麦粉で包むことにより、甘い豆菓子となっている。大豆の風味を生かした豆菓子で、一度食べると後をひく。明治35（1902）年1月に旭川の住人・片山久平という人が作り上げた豆菓子で「旭豆」の商品名で売り出している。昔の製法を守り続けている北海道の銘菓の一つである。

お焼き・お好み焼き・たこ焼き・焼きおやつ類

①きんつば

お焼きともいう。小麦粉に重曹を加え、軟らかい生地を作る。底が巴模様の鉄製の器具で、小豆餡を挟んで大判焼き風のおやきである。出来上がった姿が刀の金鍔《きんつば》に似ているので、「きんつば」の名がある。

②こうれん

お盆近くなると「こうれん」を作る。お盆の13日には、仏壇の前にたくさんの「こうれん」をすだれのように吊るす。松前地域の干し餅風のもの。米粉に白糖を溶かしてから蒸す。これを小さくちぎり煎餅のように延ばしてから乾燥する。食べ方は、金網に載せて焼いてから食べる。

③元祖　月寒あんぱん

創業明治39（1907）年の「ほんま」が、北海道では歴史あるお菓子として、売り出した「月寒あんぱん」は、地元の人々になくてはならないおやつとされてきた。半生菓子で、小豆あんや白餡を小麦粉や鶏卵、砂糖、水飴、蜂蜜からなる生地で包んだ栗饅頭に似たパンである。小豆は北海道産のものにこだわり続けている。月寒から平岸へ抜ける道路の通称は「あんぱん道路」で、月寒あんぱんを食べながら歩いたのでついたといわれている。

④わかさいも

洞爺湖周辺の名産。「わかさいも本舗」が大福豆《おおふくまめ》を使った白餡で、焼きイモのほくほく感と、むちっとした舌触りを表現したサツマイモ風の菓子。イモの筋に見立てた金糸コンブ入りで、薄皮には卵醤油を塗って香ばしくやき揚げてある。サツマイモを使わないで焼きイモ風につくってある。

大正12（1923）年に誕生し、最初は「やきいも」の名称であった。北海道ではサツマイモの入手が困難だったので、焼きイモは憧れの食べ物であった。

麺類の特色

北海道は、うどんの原料である小麦の生産量は、日本全国の6割以上である。最近、めん用の小麦として北海道立北見農業試験場では、北見79号（＝きたもえ）と北系1660の交配種を育成している。これまでの品種に比べると、めんの色、粘弾性、製粉性が優れている。北海道産の小麦粉は、JAを通して日本全国に流通しているためか、特徴のあるうどんは見当たらない。

一方、そば粉については、生産・販売・普及に力をいれている道内のJAは多い。ブランドそば粉も多い。幌加内そば、江丹別そば、音威子府《おといねっぷ》村《むら》の匠そば・北厳そば・音威子府そば、多度志《たどし》そば（深川市）、合鴨そば（滝川市）、浦臼そば（浦臼町）、石狩そばなどがある。また、粒の状態で食べる韃靼《だったん》そばも栽培している。

めんの郷土料理

①にしんそば

そば汁の上に軟らかく煮込んだ身欠きニシンがのっている。にしんそばは、北海道の江刺には古くから存在していたので、ルーツは江刺にあると考えられている。京都の代表的そば料理のにしんそばは、江戸時代、北海道から北前船で運ばれた身欠きニシンの利用から工夫されたそば料理であると思われる。

②手打ちそば（上川郡）

上川地方は、ソバの産地でブランドそばが多い。上川地方の暮れの年越しそばは、手打ちそばを食べる。茹でたそばをザルにとり、冷たい水を２、３度かけてぬめりをとって冷ます。これに熱いだしをかけ、長ネギを入れてかけそばで食べたり、ザルにとってつけ汁をつけて食べる。そば汁のだしは、夏にとって干した川魚のだしにする。年越しそばの汁は、鶏の骨でとっただしを使うこともある。

③札幌ラーメン

強力粉を使ったコシの強いラーメン。スープは味噌味、塩味、醤油味があるが、発祥は味噌味で、具材に北海道の食材を使うことが基本であった。札幌ラーメンは、大正12（1923）年に、北海道大学の前の竹屋食堂で初めて売り出された。

④あきあじうどん（秋味うどん）

北海道網走の名物うどん。晩秋に北海道の河川に戻る脂ののったサケ（アキアジ）とうどんを組み合わせた。

02 青森県

ひっつみ

地域の特色

青森県は、本州の北部に位置し、山地の多い地形であり、西は日本海、北は津軽海峡、東は太平洋に面している。北に突出している下北半島と津軽半島との間には、早い時代からホタテの養殖が始められた陸奥湾がある。津軽平野、青森平野が開けていて、大玉のニンニクやリンゴ（銘柄名「ふじ」や「つがる」）、ナガイモなどの農作物の生産はよく知られている。青森県には木材や食品の伝統産業があり、青森港は商港として重要な機能を果たしている。八甲田山麓や十和田湖周辺では肉牛の肥育が盛んであり、津軽海峡の大間近海で漁獲されるマグロは、高級マグロで取引され、小《お》川原湖《がわらこ》や十三湖《じゅうさんこ》のヤマトシジミの美味しさも有名である。

食の歴史と文化

青森県の南部は、果樹園、海や山があり独特の文化をもっている。八戸の「八食センター」には、新鮮な魚介類、野菜類が揃っていること、元気のよい「おかみさん」が働いていることで知られている。青森県も人口構成の高齢化に伴い後継者が減少していることが課題となっている。

江戸時代には、津軽藩は稲作育成のための新田開発を奨励し、ヒバの造林も進めた。参勤交代の際に、青森へ持ち込んだ野菜の種子によって、数々の伝統野菜の栽培が続けられている。リンゴの栽培が始まったのは明治維新後で、これを機会に農業県としての基礎が確立した。山間部に当たる南部地方では、安土桃山・江戸時代になると主食用の作物としてアワやヒエ・ソバのような雑穀が栽培され、藩主もこれらを使ったヒエ飯、アワ飯を食べていたとも伝えられている。一方、津軽地方は、水田での稲作が行われていたので、コメとアワやヒエなどの混食を普通にしていた。

昔の青森県は、飢饉と背中合わせの時代が多かったので、青森県内で栽培・収穫される野菜を、上手に利用せざるをえなかった。その環境の中で生まれた郷土料理や伝統料理が多い。また青森県も北海道と同じように、厳しい冬の寒さに備えて、野菜や魚を利用した保存食や、正月用の馴れずしを作るなど、寒い地域の人の智恵から生まれた保存食が多くみられる。

山地や平野では、コゴミ、タラの芽、イタドリ、フキ、ワラビ、ゼンマイなどの山菜も塩漬けにして、冬の野菜として利用することも考えだしている。

青森県の陸奥湾の漁民は、11月のタラ漁の前にシトギ（粢）の粉を水に溶かした濃汁を大きな茶碗や鉢に入れて、船頭や村人の顔にこの汁粉を塗り、豊漁を祈る習慣があったといわれている。

12月の行事食として、きび餅を作り神に供えることになっている。冬は魚介類の美味しい季節であり、豊富な海の幸が漁獲され、刺身や煮つけ、焼き物のほか、保存食として野菜を詰めたいかずしを作る。寒い時期に水揚げされるマダラのじゃっぱ汁は、青森の代表的郷土料理である。

弘前周辺の「けの汁」は、細かく刻んだ根菜・山菜などを入れてみそ汁風の正月料理である。かつて、青森港と函館港の間を活躍していた青函連絡船の青森港の待合室や弘前、青森の市中にある「おでんや」のおでんは、甘い味噌だれにカラシをつけて出していた。青森風のおでんの食べ方だそうである。南部地方の「せんべい汁」は、こなもの製品の小麦せんべいを割り入れた汁物で、会合や山仕事で食される。郷土料理で町の活性化を目的として、最近は東京都内でも「せんべい汁」のセットが販売されている。

知っておきたい郷土料理

だんご・まんじゅう類

①串もち

串もちには、そば粉で作った丸餅のようなもので、茹でるものと茹でてから囲炉裏《いろり》で炙《あぶ》るものがある。不意の客のもてなしに考えられた手間のかからないだんごである。焼くだんごは、間食（方言で「こびり」）、屋根のふきかえ（方言で「やどこ」）、悪い病気や悪霊が入らないための人形立て（方言「人形結い」）用に作る。「人形結い」の人形は、カヤと麦わらで高さ約2mの男女の人形を2体つくり、集落の入り口に立て、この人形に串餅を刺して、疫病や悪霊が部落に入り込まないための魔除けとした。

そば粉に少量の塩を入れ、熱湯をかけてごく軽く練り、直径3cmの平らな丸もちを作る。これを沸騰した湯の中に入れて茹で上げる。①茹で上げたばかりの熱い餅は、皿にとり、味噌（またはぎょうじゃニンニク入り味噌）をつけて箸で食べる。②茹で上げた丸餅は、串に刺してエゴマ（地方名「じゅね」）味噌をつけて囲炉裏で焼いたものである。串にはタラノキが使われる。

②そばだんご

青森県の南部上北地方はソバの産地なので、ソバがいろいろな形で利用されている。ハレの日の食べ物として、手間のかかる小豆餡を入れたそばまんじゅうを作る習俗がある。仏壇に供えてから食べることもある。

③彼岸だんご

春と秋の彼岸の中日に、もち米の粉で作る小豆餡入りのだんごで、家で作るのがこれまでの習俗であった。だんごは熱湯で茹でてから、冷まして重箱に詰めて仏壇、お墓、寺の位牌堂に供える。

④麦だんご

小麦粉で作るだんご生地で小豆餡を包んで、茹でただんごである。間食用に作る。小豆餡は砂糖を加えて甘くする場合と塩を加えた塩味の場合がある。

⑤酒まんじゅう

小麦粉、どぶろくでまんじゅうの生地を作り、これで黒砂糖と塩で調味した小豆餡を包んで蒸したまんじゅうである。間食に用意するまんじゅうである。三戸地区では、どぶろくをいつも作ってあるので、酒まんじゅうもいつでも作ることができる。

⑥くじら餅

各地で雛祭りに作る菓子で江戸時代に流行したといわれている。上白米粉と葛餡《くずあん》の2層の蒸しもので、クジラの黒い表皮と白い脂肪層をイメージした菓子。現在の鰺ヶ沢のくじら餅は、小豆だけで作る。昭和の初期は、小豆と白の2段で作ってあった。

⑦キリスト餅

湯瀬温泉ちかくの戸来《へらい》（新郷村）は、キリストの墓と伝えられている十《と》来《らい》塚がある。これに因んだ餅で、小麦粉の餅を作り、みそだれ、ごまだれをつけ、焼く。

お焼き・焼きおやつ・お好み焼き・たこ焼き類

①そばまんじゅう

多くは、自家製のそば粉で作っている。そば粉だけを熱湯で捏《こ》ね、小豆のつぶし餡を入れて丸め、鉄製のしとぎ鍋というもので、両面をこんがりと焼き、熱いうちに食べる。

②いびきりもち

そば粉を熱湯で練り、適当な大きさにちぎって生地を作り、餡として味噌を入れて包み、囲炉裏の火床で焼いたもの。「いびきりもち」は持ちやすいため、間食や弁当にも利用される。残りの飯があると、塩を加えたそば粉に混ぜ、いびきりもちのように丸めて焼いて食べることもある。

③ひっつみ

青森県南部の郷土料理ですいとんの一種。岩手県の北部にも同じ郷土料理がある。「ひっつみ」は「引っ摘む」の方言。小麦粉に水を加えて軟らかくなるまで捏ねてから、熟成させる。小麦粉の生地は熟成することにより軟らかい弾力のある生地となる。これを、食べやすい大きさに引っ張ってちぎり、煮干し、コンブでとっただし汁を醤油または味噌で調味し煮汁の中に入れて煮込む。ちぎった生地が浮き上がってきたら、いったん取り出す。煮汁にネギ、シイタケ、ゴボウ、ニンジン、ダイコンを入れて軟らかく煮てから、とりだしておいた生地を戻し、温めて食べる。

④せんべい汁

八戸市周辺の郷土料理、南部せんべいを手で割って、醤油味で煮立てた汁の中に入れる鍋料理。せんべいは南部せんべいの中でもせんべい汁の具にすることを前提に焼き上げた「かやき煎餅（おつゆ煎餅・鍋用煎餅）」を使う。この煎餅を手で割って、醤油ベース（または味噌・塩ベースのもある）の鶏肉や豚肉のだし汁で、これらの肉とともにゴボウ、キノコ、ネギなどの具材とともに煮立てた鍋料理。だし汁を吸った煎餅は、すいとんの歯応えをつよくした食感となる。

麺類の特色

青森県で栽培されている主なソバの品種は、階上《はしかみ》早生《わせ》や牡丹そばがある。とくに、大正時代の後半から階上早生を栽培している。品種の栽培に適した気候風土であるからである。県内のブランドそばには津軽そばがある。

めんの郷土料理

①津軽そば

弘前の山間にソバ畑がある。12月8日は「8日そばの日」といい、この日のためにそば打ちが行われる。そば粉を練る時に、生大豆の粉を少しずつ振り入れる。

かけそばの汁のだしは、干したイワシやアジを使う。そばには、油揚げや、薬味にみじん切りのネギやダイコンとトウガラシを合わせてすりおろした「もみじおろし」を入れる。

②つっつけ

小麦粉に少し多めの水を入れて捏ねて作ったドウ（dough、生地）を、打ち棒に巻きつけて麺帯を作り、打ち棒に巻いたまま、端から三角形に切り分ける。これが「つっつけ」である。大鍋で三角形に切ったダイコンを煮立て、これに同じく三角形に切った豆腐を入れ、煮立ったら「つっつけ」を加えて煮る。煮えたらネギ味噌で食べる。

③小豆ばっとう

「ばっとう」は、小麦粉で作る幅広い自家製のうどん。「ほうとう」と同様のもの。小豆に黒砂糖を入れ、とろっとした小豆汁を作り、この中に茹でた「ばっとう」を入れる。

④その他

十和田湖周辺では、とろろそば、よもぎめん、韃靼そばなどの乾麺が作られている。

03 岩手県

椀子そば

地域の特色

東北地方北東部の県で、かつては陸中国といわれた。西部は奥羽山脈。東部は北上高地で、その間に北上盆地がある。東は太平洋で、リアス式の三陸海岸で、多くの漁業基地があった。平成23（2011）年3月11日の東日本大震災の地震と津波により、海岸地帯の市町村、集落、大きな魚市場や漁港をふくめた多くの漁業基地が壊滅状態になってしまった。平成24（2012）年1月現在、この震災の被害を受けた岩手県・宮城県・福島県の人々は復旧・復興に努めているが、元の活気ある明るい集落や市町村が出来上がるためには、相当の年数がかかる見通しである。

元来、岩手県は、厳しい自然環境に悩まされてきたが、自然環境を活かし、多彩な食材を生み出していて、食料自給率は高く、東京・銀座の充実したアンテナショップは、他県に比べても人気である。現在においては、「3・11」の「東日本大震災」により魚を漁獲する漁船もなくなり、沿岸漁場が地震と津波による瓦礫で荒れてしまい、漁獲物を水揚げする漁港も市場も消えてしまっている。水産物の供給量は激減し、農地は海水の浸水により耕作が難しくなってしまったので、水産物や農作物の自給率は、3・11の震災以前に比べれば満足のできない自給率に減少したと推定できる。

食の歴史と文化

3・11の震災前は、リアス式海岸ではアワビ・ウニ・昆布・ワカメ・ホヤなどが漁獲され、養殖されていた。震災後は、これらの水産物の生産量は減少してしまったが、やがて復活することを期待している。ウニとアワビを使った「いちご煮」は、岩手県や青森県の三陸海岸の名物の吸い物である。

三陸海岸の沖を流れる寒流と暖流の交わる海域は好漁場であり、サンマ、サバ、スルメイカの漁場でもあった。岩手県は、米作の難しい農地が多かったのであるが、従来のソバ・ヒエ・アワなどの雑穀農業から稲作に転換し、良質の岩手独特の銘柄米を作り出している。盛岡市・花巻市は、通常より糖度が向上する「矮化《わいか》栽培」によるリンゴ栽培により「江刺リンゴ」などのブランドリンゴを生み出している。高地・高冷な気候を利用したレタスやキャベツのブランド品を作り出している。

岩手県の有名な「こなもの」には「わんこそば」や「冷麺」「南部煎餅」がある。雑穀農業として発達した岩手県の農業から生まれた加工品と思われる。県北の雑穀地帯のハレの行事には、三角に切ったそば入りの「そばかっけ」を用意し、米も麦も生産できる県央では、米を節約するために、小麦粉団子の「ひっつみ」が主食となっていた。稲作の盛んな県南では、冠婚葬祭には「祝い餅」が振るまわれた。三陸沿岸の秋は、サケの「ちゃんちゃん焼き」でもてなされた。

知っておきたい郷土料理

だんご・まんじゅう・せんべい類

①南部せんべい

日本の小麦粉せんべいは、岩手県盛岡市を中心とする南部地方で作られていた。したがって、青森県、岩手県、宮城県にまたがる地域に小麦粉を使った銘菓が多い。この地方でせんべいを作るようになったのは、戦国時代の出兵の際の携帯食として製造したのが始まりといわれている。江戸時代から、この地方のせんべいは小麦粉と塩のみで作るところに特徴があった。砂糖は使わないのが原則であった。岩手県の代表的なせんべいである南部せんべいの特徴は、表面にゴマを一面につけることである。ゴマを使う意味は、①適度に割れやすく、歯ざわりもよく、栄養面ではゴマのもつ機能性（ゴマに存在する酸化防止作用の成分）が期待されている。ゴマの風味が日本人の嗜好にあっていることも、南部せんべいの人気の秘密といえよう。

南部せんべいの外観の特徴は、円形で鍋蓋様の形をしている。焼き型からはみだした耳の部分が薄く残っている。もともとは小麦粉と食塩を原料とする素朴な味のせんべいであるが、最近は、伝統の技法はそのまま守りながら、現代人の好みに合わせて甘味があり、ゴマ以外にもピーナッツや裂きイカ、カボチャの種子、エビ、ショウガ、クルミなどを加えたものが出回っている。

②ずんだもち

北上川流域の米作地帯では、祭りには餅を搗《つ》くことが多い。「ずんだ」は「じんだ」ともいい、枝豆のことである。軟らかく茹でてすり潰した枝豆を砂糖、塩で調味した枝豆の餡を、搗きたての餅にからめたものである。枝豆の青臭さが香味となり、爽やかに味わえる。宮城県にも同様の「ずんだもち」があり、仙台の名物となっている。

③花まんじゅう

北上川上流の稲作地帯の盛岡市周辺、花巻周辺、遠野市周辺では、3月3日の雛祭りのために華やかなまんじゅうを用意する。うるち米の粉ともち米の粉でまんじゅうの生地を作り、桃色、緑色、黄色、柿色などの食用色素をつけ、花まんじゅうの木型（菊・梅・柿・桃・梅・栗・松・柚子・茄子・茗荷など）で形をつくる。まんじゅうの中に入れる小豆餡は粒餡が多い。

④彼岸だんご

春と秋の彼岸に、米粉で作るだんごで、中に入れる小豆餡は塩味の場合が多い。蒸《ふ》かし上がったら黄な粉をかけて食べる。

暮れの地蔵だんご（地蔵さまの年取に供えるだんご）、小正月のまゆだんご（みずきの枝に飾るまゆ玉）、雛の節句のきりせんしょ（米粉を捏ねて作る蒸しもの）、彼岸だんごなどの行事に合わせて、米粉を使っただんごを作る。

⑤ひゅうじ

「ひゅうじ」の語源は、「昔、火を起こすときに火打石の形に似ているので、その火打石（ひうちいし）が訛って「ひゅうじ」とよぶようになった」という説がある。

半月形をした小麦粉の生地のだんごの中に、味噌、黒砂糖、クルミが入っている。家庭や田植え時の間食、お盆の供え物などのために作る。

⑥ひっつみ（引摘）

中力粉や薄力粉に水を加えて捏ね、手でちぎってだしに醤油か味噌を入れた汁で野菜などと一緒に煮込むもので、「すいとん」の一種といえる。

練った小麦粉を手でひっつまんで鍋に入れるので、この名がついた。茹でたものは、擂ったゴマやクルミをつけて食べることもある。

⑦黄精飴（おうせいあめ）

薬草入りのみちのくの珍しい菓子。黄精（きせい）は多年生のナルコユリで、不老長寿の妙薬といわれている。その地下茎を煎じた汁を、もち米、水飴、砂糖にまぜて求肥（ぎゅうひ）菓子が黄精飴である。1853年創業の盛岡市の長沢屋で売り出している。

麺類の特色

岩手県は、厳しい自然環境に悩まされてきた。この環境にめげず、この自然環境を生かした農業を発展させ、現在では多彩な食材を生み出す「食材王国」となっている。奥州市・北上市を中心とする地域は、従来は雑穀地帯であったが、現在は稲作に転換した農家もある。雑穀栽培の中で生まれたのが、岩手県独特のそば文化である。

めんの郷土料理

①わんこそば（椀子そば）

「わっこそば」ともいう。朱塗りの椀に、一口ずつ盛ったそばのことで、花巻城の藩主・南部利直が、そばを椀に盛って食べたのが始まりといわれている。盛岡の椀子そばの店では、椀子一杯のそばは少量で、客が椀子の蓋をするまで、仲居さんが次々にそばを投げ込む。その風景には遊戯性がみられる。これは、客へのもてなしの心から生まれたともいわれている。

②はらこそば（腹子そば）

津軽石川でとれる南部の鼻曲がりサケの筋子を入れたそばで、宮古の名物。

③ひっこそば（櫃蕎麦）

遠野市の名物そば料理。「ひすこそば」ともいう。「ひっこ」とは「櫃＋こ」で小型の弁当箱をさす。４段重ねの丸形の曲げ物の容器に、そば、鶏肉、シイタケのほか、ネギ、ワサビ、青海苔などの薬味が入っている。

④まつもそば（松藻そば）

久慈地域では、海藻のマツモを乾燥して海苔のように使う。これを汁そばの上にのせたもの。

⑤やなぎそば（柳葉そば）

そばの生地を柳の葉の形にして茹でて、熱いうちに刻みネギ・酢味噌をつけて食べる。豊臣秀吉が夜食に好んだとも伝えられている。遠野地方では、よく食べる。

⑥そばかっけ

手打ちのそばを作るとき、そばの麺帯《めんたい》を三角に切って茹でたものが「そばかっけ」。豆腐、下茹でした輪切りの大根、そばかっけを煮る。そばかっけが煮えたら、味噌だれで食べる。客へのもてなし料理であった。

⑦南部はっと鍋

南部の小麦粉は灰分が多いのでやや黒めの粉である。これを使った古くからある鍋ものを10年ほど前から郷土料理に展開したのが、「南部はっと鍋」である。南部産の小麦粉を練り、薄く延ばして麺帯をつくる。この薄く延ばしたものを、盛岡の方言で「はっとう」という。これからうどん状に麺線（7 mm 幅）を作り、三陸海岸で漁獲されるカキ、タラの白子などの魚介類、鶏肉、野菜などを具にした鍋が煮えたら、このうどんを加えて煮る。コシのある麺が特徴。

04 宮城県

じんたつめり

地域の特色

東北地方の中部に位置し、東は太平洋に面し、北は牡鹿《おしか》半島までリアス式海岸である。岩手県の太平洋に面している地域と同じように、リアス式海岸の地域は平成23（2011）年3月11日の東日本大震災により壊滅状態になってしまい、2012年現在でも漁港や魚市場の復興には、まだまだほど遠い道のりである。震災がなければサンマ、カツオ、サケの水揚げで賑わった市場も、満足した水揚げ量ではなかった。「ふかひれ」の材料となるヨシキリザメなどの水揚げ量も復活していない状態である。大きな被害を受けたギンザケ、カキ、ホヤの養殖場の復旧も少しずつ進めているが、採算が合うまでに復旧するには4～5年を要するようである。

こなものでは江戸時代に、仙台藩祖伊達政宗が、比較的温暖な気候の仙台平野を生かし、軍の食糧の蓄積としての米の増産や味噌用の大豆の増産を奨励した。

食の歴史と文化

伊達政宗の米の増産は、仙台平野で収穫した米を美味しい米に導くきっかけとなり、味噌用の大豆の増産は仙台独特の「仙台味噌」を創出した。仙台平野は、日本屈指の米どころとなり、いくつかのブランド米を誕生させている。米麹を加えた赤味噌「仙台味噌」は、伊達政宗の軍用味噌工房「御《お》塩《えん》噌《そ》蔵《ぐら》」に由来し、猛暑の陣中でも腐敗しないのが特徴であった。

ギンザケの養殖は宮城県の女川が発祥の地であり、安価なサケが周年マーケットに出回っていたが、震災により養殖場が壊れ、震災前の状態に戻るまでには時間がかかるようである。同じように、静かな松島湾を利用したカキの養殖も、養殖いかだは津波で流され、海底には瓦礫が集まり、復旧するには、数年を要するだろう。少しずつ、カキの種苗からの養殖を始めた養殖業者もいるようだが、成果がわかるまでの数年は不安のようである。

仙台の有名な加工品の「笹かまぼこ」は、本来はヒラメを原料として作っていたが、昨今はスケトウダラのすり身も混ぜているようである。震災により原料の水揚げ量は減少し、蒲鉾工場が壊滅したために、生産量は少なくなっている。

宮城県の「こなもの」として「白石温麺」がある。短い素麺の形で、醤油味にとろみをつけた「おくずかけ」は彼岸やお盆に食べる精進料理である。米の生産地だけあって、冠婚葬祭やハレの日には餅料理が作られる。枝豆をつぶした餡をまぶした「ずんだもち」は、米や大豆の生産地から生まれた郷土料理といえよう。

冬の気温の寒暖の差を利用してつくる「凍り豆腐」は、正月の雑煮に欠かせない一品でもある。

仙台周辺は、昔から野菜づくりの盛んな地域であった。「仙台ハクサイ」の種子は明治時代に中国からもってきたものであり、「余《あまる》目《め》ネギ」など、一度抜いて横に倒して植えなおして生育させる「曲がりネギ」や、「仙台長なす」などいろいろな伝統野菜が多い。

知っておきたい郷土料理

だんご・まんじゅう類

①にぎりだんご

手軽に作れる米粉を原料としただんごで、骨休みや夜なべの仕事の後に食べるなど、一年中楽しみに食べられる。

粉や麹用の米粉に、手で握れるくらいの硬さになるまで、ぬるま湯を入れて練る（もち米の寒搗き粉を入れるものもある）。練ったものは手にとりだんごに作る。この際、手の握り跡が残るように握る。手の握り跡が、忙しさに追われて握ったことを意味し、握り跡がついているので「にぎりだんご」の名がついている。

食べ方は、ゴマ、ずんだ（擂った枝豆に甘味をつけたもの）、小豆の餡、黄な粉、くるみをまぶして食べる。残っただんごは汁に入れ、熱くして食べることもある。

②ずんだもち

餅は、宮城県の年中行事や祝い事には欠かせない。枝豆をすり潰し、砂糖や塩で調味した餡を、餅にからめたもので、現在は仙台名物として知られている。伊達政宗が、茹でた豆を陣太刀で砕いたという説、甚太という農夫が考案したという説がある。岩手県にも同様な「じんだもち」がある。

③じんだつめり

宮城県の郷土料理。じんだ、じんたともいう。じんだは「枝豆」、つめりは「小麦粉を練ったもの」をいう。軟らかく捏ねた小麦粉の生地を延ばし、手でちぎりながら熱湯で茹でたもの。茹でた枝豆は、粒々の残る程度にすり潰し、砂糖、食塩で調味し、「つめり」を混ぜ合わせる。餅にからめると「じんた餅」となる。

④ゆべし

もともと「ゆべし」は、ユズの実の上部を切り取った後、中身をくり抜き、味噌、山椒、クルミを詰めて蓋をし、藁に巻いて乾燥したものである。

仙台をはじめ盛岡、山形で市販している東北地方の「ゆべし」は、餅菓子であり、元来はユズを入れない。ユズの生産地から離れているので工夫したのである。保存性のあるクルミは入手しやすかったので、クルミを入れることができたといわれている。クルミの良質で豊富な油分を活かした菓子なので「油べし」が現在の「ゆべし」の名の由来のようである。江戸時代以前からクルミは、山村にとって貴重なたんぱく質と脂質の給源であったから、利用されていた。

⑤九重／しおがま

餅を薄く延ばして小さなアラレ状に切り、銅鍋に入れて、加熱しながら水飴とユズ、ブドウ、ひき茶のそれぞれの原液を加えて、コーティングして丸い粒状にしたものである。グラスの中で粒がゆらぐ、不思議に思う餅菓子である。杜《もり》の都《みやこ》・仙台が伝える文化として感服されている。仙台の「九重本舗　玉澤」（創業は延宝3［1675］年）が発売している。上質の仙台の米粉を使った菓子は、江戸時代からの銘菓として生菓子にも干菓子にもつかわれている。風味豊かな青紫蘇を散して仕上げているものである。

お焼き・焼きおやつ・お好み焼き・たこ焼き類

①小鍋焼き

農作業の休日や冬に、女性が集まって楽しむおやつである。

小麦粉を小鍋にとり、水を加えてとろりとするまで溶いて、砂糖や味噌で味付けし、これを鉄鍋に油をしいて、厚さは薄く、直径約10cmに流して焼く。やや甘味がありおやつとなる。

②みょうが焼き

子どもの間食として作られることが多い。小麦粉に水を加えて、やや硬めに練る。これをミョウガの葉にのせて延ばし、この上に油味噌やゴマ味噌を塗り、２つ折にして、網の上にのせて焼く。硬いパンのように仕上げる。

めんの郷土料理

麺類の特色

内陸部の白石地方は、麺作りに大切な水の質がよく、麺の乾燥にも適した気候であるところから「白石温麺《ううめん》」が生まれた。麺は細いが、弾力があり食感もよい。

①白石温麺

素麺は植物油を塗りながら麺を延ばして作るが、白石温麺は油を使わないで作るのが特徴である。江戸時代に病人食として誕生したといわれる。元禄年間（1688～1704）に、鈴木浅右衛門という孝行息子が、病気がちの父親のために油を使わないで、消化のよい麺を工夫したのが、この麺の始まりといわれている。

長さ10cmほどの素麺状態のものであるが、現在は他の地域で作られるような20～25cmの麺も作られている。温麺の「おんめん」が転訛して「うめん」といわれている。細く短く、淡白で食べやすい。最近は、天ぷらを入れた「天ぷらうーめん」が人気である。みそ汁や豚汁に、この麺を入れて食べる場合もある。

②ほやだしそば

ホヤを煮てだしをとり、醤油味にした汁そばである。具にもホヤを使う。

③うどん

手打ちうどんを食べるとき、地域によっては干した川魚のだしの醤油味の汁で食べる。

05 秋田県

稲庭うどん

地域の特色

東北地方の西部に位置し、昔は羽後国と陸中国に分かれていた。秋田県の西部は日本海に面し、中央には出羽山地、東部は奥羽山脈がある。北部の米代川流域に大館盆地・能代平野、秋田平野、南部の雄物《おもの》川流域に横手盆地・秋田平野が形成されている。内陸山間部は雪が多く、それらの雪どけ水が平野を潤し、日本有数の米どころとなっている。江戸時代初期に秋田藩主佐竹氏は、山がちな地勢をいかしてスギの育成に努めたので、現在でも「秋田杉」は高級建築材として知られるようになっている。

食の歴史と文化

江戸時代以来、秋田の財政の基本は米の生産であった。そのため、優れた銘柄品種の研究に努め、昭和59（1984）年に、病気に強く、優れた食味をもつ「あきたこまち」が誕生し、以来、秋田米を象徴するブランドを保持してきた。今でも、「あきたこまち」の愛好家は多い。

良質な米は良質な清酒も生み、秋田県は清酒の生産地としても有名になった。米どころの影響は、炊いた米をすり鉢で潰し、串に円筒状にくっつけた郷土料理の「きりたんぽ」を生み出し、「きりたんぽ鍋」の具として使われる。

秋田の冬に漁獲されるハタハタは、一時乱獲のために資源が枯渇したことがあった。秋田の漁民は辛抱強く漁獲制限を守り、ハタハタの資源回復をすることができた。東北人の我慢の根性があったからこそ、成し遂げることができたともいわれる。秋田県はハタハタ文化の地域ともいわれている。11月下旬から12月初旬にかけて、秋田周辺の日本海では雷が発生し、この時期にハタハタが秋田沿岸に近づくので、ハタハタの漁獲時期となる。大量のハタハタは、かつては塩漬けして「しょっつる」という魚醤油にし、大豆醤油の代わりに用いた。近年、「しょっつる」の美味さが再確認され、愛用している人も増えているようである。ハタハタの丸干、粕漬け、小糠漬け、味噌漬けなどのほか、慣れずしの「ハタハタずし」は、麹の発酵作用とハタハタを組み合わせたものであり、正月に欠かせない料理となっている。ハタハタの鍋の味付けに魚醤油の「しょっつる」を使い、具に内臓を除いたハタハタやハタハタの卵巣（「ぶりっこ」）を加える「はたはたのしょっつる鍋」もある。ハタハタずしは、東京都内のデパートの駅弁大会で売り出されることがある。

秋田の代表的な「こなもの」として「稲庭うどん」がある。良質の小麦粉と水を用いて、すべて手作りで仕上げるという江戸時代以来の伝統的な製法を受け継いでいる。稲庭うどんの具にはマイタケを加えると、美味しく食べられるといい、秋田の人たちは必ず入れるようである。

米どころ秋田の郷土料理には、米が用いられるものが多い。ご飯をすり潰して丸めたものが「だまこもち」といわれ、棒につけて焼いたのが「きりたんぽ」といわれている。これらは、寒い冬に、鶏肉や野菜とともに、鍋ものとして食べる。秋田では漬物を「がっこ」といい、長い冬に備えた保存食である。代表的なものに、たくわんの燻製の「燻《いぶ》りがっこ」がある。

江戸時代から栽培されている秋田の伝統野菜は多い。

知っておきたい郷土料理

だんご・まんじゅう類

①そばだんご

冬のおやつとして、そば粉を原料としただんごである。そば粉に少量の食塩を加え、熱湯を少しずつ加え、へらで丁寧に捏ねる。さらに、耳ぶたの硬さの状態まで、熱湯を加えて練る。これを、小さなだんごに丸めてから、軽く押しつぶし、熱湯に入れ、浮き上がるまで茹でる。茹で上がったらザルにあげ、荒熱をとる。このだんごを3個ずつ串に刺して、熱いうちにクルミ味や甘味噌だれをつけて食べる。

翌日まで残った場合、硬くなっているので、囲炉裏で焼くか、網の上でこんがり焼いて食べるのが香ばしいし、美味しい。

②かますもち

冷やご飯でお粥を作り、それにそば粉を加えて混ぜながら餅（だんご）

の生地を作り、クルミ味噌を餡を包み、沸騰した湯で茹でる。そのまま食べることもできるし、黄な粉をつけて食べることもできる。餅の形が、昔穀物を包んだ２つ折の袋の「かます」に似ているので、「かますもち」の名がつけられている。

ご飯の代わりとして、また、おやつとして利用するために、多めに作る。学校から帰った子どもたちが食べるときには、冷えているので、囲炉裏の火でやや焦げ目がつくまで温めて食べたという。

③「犬っこ」の餅

秋田県の湯沢地方では、旧正月の13日には、うるち米の粉の生地では小さな「犬っこ」を作り、玄関、裏口、窓など人が忍び込みそうな所の敷居の上に飾る習慣があった。犬っこは、盗難除け、悪いものの侵入防止の呪いであった。昔はたくさんの犬っこを作り、家々を回って売りに来た。現在は2月15日、16日に「犬っこ市」が立つ。

④もろこし（諸越）／炉ばた

秋田地方に古くから伝わる、小豆粉と和三盆糖でつくる打ち菓子。300年前の秋田藩（久保田藩）の初代藩主・佐竹義宣（1570～1633）も絶賛した郷土菓子が「諸越」である。和三盆糖の純度を高め、口の中で溶けるようにした。これを食べやすいように、一口サイズにしたのが「炉ばた」である。

⑤かまくら

横手市のカステラ饅頭。カステラ生地で、卵黄入りの白餡を包みかまくら型に成形し、雪のように、砂糖がかかっている。

麺類の特色

名物となっている稲庭うどんは江戸時代から作り続けられている。秋田県は良質の小麦粉、清澄な水、塩など選りすぐりの食材を原料として作る。稲庭うどんの特徴は、一切機械を使わず、丹念な手練りをすることで、機械練りではできない空気の孔をたくさん含む弾力の強い麺ができあがる。

めんの郷土料理

①稲庭うどん

稲庭うどんの技法は、佐藤吉エ門（後に、「稲庭」の姓となる）によって、寛文５（1665）年に確立したと伝えられえている。その後、秋田藩主・佐竹侯の御用処となり、その技法は二代佐藤養助商店（創業:万延元［1860］年）に受け継がれ、以後養助氏により後進に継承されている。特徴は機械練りをしないで手練りをする技法である。

②稲庭山菜うどん

最も人気のあるうどん料理で、汁は関西風の淡口《うすくち》醤油を使い、うす味のかけ汁で供する温かい麺。

③醤油せいろ

冷やして食べるうどんで、ツルツルと喉を過ぎる食感がよい。つけ汁のだしは、コンブと鰹節に、シイタケを加えたもの。

④小豆ばった

そばの麺帯を三角形に切り、熱湯で茹でて、ザルに移して水切りしてから丼に移し、煮小豆をかける。

⑤きりたんぽ

秋田県の名物で、うるち米にもち米を10％程まぜて炊いたご飯を熱いうちにすりこ木棒で捏ねながらつき、まだ粒の残っているぐらいで串に棒状に巻きつけ、丸く形よい形にする。炭火でうすい茶色になるまで焼き、串を抜き取ればできあがりとなる。名の由来は、串に巻きつけた形が、稽古用の槍の先の形「たんぽ」に似ていることからといわれる。

戦国時代の武士の兵糧食として作られたという説、大阪冬の陣の落城の折に真田幸村が考案したという説がある。主として、県北の大館市一帯の比内地方では、伝統的な郷土料理である。適当な長さに切り、鍋（きりたんぽ鍋、しょっつる鍋）の具とする。

06 山形県

かいもち

地域の特色

東北地方の南西部に位置する県で、かつては羽前国と羽後国に分かれていた。西には日本海に面する古くからの米どころの庄内平野がある。中央を流れる最上川流域には米沢・山形・新庄の盆地、東に奥羽山脈、西に飯豊・朝日山地がある。米沢藩9代藩主上杉鷹山《ようざん》（治憲《はるのり》、1751～1822）は、植林や絹織物などの殖産興業、新田開発を奨励し、後世の産業の基礎を築いた。米沢は、絹織物の町として、最上川河口は水運の拠点となる。山形の郷土料理の「いも煮会」の発祥は、最上川を利用していた船の船頭たちのアイデアで生まれたという説が有名である。

食の歴史と文化

山形県は、庄内米や山形特産物を北前船によって上方へ運ぶという、交流ができたため、東北に位置しながら食習慣には関西の影響がみられる。例えば、雑煮に入れる餅は、東北地方は切り餅を使うが、山形は関西風に丸餅を使う。一方、内陸部は陸運が発達したため、日本海に面している庄内地方とは異なる文化がある。例えば、庄内地方は新鮮な魚が入手できるので刺身、塩焼き、素焼きなど魚は醤油をつけて食べる料理が多いが、内陸部は干物や塩蔵品、焼き干し魚など保存食品の利用が多い。内陸部は、山野が多いので山菜料理が発達している。冬に備えて野菜類の漬物も発達しているところでもある。有名なものに「もってのほか」という食用菊料理が発達しているのも山形の食文化の特徴といえる。

庄内平野で収穫できる米は「はえぬき」の名で知られている。米どころの庄内地方は酒造好適米も生産できることでも知られている。

山形県の各地では独自の伝統野菜や山菜の栽培が行われ、「山形ブランド」として市場拡大を目指している。だだちゃ豆（枝豆)、民田ナス、平田ネギ、温海《あつみ》カブなどの山形ブランド品がある。

内陸部では明治時代以降、ベニハナやクワの栽培地は果樹園へ転換し、現在はオウトウ（さくらんぼう）、西洋ナシ（ラ・フランセ）、ブドウなどの全国有数の生産量を生み出している。第二次世界大戦後、畜産業も活発となり、「山形牛」は人気のブランド牛となり、関東の有名すき焼き店では、山形牛を使っているところが多い。

「こなもの」に関しては、村山地方がソバの生産地として有名である。全国に先駆けて「ソバソムリエ」を養成するなど、そば文化の普及に力を入れている。

山形の代表的郷土料理の「いも煮会」のいも煮は、地元の野菜や牛肉、豚肉、コンニャク、棒ダラを入れた鍋である。地域のコミュニケーションの場として、あるいは町興しのために、山形だけでなく、東北各地で行われるようになっている。これには、味噌仕立て、醤油仕立てなど、いろいろな味付けが工夫されているようである。

知っておきたい郷土料理

だんご・まんじゅう類

①かいもち

山形県天竜市の郷土料理。冷や飯の残り、そば粉、米粉などを原料として作る。冷や飯の利用にもなり、間食にもなる。鍋の湯に冷や飯（茶碗1杯ほど）を入れて煮る。煮ながら、そこにそば粉に米粉を混ぜたものを少しずつ加えていき、焦がさないようにかき混ぜ、重くなったら鍋を火からおろす。これに、さらに熱湯を加えて練り上げる。これを「かいもち」といい、ねぎ納豆、ダイコンおろし、削り鰹節を混ぜたものをつけて食べる。食べ残した「かいもち」は平たいおにぎりのように握って、味噌をつけて焼いて食べる。この時に使う冷や飯は、そば粉をつなぐ役割を果たしている。寒河江《さがえ》地方では、冷や飯の代わりにそば粉に対して1割ほどの米粉と小麦粉を加えて作る。

②切山椒

切山椒は、鶴岡地方では正月に食べる。「切山椒」は、上新粉に砂糖と山椒の香りを搗き込んだ餅で、蒸かしてある。薄紅色や白色、黒砂糖入り合う。短冊に切ってある。

③雛菓子

かつて大名より富み栄えた酒田の豪商が贅を尽くして作らせたのが「雛菓子」である。主に、観賞用であるため、材料は粒子の細かいかたくり粉を用いてつくる。2枚合わせの木型を用いてつくってあるので、できあがりは立体的である。鶴、亀、鯛、ヒラメ、稲穂、ふくら雀など20種類の雛菓子がある。雛菓子を製造・販売している「小松屋」は、天保3（1832）年の創業で、それ以来酒田とともに繁栄し歩み続けてきている。

麺類の特色　山形の手巻きうどんは、80年以上の歴史をもつ。手巻きの意味は、乾麺を鉄砲巻きの形に包装していることに由来する。麺は細めで弾力がある。

めんの郷土料理

①むきそば（剥きそば）

酒田地方の夏の名物そばで、冷やして食べる。京都の精進料理の流れをくんだそばの食べ方で、殻のついているソバ（種子）を茹でた後に実をとりだし、実を醤油・味醂・砂糖で調味して食べる。

②ひっぱりうどん

冬に、ご飯が足りないときに食べる。大きな鍋でうどんを煮立て、各自の茶碗にうどんをとり、ネギ納豆で食べる。

③うどんのあんかけ

ふつうに茹でたうどんを丼にとり、薄味に煮たサケやマスの身をほぐして、うどんの上にのせ、醤油あんかけをかける。

④そば切り

そばを茹でてザルに移し、水で洗ってから、削り鰹節と醤油を煮立てて作ったそばつゆで食べる。

⑤べにきり

最上地方の紅花入りのそば。「紅切りそば」ともいう。山形県の紅花は、6月には黄紅色となる。その色素の成分は、フラボノイド系の紅色素（カルタミン）である。紅花を入れてそばを作ることにより紅色のそばとなる。

07 福島県

喜多方ラーメン

地域の特色

東北地方の南部に位置し、地勢・気候の影響や、藩政期に分立・統治された経緯から、県全体としてまとまった文化が育ちにくく、現在でも地域ごとの独自性が強い。太平洋に面したいわき地方を「浜通り」、白河の関から東北本線に沿って福島を経て宮城県境までを「中通り」といい、さらに冬は豪雪で寒く、夏は高温の会津盆地を中心とした新潟県の県境までの会津地方の3つに分かれている。浜通りは新鮮な魚介類に恵まれている。かつては会津地方の食生活は日本海から新潟を経て持ち込まれる食材に影響されたところもあった。その流れの一部は今でも残っている。中通りは、浜通りと会津地方の中間に属するが、ナシやモモなどの果樹園が発達している。

平成23（2011）年3月11日の東日本大震災により、津波や地震による被害の他に、浜通りのいわきと仙台の中間に存在している東京電力の福島第1原子力発電所の壊滅、爆発などの大きなトラブルは、福島県内ばかりでなく、宮城県や関東各県へ放射性元素を飛散させ、米、野菜、牛などの食糧ばかりでなく、農地、山林、建築資材までも汚染し、原子力発電所周辺の住人は、他県や県内の汚染の心配のない地域に避難している。放射性元素の汚染の心配がなくなるまで40年以上も要するといわれている。

この周辺の人々が生活を築いてきた故郷がなくなり、避難先から戻れる見通しもない。農地や山林の放射性元素による汚染は陸上で栽培される野菜・穀類に及ぶばかりでなく、海洋、沿岸、河川、湖沼の魚介類をも汚染し、しばらくは福島県の農産物や水産物は、放射線を測定しながら販売しなければならない状態である。

食の歴史と文化

浜通り地域は、新鮮な海産物が流通していることで有名である。とくに、冬には底性魚類であるカレイやアンコウの郷土料理は、人気であるが、いわきの漁港に水揚げされたこれらの魚類は流通できなくなり、他県に水揚げされた魚類を利用せざるを得ない状態である。いわきの春の魚であるコウナゴは、放射性元素による汚染が震災後、いち早く見つけられた魚である。夏の名物のウニの蒸し焼きの「貝焼き」も、ウニなどの磯の生物の汚染により外国産や他県産のウニで作らねばならない現状である。会津地方には伝統野菜が残っており、日本カボチャの「会津菊」は350年ほど前から栽培している。会津では、北海道で作られた棒ダラや身欠ニシンなどが、新潟の港から只見川に沿って運ばれ、これらを利用した郷土料理「ニシンの山椒漬け」などが今でも作られている。

南会津で作られる「しんごろう」は、うるち米を搗いた団子にエゴマ入りの味噌を塗って焼いたものである。発案者の名がそのまま料理名となっている。会津はそば（日本そば）で有名である。一方、喜多方市では小麦粉を原料とする「喜多方ラーメン」を提供する店が多くあり、街全体でラーメン文化を盛り上げている。

知っておきたい郷土料理

だんご・まんじゅう類

①ぬただんご

福島県喜多方市熊谷町の郷土料理。8月15日のお月見の日に作るだんごで、枝豆・米粉・もち米粉を原料としただんごである。8月15日は「豆名月」といわれるので「枝豆」を使っただんごを食べる。9月の節供には、餅に枝豆を潰した「ぬた」をつけて食べる。枝豆は、軟らかく茹でて、丁寧につぶし、餡のようにする。これが「じんだ」という。枝豆を潰したものは､青豆の風味がある。枝豆を潰して軟らかくした餡状のものは「ぬた」といわれている。ぬた、すなわち潰した枝豆は砂糖と少量の塩で味をつけ、だんごにまぶす。

だんごは、もち米粉とうるち米粉を混ぜ、これに熱湯を加え、耳たぶほどの硬さに練る。だんごができる硬さになったら、おにぎりの大きさに握り、蒸し器で蒸してから、臼にとって搗き、滑らかになったら冷ましてだんごに丸める。これにじんだの「ぬた」をまぶして食べる。

②かしわもち

うるち米の粉ともち米を材料として柏餅の生地を作り、この生地を２つ折にして黒砂糖で調味した小豆餡を包み、さらに柏の葉で包んで蒸す。5月の節句や田植えじまいの祝い（「さなぶり」という）に作る。

③じゃんがら

「じゃんがら」はいわき市に伝わる旧盆の「じゃんがら念仏踊り」に因んで名付けた饅頭。じゃんがら念仏踊りは太鼓をたたいて踊るので、太鼓を象ったカステラ風の生地で小豆餡を両方から挟んである。両面の皮には「自安我楽（自らあんじて我を楽しむ）」の焼印がある。

④薄皮饅頭

郡山市の「柏屋」（創業、嘉永5年、1852）の小豆のつぶし餡の入った饅頭。初代の柏屋善兵衛が「饅頭は国民の滋養である」との考えから考案し、奥州街道郡山宿の薄皮茶屋で売り始めたと伝えられている。

麺類の特色　白河から会津の山間部一帯では、ソバがとれ、玄そばといわれている。この地方は気候や水に恵まれている。

めんの郷土料理

①白河そば

白河から会津地区でとれるソバを白河そばとよんでいる。

②手打ちそば

喜多方方面の農家では、雪の深い日を過ごすために手打ちそばを作り、ざるそばにして楽しむ。

③うどんの冷やだれかけ

自家製の手打ちうどんを釜茹でした食べ方である。つけ汁のだしは鰹節でとり、エゴマの入った味噌をそのだしで薄めたものをかけるか、つけて食べる。

④喜多方ラーメン

蔵のある町・喜多方には、100軒以上のラーメン店があり、喜多方以外にも東京をはじめ各地に存在する。特徴は、コシのある太い麺。スープは豚骨と煮干しのだしをベースとし、あっさりしている。

08 茨城県

けんちんそば

地域の特色

関東地方の北東部に位置し、かつての常陸《ひたち》国と下総《しもうさ》国が合わさった地域である。東は太平洋に面している。この沿岸も平成23（2011）年3月11日の東日本大震災によって、建物は壊滅し、津波により流された船や家屋や壊滅した市場などが多い。東京電力の福島第1原子力発電所の崩壊や水素爆発により飛散した放射性元素は、茨城県沖の海域や海底を汚染し、漁獲物の放射性汚染のチェックは必須の条件となっている。震災以前の問題のない海域や海底に戻り、この地域で漁獲される安全・安心の魚介類が市場で流通するには、長い年月を要する。

茨城県の沖の夏は北へ向かう黒潮に沿ってカツオが回遊し、秋は南へ寒流に沿ってサンマが回遊する。

南部を流れる利根川の下流域は、湖沼や小さな川が多く、水郷地帯となっている。利根川は千葉県との県境になっていて、平野部では米の収穫量も多く、茨城県の銘柄米「ゆめひたち」が開発されている。大消費地の東京・横浜への食糧供給基地となっている。湖沼域では、レンコンの栽培が盛んで、火山灰地に対応した畑作も盛んである。

関東平野の北東部に位置する筑波山は、美しい形の山である。山頂には「筑波山神社」がある。この神社には、伊邪那岐《いざなぎ》命と伊邪那美《いざなみ》命が祀られていて、縁結び・夫婦和合の神として信仰を集めている。冬の風は筑波降ろしといわれ、冷たく強い風である。

食の歴史と文化

茨城県で収穫されるサツマイモは、蒸かしてから薄く切って干し上げて「干し芋」となる。かつては、自家製の干し芋は子どもたちの冬のおやつであったが、近年は果物屋、スーパーなどで高級感のある包装紙に包まれ、スーパーなどで改まって買い求める食品になってしまい、自家製はみられなくなった。

こなものではソバの栽培が盛んで、「常陸そば」の名で愛されている。水郷を利用したレンコンは、野菜として市場へ出荷するだけでなく、乾燥・製粉の工程を経て得られたレンコンの粉はレンコン麺にして市販されている。

江戸時代末期には、宇治茶の技法を学んだ中山元成（明治初期の茶道家、文政元（1818）年～明治25（1892）年によって、茶の品質が高められ、「猿島《さしま》茶」「奥久慈茶」「古内《ふるうち》茶」として伝わっている。また江戸時代には、粉末コンニャクの加工法が開発され、流通するようになった。

茨城の代表的名物の「水戸納豆」は小粒の大豆で知られているが、水戸周辺では小粒の大豆が収穫されることから開発されたものである。

冬の有名な料理に「アンコウのどぶ汁」がある。東日本大震災による東京電力のトラブルで、底性のアンコウは入手しにくくなっている。どぶ汁は、アンコウの肝を汁の中に入れた味噌仕立ての鍋である。

水戸周辺は、「お事汁《ことじる》」といい仕事始めや仕事納めに食べる料理がある。小豆と根菜類を入れたみそ汁である。

知っておきたい郷土料理

だんご・まんじゅう類

①小麦だんご

茨城県稲敷郡桜川村（現稲敷市）の郷土料理。「あんかけだんご」の一種で「ぜんびだんご」ともいう。新小麦の収穫時期の夏から秋にかけて「おやつ」として作る。とくに、6月から7月にかけて、桜川村地方のいろいろな行事の「祇園《ぎおん》」（祇園信仰のこと。豊作を祝い、平安を祈願する祭り）、「おしぐれ」（村役場からふれをだす半日の休みの日）、「新箸祇園《にゅうはしぎおん》」（この地方独特の行事。旧暦の6月27日の行事）、「七夕」「人形送りの日」には欠かせない食べ物である。

小麦だんご（ぜんびだんご）は、だんごを餡の中で茹でたようなものである。小豆餡は、茹でた小豆を木綿の袋でこして溶けだした餡に砂糖を入れて煮詰める。この時、水を加えて捏《こ》ねた小麦粉を丸めただんごも一緒に入れて煮る。あんかけは、茹でただんごに醤油味のくず粉のあんをかける。

②焼もち

茨城県東茨城郡御《ご》前山《ぜんやま》村（現 常陸大宮市）の郷土料理。夏は麦飯が腐敗しやすいので、食べ残した麦飯を「焼もち」にする。残り飯が腐敗しそうな高い気温の日は、年寄りの生活の智恵から、昼飯か夕飯の後にすぐとりかかる。作り方は、麦飯に小麦粉またはそば粉を混ぜて、水は加えないで練ると、搗《つ》きたての餅のような硬さになる。これに少量の塩か味噌をつけて、直径5～6cm の偏平の饅頭形につくり、蒸かすか、茹でるか、囲炉裏で焼くか、油を敷いたフライパンで焼くかして食べる。

③小麦まんじゅう

小麦粉に重曹を加えたまんじゅう生地で、小豆餡や味噌餡を包んだまんじゅうである。6月1日（「むけっついたち」）、その他の行事のときに作る。6月1日は新小麦の粉でつくる。昭和35年ほどから作られるようになり、6月1日は「衣替え」の日なので、季節の行事となっている。「むけっついたち」は茨城県の方言である。

小豆餡や味噌餡を包んだら強火で蒸す。味噌餡は、白いんげんで作った白餡に、砂糖と味噌を入れて練り上げて作る。

④水戸の梅

茨城の代表的銘菓は、白いんげんの餡を求肥で包み、さらに梅蜜漬けにした赤シソの葉で巻き上げた餅菓子である。白餡と梅味のシソの味のコントラストが特徴の菓子である。製造・販売元の「井熊総本家」の創業は、明治23年（1890）で、「井熊」の屋号は創業者小林熊次郎の「熊」と、修業先の「井筒屋」の「井」をとってつけたといわれている。「水戸の梅」は明治33年に生まれた菓子である。

お焼き・焼きおやつ・お好み焼き・たこ焼き類

①どら焼き

桜川地域の小麦粉を使った焼きおやつ。小麦粉に水を加えて非常に軟らかい状態にする。フライパンなど鉄製の調理器具の底の油を薄く広げ、これに小麦粉の生地を流して焼く。食べ方は、熱いうちに砂糖醤油をつけるか、かけるかする。

麺類の特色　久慈地方では、ソバの栽培が盛んで、良質のソバがとれる。これを水戸そばとよんでいる。

めんの郷土料理

①けんちんそば

めん料理の具にゴボウ、コンニャクを入れる茨城県の名物めん料理。野菜のゴボウ、ニンジン、サトイモ、シイタケ、タケノコ、キクラゲ、豆腐、コンニャクを食べやすい大きさに切って、ごま油で炒める。これらの具を入れ、味噌、醤油で調味したけんちん汁を、つけるか、かけるかする。そばの麺線は太めで、ゴマをすり込んだものもある。

②けんちんそば（水戸そば、久慈そば）

久慈地方で収穫したソバで手打ちそばを作る。具はダイコン･ニンジン･ゴボウ・サトイモ・コンニャク・豆腐を炒めて用意したもので、つゆは醤油・味噌で作り、手打ちそばの上にかける。

久慈地方の名物そば。水戸そば、水府そばともいう。水府地方では良質のそば粉ができる。水戸光圀が、信州からソバの種子をとり寄せて、栽培を奨励したという説がある。この地区ではけんちんうどんで食べることが多い。けんちんそば（巻織蕎麦）ともいう。

③手打ちうどん

手打ちうどんの夏の薬味は、青唐辛子の刻んだもの、刻んだシソの葉を使う。この薬味は「からみ」とよばれている。季節により煮込みうどんでも食べる。

④手打ちそば

御前山地区では、毎月1日、3日、15日、23日には、そばやうどんを打つ。薬味は、トウガラシ、薄皮みかんの乾燥したものを砕いて使う。

北海道
東北地方
関東地方
北陸地方
甲信地方
東海地方
近畿地方
中国地方
四国地方
九州･沖縄

09 栃木県

耳うどん

地域の特色

関東地方の北部に位置し、海に面していない内陸県で、かつての下野《しもつけ》国とよばれた地域である。東部には八溝山地、西部には那須・日光などの火山群や足尾山がある。北部には那須野原が広がり、南部は関東平野が開けている。江戸時代は、タバコ・和紙・かんぴょうなどの生産が多かった。現在の栃木市は、江戸時代には宿場町や麻の取引の中心地として栄えた。内陸地であるため、朝晩や夏冬の気温差が大きく、全体として降水量は少ないが、山地では冬の積雪が多い。夏場に雷が多く、冬は晴天の日が多い。明治維新後は、不毛の荒野であった那須野高原の開発が始まった。

食の歴史と文化

広い農地や豊な水源に恵まれて、大消費地の東京に近いのでいろいろな農産物の生産量は多い。ハウス栽培に適したイチゴの研究は県独自の研究所を建設し、新種開発の研究に取り組み、トチオトメに代わる優良品質の新種も開発していて、生産量も品質の点でも全国的に優位な位置を占めることを狙っている。果物としてはナシ（幸水、豊水）、ブドウ（巨峰）の栽培にも力を入れている。ハウス栽培の優位性を利用して、冬のトマト栽培も盛んである。米については「穂の香」は有名であり、食用やビールの原料としての麦の栽培も盛んに行われている。

日本独特のカンピョウはヒョウタン科に属するユウガオの果肉から作る。原産地はアフリカである。栃木県でカンピョウの生産が盛んになったのは江戸時代以降である。正徳２（1712）年に、水口城主の鳥居伊賀之守忠英は下野国（栃木）壬生城に転封になったとき、郡奉行・松本藤右衛門に命じて、近江（現 滋賀県）の木津の種子を持たせた。これによって、栃木がカンピョウの生産が盛んになったという話がある。当時は木津のカンピョウは美味しさで定評があったといわれている。

栃木のブランド野菜で、日光の「水掛菜」、宇都宮の「新里《にいさと》ネギ」、栃木市の「宮ネギ」は古くから栽培されている伝統野菜でもある。

代表的な郷土料理「しもつかれ」は、初午《はつうま》の日に食べる。これは、サケの頭・すりおろした根菜・大豆・酒粕などを入れた煮物である。正月に残ったサケの頭を利用して動物性たんぱく質を摂るとともに、正月に不足したいろいろな野菜の摂取ができるという栄養バランスのよい料理である。

水田の少ない北部では、「いもぐし」というサトイモの料理を食べる。米の代用にサトイモからデンプンを摂取するという生活の智恵から生まれた料理である。サトイモを串に刺して味噌ダレをつけて焼いたものである。

日光は京都と並ぶ湯葉の産地で、古くから煮物、佃煮、吸い物の具に使われている。湯葉の呼び名は、老婆のシワに似ているから湯婆に転化し、さらに湯葉となる。日光の湯葉は、安土桃山時代の天正年間（1573～92）頃に、禅寺の精進料理や茶会に用いられたとする説がある。日光湯葉は厚みがあり男性的で、京湯葉は薄く女性的であるといわれている。

知っておきたい郷土料理

だんご・まんじゅう類

①じゃがいももち

栃木県塩谷郡栗山村川俣（現日光市川俣）の郷土料理。この地域でのジャガイモの収穫期は8、9月である。この時期の夕食には、とれたてのジャガイモに小麦粉かそば粉を入れて搗いて餅のような粘りのある「じゃがいももち」を作る。この川俣地区では、ジャガイモだけを使い「いっそ」「いっそもち」とよんでいる。

搗きたての「じゃがいももち」は、握って丸め、じゅね味噌（炒ったエゴマをすり、味噌と砂糖で調味したもの）をつけて食べる。冷めた「じゃがいももち」は素焼きのほうろくに入れ、囲炉裏の火で焼いてからじゅね味噌をつけて食べることもある。「じゅね」は「エゴマ」のことで東北地方でも利用されている。エゴマが古くから健康食として利用されているのはエゴマの油脂成分にはα－リノレン酸が多く含まれているからである。

②こうせんもち

栃木県塩谷郡栗山村川俣（現日光市川俣）の郷土料理。栗と香煎《こうせん》（炒った大麦の粉）を混ぜた、冬のおやつ。かち栗（干して硬くなった栗）を鍋で煮て、栗を軟らかくし、臼の中で香煎と混ぜ合わせて搗いてから、丸くだんごのように握ったものである。食事代わりや間食に利用する。

③栗じゃが

かち栗と皮をむいた丸いジャガイモを鍋の中に入れ、軟らかくなるまで煮る。軟らかくなった栗とジャガイモを臼に入れて搗き、丸くだんごのような形にしたもの。こうせんもちも栗じゃがも、何もつけないで食べる。

④ちゃのこ

栃木県安蘇郡葛生《くずう》町仙波（現佐野市仙波町）の郷土料理。米粉と小麦粉で作るだんごで、彼岸、送り盆（6個のだんごを作る）、十日夜《とうかんや》の一二重ねの餅や饅頭にもする。十日夜は収穫をねぎらう祝いの日のことで、栃木県ではハレの日として餅を重ねて祝う。

とれたての米のうち、くず米（ときには、上米粉）を石臼で挽いて粉にし、湯をかけて練り上げ、直径3 cm ほどのだんごをつくる。丸いだんごは仏様に供え、供えないものは、指でへこみをつけておく。食べ方は、茹でて甘い小豆をまぶすか、ナスとインゲンのゴマ和えをまぶして食べる。

⑤せっかちもち

栃木県安蘇郡葛生町仙波（現佐野市仙波町）の郷土料理。夏に腐りやすい麦飯を翌日まで保存する食べ方として考えられたもの。栃木県両毛地区は、7月の末になると生長した麻を引き抜き、切りそろえる。これを「麻きり」という。この時期は暑い盛りで、多くの人手と労力を要するので、毎日、10時と15時の仕事休みに、この「せっかちもち」を食べる。夏の夕食後、毎晩のように作っている。残った麦飯に、小麦粉を混ぜ、お湯を加えて練り上げ、平たいまんじゅうのような形にして、茹でて、あるいは焼いておく。食べ方は、砂糖を加え甘辛くした醤油だれをつけて食べる。

⑥ゆでまんじゅう

小麦粉で作ったまんじゅうの生地で、小豆餡を包み、たっぷりの熱湯で茹でたまんじゅうである。

お焼き・焼きおやつ・お好み焼き・たこ焼き類

①ほど焼き

ふだんのおやつに作る。小麦粉を弾力のあるようになるまで練り、ねかせてからネギ味噌や小豆のつぶ餡を混ぜて平べったい円形の形にして、囲炉裏の焼き灰に埋めて焼く。焼き上がったら灰を払って食べる。

②たらしもち

小麦粉に水を加えて軟らかく溶き、熱くしたフライパンに広げて焼く。食べ方は醤油や砂糖をつけて食べる。子どもたちの間食として作られる。

麺類の特色　「耳うどん」が有名である。生地を打つときは、通常のうどんに比べれば打ち粉をあまり使わない。うどんの食感とはやや異なる。だしは関東風のだしより少し甘めの濃い醤油味である。

めんの郷土料理

①耳うどん

耳に似せた麺を使うことから、この名がある。佐野、桐生、館林の正月の粉食料理の一つ。具は伊達巻、蒲鉾を使い、ユズの香りでアクセントをつけている。うどんの汁は甘めの醤油味である。

②どじょうむぐり

冬の夜の煮込みうどんで、具はダイコン、タイサイ、ネギを使う。味噌味の汁に入った麺がドジョウのもぐる様子に似ており、この名がある。

③ダイコンうどん

農休みや祭りに作るうどんで、ダイコンと一緒に茹で上げたうどんである。幅広くひいたダイコンは、量をふやすために作って、うどんの中に入れる。みそ汁に入れて食べる。そばの場合は醤油の汁に入れて食べる。

④麦切り

大麦の粉で作る太めの麺で、けんちん汁に入れて食べる。

⑤しっぽくそば

山鳥の肉や骨を「しっぽく」とよんでいる。正月や盆に作る。山鳥の肉や骨を入れて煮込んだ汁（味噌味、醤油味）を、冷たいそばにかける。

10 群馬県

水沢うどん

地域の特色

関東地方の北部に位置し、かつての上野国《こうずけ》であり、海はなく、中央に利根川が太平洋に向かって流れている。県全体が標高500 mを超える山岳・丘陵地帯の地質は火山灰性で、大消費地向けの高原野菜の栽培が盛んに行われている。南東部には関東平野が広がり各種野菜の栽培が行われている。古くは、平地が少ないため農地は限られていたが、江戸時代になって新田の開発が進められた。産業の中心は桑の栽培で、桑を必要とする養蚕であった。以後、前橋や高崎は製糸業で栄え、桐生や伊勢原は絹織物が栄えた。現在、世界文化遺産として保存をめざしている官営冨岡製糸場が発達したのは明治時代になってからである。全体的に、降水量は少ないが、山間部では冬になると積雪量が多くなる。夏の雷と晩秋から春先にかけての「空っ風」は有名で、冬は晴天で乾燥している日が多い。

食の歴史と文化

平地が少ないので、江戸時代から畑作に力を入れた。火山性の高地の地質を利用した館林市周辺のキュウリの生産量、嬬恋《つまごい》村周辺のキャベツの生産量は多いので有名である。その他、ホウレン草、シュンギク、ニラ、トマト、レタスなどの多様な野菜の生産量も多い。周囲が山に囲まれているため、キノコの栽培も盛んである。日照時間が長いため、北部を中心にリンゴ、ブドウの栽培が盛んであり、リンゴの季節の終わり頃には、「柿田の柿」で知られている干し柿が市場に出回る。地質的には、水はけのよい下仁田《しもにた》の山間部のコンニャクは、群馬県の特産品となっている。下仁田は長ネギは肉質は軟らかく、味と姿のよいことでも有名である。200年以上の伝統をもつ野菜には、「下植木《しもうえき》ネギ」があるが、栽培量は少ない。群馬県のブランド野菜には、「国分《こくぶ》ニンジン」「陣田ミョウガ」「宮崎菜《みやざきな》」などがある。

稲作には不適当な地質なので、かつては小麦中心の食生活がみられた。郷土料理では、小麦粉を使ったものが多い。「おっきりこみ」は、小麦粉で作った麺を入れた具だくさんの汁物で、味噌仕立てと醤油仕立てがある。家庭の夕食では、小麦粉の団子を入れた「すいとん」を食べることも多い。「焼きまんじゅう」は、小麦粉と発酵菌で作った饅頭を蒸した後、甘い味噌ダレを竹串に刺して焼いたものである。渋川市の水沢寺の参詣客に供したことに始まる「水沢うどん」は400年もの歴史があり、文福茶釜で有名な茂林寺《もりんじ》のある館林の「うどん」も有名である。群馬の人たちがうどんを食べるときには、キンピラゴボウも一緒に食べるという独特の地域性がある。そばも食膳にのぼる機会は多い。うどんを食べるときの動物性たんぱく質としてコイ料理が利用されるようである。特産の下仁田コンニャクは、刺身の他、田楽、和え物、煮物などで多様な調理法で食されている。

近年は、新しい農作物で町興しを工夫している。その例としては発泡性の日本酒やリンゴ（旭）などがあげられる。

知っておきたい郷土料理

だんご・まんじゅう・せんべい類

①甘ねじ

群馬県勢多郡富士見村小暮（現前橋市富士見町小暮）の郷土料理。小麦粉を練って作っただんごを砂糖醤油や小豆餡をからめて間食用として利用する。小麦粉に水を加えながらかき混ぜ、粘りをだし（粘りのでたものを「ねじっこ」という）、玉杓子《たまじゃくし》ですくい、一口大にし、煮立った醤油汁の中に入れる。硬めの「すいとん」のようなものである。鍋に湯を煮立たせ、この中にちぎって入れ、出来上がったら、砂糖を加えた甘辛い醤油だれ、小豆餡、ゴマ餡をからめて食べる。

②あやめだんご

群馬県邑楽《おうら》郡板倉町大曲《おおまがり》の郷土料理。寒晒しをした白米のくず米を石臼で挽いて粉にし、だんごや餅、まんじゅうにし、貴重なおやつとして利用する。経済力のある家では、嫁がせた娘に、結婚した主人の家に土産としてもたせることもある。板倉町は、利根川や渡良瀬川に近く、たびたび洪水に見舞われるため、米は大切で、くず米は粉にして利用する。

白米のくず米を水に浸して引き上げ、一晩凍らせるという「寒晒し」をしてから、石臼で挽いて粉にし、これをだんご、のし餅、草餅、まんじゅうにする。「あやめだんご」は、「砂糖だんご」ともいわれている。くず米の粉に熱湯を入れてよく練ってから、一口大のだんごにして茹でる。食べ方は、赤砂糖（玉砂糖）と醤油の味のついたタレの中に入れて混ぜて食べる。

③朝鮮びえだんご

朝鮮びえとはシコクビエのこと。このヒエの粉で作っただんごの生地で、小豆餡を包んで、茹でただんご。シコクビエの粉は茶色なので、茶色のだんごとなる。間食に利用する。

④ふかしまんじゅう

小麦粉に重曹を加えて、まんじゅうの生地を作る。この生地で、小豆餡、味噌餡、インゲン豆の餡を包んで、蒸したまんじゅう。小豆餡は甘味のものを塩味のものがある。

「ふかしまんじゅう」は、農休み、釜の口開き（旧暦8月1日）、十五夜、七夕、養蚕終了の祝い（「おこげ祝い」）などに行事に作る。「釜の口開き」は「地獄の釜の口の開く日」で、墓を掃除する日である。この日は、「おやき」も作る。

⑤磯部せんべい

もともとは、群馬県安中市の磯部温泉の銘菓であった。小麦粉と砂糖を磯部鉱泉水で練り上げて生地を焼き上げたせんべいである。発祥の時期は明治時代で、明治19（1886）年に、高崎と磯部間の鉄道開通を機会に、磯部温泉の土産として誕生したものであるといわれている。炭酸ソーダを含む磯部温泉（鉱泉）の水を使っているので、炭酸せんべいの一種である。

小麦粉に、砂糖・サラダ油・塩を入れ、鉱泉水で捏ねた生地を型に流し込み、薄焼きに仕上げるのが特徴である。軽く、サクサクした食感で、淡白な塩味、舌先での溶け方が人気の秘密であった。炭酸ソーダを含むせんべいなので、軽く浮き加減がよく、口の中で溶けるような食べやすさがある。

人工カルルス塩（硫酸ナトリウム44%、炭酸水素ナトリウム36%、塩化ナトリウム18%、硫酸カリウム2%を含む）を使った磯部せんべいに似た菓子もある。

お焼き・焼きおやつ・お好み焼き・たこ焼き類

①じり焼き

夏の間食に作る。小麦粉に水を加え、軟らかく練る。これを縁の浅い鉄鍋（ほうろく）に平たくおとし、味噌を真ん中に入れ、味噌がかくれるように上から溶いた粉をかけて焼く。下の面が焼けたら裏返して、もう一面も焼く。油を広げたフライパンで焼いてもよい。

②ちゃがし

粗く挽いた小麦粉に味噌やネギ、シソの葉、古漬けのハクサイなどを混ぜ、水を加えて捏ね、この生地で味噌あんや小豆あんを包み縁の浅い鍋で焼く。

③もろこしっちゃがし

トウモロコシの粉に熱湯を入れ、かき混ぜてから、冷めてから手で捏ねる。丸く平べったい形に整え、フライパンなどで両面を焼く。古漬けを刻んで入れることが多い。

麺類の特色

群馬県の山間部では小麦の栽培が盛んである。そのため、小麦粉を使った自家製うどんを作る家が多い。群馬県の三大うどん（館林、桐生、水沢）は室町時代から作られている。高崎から伊香保温泉に向かう街道にはうどん店が立ち並び、本尊の水沢観音の門前にもうどん店が多い。

めんの郷土料理

①水沢うどん

群馬県の榛名山麓の伊香保町水沢で作られ、400年以上の歴史をもつ手打ちうどんである。昔ながらの足踏みをし、熟成させた生地を使う。切り出した麺線は、付着しないように竹竿にかけて天日で半乾燥し、保存性を高めている。群馬の小麦粉に伊香保の湧き水、独特の味付けが特徴で、冷やしうどんで食べる。薬味にはシソの葉、ゴマを使い、具には山うど、ヤマブキ、山菜を使うのが特徴である。

②館林うどん

群馬の地粉で作る。この地域でのうどんの食べ方の一つにキンピラゴボウとコイ料理を惣菜として食べる。

③おきりこみ（中里村〔現多野郡神流町〕）

太めの麺線の下茹でした手打ちうどんは、煮干しのだしに、ジャガイモ、ニンジン、ゴボウ、ダイコン、ネギなどの季節の野菜を入れた汁を煮付けている中に入れて、食べる。

④おきりこみ（長野原町）

季節の野菜を入れた味噌仕立ての汁で食べる。麺の生地には塩を入れないで、水だけで練りこむ。「切り込み」には、茹でないめんを鍋に切り込むという意味がある。具には、ダイコン、ニンジン、ゴボウなどたくさんの種類の野菜を入れる。幅広のめんを使うのは、山梨県のほうとうに似ている。

群馬県は、質のよい小麦が収穫できるので、小麦粉を使った郷土料理が多い。その中でもうどんは、日常の食生活に欠かせないものになっている。

⑤そば

そばは、冷やしそばで食べる。クルミをすりおろした汁をかけたものは「くるみかけしょう」という。煮干だしで食べる地域もある。具にはダイコン・ニンジン・油揚げを使う。

⑥うむどん

水沢うどんは、透き通って軟らかい麺であるのが特徴。「うむどん」は水沢地区のうどんの呼び名である。キュウリ、ミョウガの酢漬け、海苔を添えて食べる。

⑦ながいもそば（長薯蕎麦）

群馬県のそば料理の一つ。小麦粉、そば粉、つなぎとしての長イモを合わせて作る手打ちそば。そばを打つときに、ゴボウの葉を煮てどろどろにし乾燥したものを少量だけ入れる。そば切りは茹でた後、冷やしておく。つけ汁につけて食べるか、煮込んだ野菜入りの汁に入れて食べる。

11 埼玉県

いがまんじゅう

地域の特色

関東地方の中部に位置し、海に面している地域のない内陸県で、かつては武蔵国北半部を占めた地域である。東部は関東平野が開け、西部は関東山地に属する。中央を流れる荒川は、東京湾に注ぐ。古くは、武蔵国北東部を「さきたま」と称していたことから「埼玉」の字が当てられたといわれている。平野部は関東ローム層に覆われた丘陵・台地と、利根川・荒川などの流域に広がる低地からなる。気候は、比較的温暖で、降水量は少ない。冬は乾燥し、冷たい北西の強い季節風が吹く。江戸時代には、現在の県域は幕領、譜代の中小大名、旗本の領地となり、新田を開発して稲作を進めた。中央部の火山灰台地は、宝暦元（1751）年に吉田弥《や》右衛《え》門《もん》が上総（現在の千葉県中央部）からサツマイモの種芋を購入し、栽培を開始した。これが「川越イモ」の始まりとなる。

食の歴史と文化

埼玉県の名産品には、草加せんべい、五家宝、狭山茶、うなぎがある。草加せんべいのルーツは、乾いた塩団子を延ばして焼いたもので埼玉県の代表的「こなもの」に当たり、江戸時代に創作されている。

明治時代以来、野菜の栽培に注目し、「岩槻ネギ」「汐止晩《しおどめおく》ネギ」「越谷ネギ」などのブランドものも作り出している。同じく、カブの栽培にも力を入れ、八潮産のカブは「天カブ」といわれるほど、人気が高い。サトイモや八つ頭などの栽培にも適した地質で、品質のよいこれらのイモ類が作り出されている。

その他、埼玉県には伝統野菜が多く、越谷市特産のクワイは、江戸時代から水稲の裏作として栽培してきている。川口市には、刺身のツマに使う「ハマボウフ」という珍しい野菜がある。奥秩父の山間部の特産には「中津川いも」（ジャガイモ）があり、この田楽が郷土料理として存在している。

米の栽培の難しい奥秩父では米の代わりにこの中津川いもを食べたといわれている。

昔から小麦の栽培は盛んに行われていたので、小麦を利用した料理は多い。「冷汁うどん」は氷の入った冷たいうどんで、夏の食べ物となっている。「おっきりこみ」は、うどん状の麺と野菜をたくさん入れた汁物で、これは冬の食べ物となっている。うどんは行事や来客があったときなど特別な日に作って食べたようである。野田は、昔からサツマイモやレンコンの産地で、冠婚葬祭のときのもてなしの料理として「蓮（ハス）よごし」（クチナシを入れた湯でサツマイモを茹でてからつぶし、砂糖・みりん・水で延ばしてレンコン（ハス）と和えたものである。とくにおめでたいときに作る。サツマイモ団子も作られる。埼玉県内の羽生市、鴻巣市、加須市では祭りのときに赤飯の中に饅頭を入れた「いがまんじゅう」を作り祝う習慣がある。川越周辺の土壌は、すぐ乾く赤土混じりの土で、サツマイモの栽培に適しているから、生産量も多く、サツマイモを利用した菓子類もいろいろ工夫されている。例えば、サツマイモを厚切りにして砂糖で煮た「芋納豆」をはじめ、芋せんべい、芋ようかん、干しいもなどがある。

埼玉県では、地域により日にちは違うが、「天王様」という夏祭りを行い、この日には小麦粉を使っただんごを作って祝う。八雲神社、八坂神社の祭りであり、「人の悪い病気から守ってくれる牛《ご》頭《ず》天王《てんのう》という神様が祀られている。以前は、7月15日と決まっていたが、現在は7月の中頃を中心に行われる。

知っておきたい郷土料理

だんご・まんじゅう・せんべい類

①だんご（岡部町）

埼玉県大里郡岡部町普済寺《ふさいじ》（現深谷市普済寺）の郷土料理。米の収穫時期にはくず米は別にしておき、間食用や来客用のだんごを作る。

うるち米のくず米を粉にし、湯を加えて耳たぶのような硬さに捏ねる。これを、熱が通りやすい大きさに丸めて蒸す。蒸し終わったら、熱いうちにこね鉢にとり、すりこぎ棒で丁寧に搗き、食べやすい大きさに丸める。

作りたての軟らかいうちに、砂糖を混ぜた甘い黄な粉、砂糖を混ぜた擦りゴマ、水と醤油で砂糖を煮溶かしてから水溶きかたくり粉でとろみをつけたタレ、小豆餡などをつけて食べる。硬くなったら焼いて食べることもある。

②さつまだんご（入間市）

埼玉県入間市上藤沢の郷土料理。生切り干しさつまいも粉を使っただんごで、茶摘みの時や人寄せの時などに作って食べる。この地域は、サツマイモの栽培が盛んなのでサツマイモは蒸かしたり焼いたりして食べるが、保存用にサツマイモを乾燥するので、これを粉にして作る菓子の一種である。サツマイモの生切り干しを粉に挽いた「さつま粉」に、ぬるま湯を加えて、耳ぶたほどの硬さに捏ねる。これを少しずつちぎり、手の中で握りながら、生のサツマイモを芯にしてだんごにして、蒸かす。食べ方は、そのままか、黄な粉をまぶして食べる。さつま粉は薄茶色であるが、蒸かすと黒色が増す。

③さつまだんご（上尾市）

埼玉県上尾市仲町の冬から春に作る郷土料理。生切り干しサツマイモの粉を使って作る、お茶菓子の一種。サツマイモのくずいもを薄く切って干したものを石臼で粉に挽いたものが「さつまの粉」という。この甘味の強い「さつまの粉」に水を加えて捏ね、手のひらで握り、一握りずつのだんごに作り、蒸す。蒸し上がったものの色はこげ茶色であり、ややねっとりし、餅のような粘りはない。口当たりはさらっとしている。

④田植えだんご

埼玉県加須市中《なか》樋《ひ》遣川《やりがわ》地域の6月の田植えの頃に米粉で作る郷土料理。6月の田植えは、一家総出で行い、さらに手伝いの人もくる。午後3時頃の間食（これを「こうじはん」という）に、「田植えだんご」を作って食べる。米粉に熱湯を加えて練る。これを丸めて、中心を親指と中指で押して平らなだんごにする。これを蒸すか、茹でる。甘辛い醤油をからめて食べる。

⑤小麦まんじゅう

小麦粉に重曹を加えたまんじゅう生地で、小豆餡を包み、蒸したまんじゅう。上尾地区では、小麦を収穫してすぐの7月1日の「浅間《せんげん》様」、7月14日の「天王様」には作る。

⑥いがまんじゅう

小麦まんじゅうを作っておき、蒸かしておいた赤飯の上にそのまんじゅうを並べて、再び蒸かす。赤飯が、小麦まんじゅう全体に付着するようにする。

7月中頃（天王様）、7月31日（輪くぐりの日）に作り、親戚への土産とする。「輪くぐりの日」は、埼玉県内でも地域により異なるようである。大宮では6月末から7月初めにかけて行う。川越八幡宮では「芽の輪くぐり」として6末日～7月初めにかけて行う。

⑦草加せんべい

草加せんべいは、明和3（1766）年に作りはじめられ、今なお続いている。もともとは草加で収穫される米から調製した米粉と鉄分を含む草加の水、野田の醤油、乾燥に最適な関東平野の冬の空っ風などから、良質の草加煎餅が作り上げられたのといわれた。米粉を湯で練って打ち抜きする生地屋と、煎餅に焼き上げる焼き屋は分業になっている。色艶のよい大きめの丸い形をしていて、パリパリした歯ざわりと米と醤油の香味が調和しているのが特徴の煎餅である。煎餅専門店の店先では、備長炭の火力で緩慢に、なかまでこんがりと均一に狐色に焼いているところが見られる。

醤油や味噌のタレを塗って味付けしたもの、砂糖をつけたものもある。せんべいの由来は、宿場町の団子屋が団子を平たくつぶして天日で乾かし、焼餅として売っていたことに関係しているといわれている。

⑧いもせんべい

埼玉県川越はサツマイモの栽培の盛んなところとして有名である。この川越にしかないのが「いもせんべい」である。明治時代後期になって、東京方面から川越にくる鉄道が開通する頃に、川越名物の「いもせんべい」ができた。

⑨初雁焼き

サツマイモの美味しさと形のおもしろさを味わえる芋せんべい。素朴にして上品な菓子。菓子の名は、長禄元（1457）年に太田道灌・道灌親子によって築かれた川越城の別名初雁城に由来する。川越は、サツマイモの産地であるために芋せんべいが開発した。製造・販売元の亀屋の創業は、天明3（1783）年で、創業当初から高級品だった砂糖をふんだんに使い、手間ひまをかけて菓子をつくる「上物主義」かかげて、評判をとっている。

⑩十万石饅頭

行田市の名物饅頭。文政6（1823）年に、この地に封ぜられた忍城主十万石の松平氏に因んで、名付けられた饅頭。小麦粉に、砂糖、ヤマイモを混ぜて捏ねた生地に、小豆餡を包み忍米の形の楕円形に成型し、蒸しあげたもの。十万石の焼き印がある。

お焼き・焼きおやつ・お好み焼き・たこ焼き類

①焼きびん

昼の残りのご飯を利用して、子どものおやつとして作る。

残りのご飯に小麦粉を混ぜて捏ね、味噌を入れて混ぜ、小判型に形を作り、素焼きの平たい鍋でじっくり焼いて、砂糖醤油をつけて食べる。

②どんどん焼き

子どものおやつに作る。小麦粉に水を加えて練り、キャベツのせん切り、細かく刻んだねぎ入れ、塩味をつけて、かき混ぜる。フライパンや専門の鍋に平たく入れて焼く。醤油やソースをつけて食べる。

めんの郷土料理

①にぼうと

埼玉県の手打ちの煮込みほうとう。小麦粉に水を加えて捏ねて、麺棒で延ばして、麺帯を作り、普通の3倍くらい太い麺線を作る。煮込んで食べる麺なので、「にぼうと」という。ダイコン、ネギ、ジャガイモを煮て、醤油、味噌で調味し、この汁の中に生のほうとうを入れ、柔らかくなるまで煮込む。冬の寒い日の夕食に、野菜とともに煮込んだほうとうは、体を温める効果がある。

②手打ちうどん

来客に、手打ちうどんを提供してもてなす地域がある。手打ちうどんは、茹で上げてや水で冷やし、ナスの茹でたものやダイコンのせん切り、インゲンのゆでたものなどを惣菜にして食べる。薬味やゴマなどを入れたつゆをつけて食べる。

③お切り込み

小麦粉の麺帯は、少し太めの麺線にして、醤油味の汁の入った鍋で煮込んで食べる。

④打ちいれ

小麦粉を練り、大鍋に用意した熱湯の中で、野菜類と煮込んで、味噌と醤油の半々のつゆに入れて食べる。

⑤おめん

埼玉県の手打ちうどん料理。めんこ、おめんぶちともいう。小麦粉に、食塩と水を入れて捏ねた生地を、熟成させてグルテンの形成を進行させてから作る手打ちうどんである。茹でたナス、インゲンを添え、おろしショウガ、刻みネギ、すりゴマを薬味とし、夏はつけめんとして、冬は煮込みうどんで賞味する。

⑥ずりあげ

「ひきずりだし」ともいう。埼玉県の郷土料理の一つで、ひきずりだしながら、手元の汁をつけて食べるので、この呼び名がある。冬の間、炉端に大鍋をかけ、沸騰した鍋の湯に幅広の干しうどんを入れて煮込み、囲炉裏で囲んで家族団らんでうどんを茹でながら、生醤油をつけて食べる。薬味は七味トウガラシ、刻みネギなど。

⑦ねじ

秩父地方の幅広の手打ちうどんの郷土料理。幅広の手打ちうどんを茹でて、塩餡をまぶして食べる。手打ちうどんは、小麦粉に食塩を加えて捏ねて生地を作り、しばらく熟成させグルテン形成を作り上げてから麺帯、麺線を作るのが特徴。おめんともいう。

12 千葉県

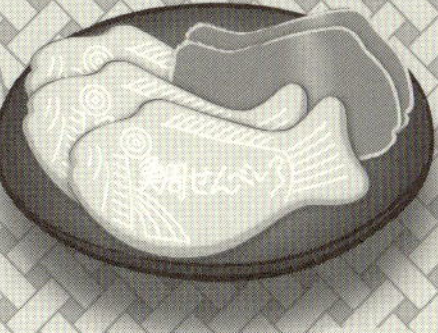

鯛煎餅

地域の特色

関東地方の南東部に位置し、かつては安房《あわ》・上総《かずさ》の２国と下総《しもふさ》国の大部分の地域であった。南東は太平洋に面し、西は東京湾に面している房総半島の全域、南部に房総丘陵、北部に下総台地があり、太平洋岸に九十九里平野が広がる。北の利根川と北西の江戸川が他県との境をなしている。その周辺にはいくつかの湖沼がある。南房総は、冬も温暖で、年間降水量も多い。1～2月には菜の花などいろいろな花の生育期となる。北に行くほど降水量は減り、台地の冬は寒く乾燥している。

下総台地は関東ローム層で、水の確保が困難だったので、昔は、「水なし国」といわれていた。江戸時代には、平野部では新田の開発を行い、河川改修、干拓などが進められた。沿岸を黒潮が流れ、漁業も盛んである。現在も九十九里はイワシの水揚げが多く、その加工品も多い。銚子漁港では秋はサンマや春はカツオの水揚げで賑わう。野田や銚子は醤油の醸造会社が多い。江戸時代には利根川を利用して醤油を江戸へ水上輸送を行った。

食の歴史と文化

千葉県の地域は、江戸時代には「江戸の台所」といわれていたほど野菜、魚、醤油などの生産地であった。現在も、東京への食糧の供給地となっている。東京に近い北西部の野田・船橋周辺はキャベツ・ホウレン草・小松《こまつ》菜《な》など葉菜類の栽培が、利根川流域や房総半島では稲作が盛んであり、近年は千葉の米も人気となってきている。火山灰地の北総台地ではニンジン、ダイコン、カブなどの根菜類の栽培が盛んであり、成田周辺では落花生、サツマイモなどの栽培が盛んに行われている。温暖な九十九里浜周辺ではトマト・キュウリなどの栽培が多い。

千葉県の鎌ヶ谷周辺はナシの発祥の地で知られ、房総地方は6月になるとビワの収穫期で賑わう。富里のスイカは、町興しにも役立っているようである。

太平洋に面した銚子・大原・館山・千倉などの大きな漁業基地では、季節の旬の魚介類が水揚げされていたが、東日本大震災に伴う東京電力の福島原子力発電所のトラブルによる魚介類の放射性元素の汚染は、千葉県に水揚げされる魚介類にも影響を及ぼし、さらには沿岸での漁業も規制されている状態である。沿岸で漁獲されるキンメダイやイセエビ、アワビなどは全く水揚げされなかったようである。鴨川周辺は、昔はマダイが漁獲されることで有名であったらしく、タイの形をした「たいせんべい」がある。松風ふうの裏白小麦粉せんべいで、房総の名物となっている。九十九里はイワシの水揚げの多い漁港で、ここにはイワシを使った郷土料理が多い。

東京湾に面している富津《ふっつ》・木更津の海域では、江戸時代から海苔の養殖が行われている。千倉の近くの和田町にはクジラの漁業基地があり、ツチクジラが水揚げされ、それから作る「クジラのたれ」という郷土料理がある。

成田山新勝寺の精進料理は、大浦ゴボウという太さ30cm、長さ１ｍもある巨大ゴボウの煮込み料理が供されることで知られている。料理の神様が祀られているといわれている高家《たかべ》神社は、千倉にあり、秋祭りには関東県内の食品関係者が集まり盛大に包丁式が行われる。

知っておきたい郷土料理

だんご・まんじゅう・せんべい類

①しんこだんご

千葉県印旛郡《いんばぐん》栄町の月見や法事、彼岸、盆、あるいは葬儀の日に米粉で作るだんご。来客のもてなしにも使い、冬はご飯の代わりに食べたり、味噌汁に入れる。米粉は、割れた米やくず米を、石臼で挽いて作る。食べ方は、小豆の餡と醤油ベースのくず餡をからめて食べる。

原料とするくず米や割れた米は、丁寧に水洗いし、さらさらになるまで干し上げる。寒中に粉に挽き、5月の節供まで使う分を用意する。挽いた粉に熱湯を加えて捏ねて、一握りの大きさに丸めて、蒸籠で蒸す。蒸し上がったものは臼にとって搗きだんごにする。だんごは甘い小豆餡か醤油味のくず餡で食べる。

②もろこしだんご

千葉県安房郡千倉町（現在は南房総市）の郷土料理。ご飯が少し足りない時や日の長い夏の間食として利用する。トウモロコシに似た背の高いタカキビの穂先を切って、よく乾燥したところで脱穀して粉にした「もろこし粉」に、水を加えて耳たぶの硬さになるまで練り、卵よりやや小さめのだんごに丸めて、熱湯に入れて茹でる。熱いうちに黄な粉や砂糖醤油をからめて食べる。砂糖が貴重な時代は、砂糖はごく少量だけ使い、ほとんどは醤油味か塩味で食べた。

③小麦まんじゅう

小麦粉に重曹を混ぜて作ったまんじゅうの生地で、赤砂糖を加えた小豆餡を包んで蒸したまんじゅう。祇園（旧暦6月15日前後の各地の八坂神社の祭礼）や盆に作る。春の彼岸にも作る。

④鯛煎餅

鴨川市の菓子店で作っている魚の形の煎餅。房総一帯に知られている。魚（鯛）の形をした松風ふうの小麦粉煎餅で、裏面が白色になっている。安房の鯛の浦は日蓮上人が誕生したところであるという伝説に因んで作られた煎餅。

⑤落花生風土記（煎餅）

千葉産の落花生を使った「落花生風土記」という煎餅は、落花生に、小麦粉、乳脂肪と植物油を練り合わせて焼き上げた厚焼き煎餅である。房総は酪農の発祥の地でもあり、牛乳や乳脂肪の入手は可能であった。

⑥花菜《はな》っ娘《こ》

南房総・館山周辺は、冬でも花が咲く温暖な気候で、年が明けると菜の花をはじめ各種の花のお花畑が広がる。房総の風物詩「菜の花」のイメージしたホイル焼き乳菓が、「花菜っ娘」である。

めんの郷土料理

①冷やしうどん

印旛地方では、祇園祭りには作っていた冷やしうどん。茹でたうどんは、鰹節のだし汁に醤油、砂糖で味を整えた汁につけて食べる。薬味はミョウガのみじん切りを用意する。

13 東京都

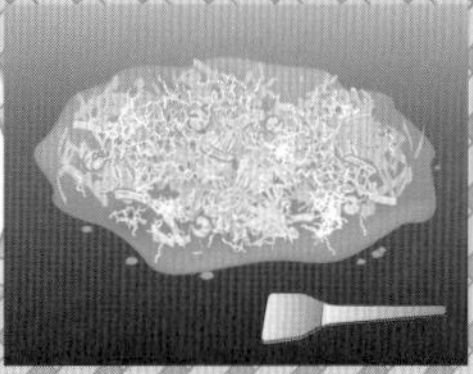

もんじゃ焼き

地域の特色

「東京」の名は東にある都の意味から命名された「日本の首都」である。東京の前の名前の「江戸」の名が初めてみえたのは、弘長《こうちょう》元（1261）年の史料「武蔵国豊島郡江戸」といわれている。この時代の江戸は、現在の日比谷の入り口の地名だったらしい。天正18（1590）年の徳川家康の移《い》封《ふう》以来、日比谷の入り江の埋め立てや、江戸城の拡張工事で、城下の町並みが急速に整った。慶長８（1603）年～慶応３（1867）年の大政奉還まで「江戸幕府」が続き、慶応４（1868）年に「東京府」が成立した。明治22（1889）年に東京市を置き、昭和７（1932）年に市域の拡張で35区となり、昭和18（1943）年に東京府と東京市が統合して東京都となる。この間に伊豆諸島・小笠原諸島・三多摩《さんたま》をも編入している。

西部に関東山地、その東に武蔵野台地・多摩丘陵が広がり、東部は低地となっている。東京都区内の気候は比較的温暖で、冬の積雪も少ない。冬は、季節風が吹き、乾燥しやすい。地球温暖化や高層ビル、地面がアスファルト化の影響によるのか、夏の気温は35℃以上になることもある。伊豆諸島・小笠原諸島の島嶼部は黒潮の影響を受けて温暖である。

徳川家康の江戸入府から都市づくり、市街の発展とともに生活・農業用水が不足し始めたので、多摩川からの用水路掘削工事が行われるなどで、農地の拡充と生活の近代化へと進んできた。

食の歴史と文化

伝統的な江戸の食べ物の中で人気のあったものに、鮨《すし》（寿司）、蕎麦、うなぎの蒲焼き、天ぷらなどがある。江戸時代から人気となった料理であるが、醤油の発達とも関連している。これらの料理は江戸の生活や文化の活性化にも寄与した部分があった。江戸時代に、日本橋に開設した魚市場は、江戸城に食材を提供する市場に端を発したといわれている。昭和10

(1935）年に築地での魚市場が開始し、拡張して魚介類だけでなく野菜類・台所用品・食堂用の備品などを取り扱うようになると、東京だけでなく東京周辺の食生活を構築する中心となり、現在に至っている。近郊の農業は市街地住民への野菜の供給源であったが、農地の宅地化が進み、東京特産の野菜の栽培量が減少しているものの、「地産地消」のスローガンにより、東京の野菜が注目されてきている。東京湾が江戸湾といわれていた時代は、江戸前の魚介類は鮨や天ぷらの食材として人気があったが、近代化に伴い汚染され、魚介類は生息できないのではないかという時期もあった。しかし、汚染防止に努めてきているために、徐々に東京湾の魚介類の生息が確認できるようになっている。

三多摩地区やその周辺には、江戸時代から栽培している伝統野菜が多い。飢饉時の救荒《きゅうこう》野菜として栽培されたためと考えられている。練馬ダイコン、世田谷の大蔵ダイコン、八王子の高倉ダイコン、日野の東光寺《とうこうじ》ダイコンなどがある。江戸前といわれた東京湾の豊かな魚介類は、天ぷらやすしタネとして珍重され、さらにさまざまな江戸の料理文化を生み出した。

東久留米の柳《やなぎ》久《く》保《ぼ》小麦は手打ちうどん用の小麦粉に加工される。庶民の食べ物のそばは、江戸時代には「そばがき」として食べたが、その後、延ばして細状にした「そば切り」として食べるようになった。そば切りは民間で流行し、夜鷹そば・風鈴そばも盛んになった。江戸文化や江戸っ子の気質にしっかり結びついて定着、発展した。つなぎに小麦粉を使う方法が考えられ、いわゆる「二八そば」となっていったのである。江戸時代の風俗を描いた絵には、「二八そば」の言葉を書いたそば屋の看板や置き行《あん》灯《どん》が多い。文政年間（1818～30）には、江戸の街中にはおおよそ3000軒ものそば屋が営業していた。

そばは単なる食べ物というだけでなく、その単純な形の背後に、思い切りのよい「粋《いき》さ」とでもいう雰囲気をみせている。それが江戸っ子気質に合い、日本人の気質と合うところもあるので、現在も食文化の一面として、文学・落語などの芸能の面にも入り込んでいる食べ物である。

そば屋の主人でさえも、少量のそばのタレをつけ、一気に口の中に吸い込むような食べ方をし、そばの喉通りを味わうのをそばの真の食べ方とするほど、ほかの食品にはない味わい方の文化がある。

「江戸のそばつゆ」は、「ざるそば」と「もりそば」で作り方に若干の違いがある。もともとは、元禄10（1697）年頃、千葉・銚子で濃口醤油がつくられるようになって「江戸のそばつゆ」が発達した。天保～嘉永期（1830～54）には、江戸の料理の味付けに、カツオ節のだし、味醂、砂糖を加え、醤油で塩味をつけることが好まれ、そばつゆについては、カツオ節のだしに濃口醤油、みりん、砂糖でつくることが定着した。現在の東京風そばつゆが出来上がったのは、江戸の料理文化が爛熟に達した文化・文政時代（1808～30）で、「もり」には｛濃口醤油・カツオ節だし・みりん｝、「ざるそば」には｛濃口醤油・カツオ節だし・みりん・砂糖｝からなる「そばつゆ」が使われる。刻みのりがかかっているのが「ざる」、刻みのりがないのが「もり」との違いではないといわれている。

知っておきたい郷土料理

だんご・まんじゅう類

①えびりつけ

東京都葛飾区西水元《にしみずもと》の家庭に伝わる郷土料理。5、6月の3時のおやつに食べるだんご。小麦粉を捏ねてだんごの形にし、それを茹でる。食べ方は、醤油、砂糖、かたくり粉で作ったタレをからめて食べる。かつては大きな田畑をもっていた家庭のお茶うけだったようである。小麦は年間2俵を粉にして消費していた家庭に伝わるだんごだった。

②さつまだんご（東久留米市）

東京都東久留米市南町に伝わるだんご。かつてのこの地区の生活は自給自足で贅沢ができなかったようである。サツマイモの栽培が盛んなのは、サツマイモの産地である埼玉県の影響を受けていると思われる。さつま粉（生切り干しサツマイモの粉）に、少量の食塩を溶かしたぬるま湯を少しずつ加えていき、耳ぶたよりもやや硬めに練る。一口大に丸めてから、中心を指で押して窪みをつけて蒸籠《せいろ》で蒸す。

サツマイモの粉は、専門の業者に挽いてもらって用意する。

③のばしだんご

東京都世田谷区喜多見に伝わるだんご。小麦粉に卵を溶いて入れて、水も加えてだんごができる程度の硬さに練る。練ったものは、木の杓子ですくうようにして（丸めないで）、鍋の熱湯の中に入れる。浮いたらザルにすくって水気を切る。熱いうちに砂糖や醤油のタレ、黄な粉をつけて食べる。小豆の餡のしるこに入れて食べることもある。ダイコン、ニンジンのせん切りの入ったダシで煮込みうどんのようにした食べ方もある。

④ひきあいだんご

東京都日野市平山に伝わるだんごで、春はよもぎを混ぜ、節句の時に供える。くず米を粉に挽き、黒くざらついている粉を作る。これを熱湯で捏ねてから蒸す。蒸し上がったら木鉢で捏ね、だんごに丸めて醤油や砂糖をつけて食べる。

⑤さつまだんご（日野市）

日野市平山に伝わるサツマイモの粉を原料としただんご。秋に収穫したサツマイモの中でクズいもを薄く切って乾燥し、粉に挽いた「さつまの粉」で作るだんごで、秋の農繁期の茶うけ（午前の間食）のときに食べる。

乾燥したサツマイモを粉にすると、粘りがでるので手間がかかるが、甘味はある。さつまの粉に湯を入れて、丁寧に捏ねる。手のひらにとって握り、4本の指のあとをつける。握ったものを蒸籠で蒸す。蒸すときには、だんごは立てかけるようにして蒸籠の中に並べるのが特徴である。

⑥えぞっぺだんご

東京都西多摩郡奥多摩町境水根に伝わるモロコシの粉とエゾヒエの粉で作るだんご。モロコシには、「赤もろ」または「タカキビ」といわれるもので、「えぞっぺはえ」は「エゾヒエ」または「朝鮮ヒエ」「シコクエビ」といわれるものである。この2種類の穀粒を一緒にして粉に挽き、木鉢に入れて熱湯を加えて捏ねる。これを丸めて小さなだんご状にして、片手の握りの形をつけて蒸す。これが「えぞっぺだんご」という。食べ物が手に入らないので、自給自足の生活の過程で工夫された食べ物であると思われる。

⑦さつまだんご（奥多摩）

東京都西多摩郡奥多摩町境水根に伝わるさつまの粉を使っただんご。生切り干しのサツマイモを粉に挽いた「さつまいもの粉」を、木鉢に入れ、そこへ熱湯を加えて練ってだんご状になる硬さにする。手のひらにのせて握り、手形をつけて大鍋の中の熱湯で茹でる。そのままか、あるいは黄な粉をつけて食べる。冷めたほうが甘味を強く感じる。

⑧かしゃんば

サルトリイバラの葉に包んだ柏餅のようなもの。餅の生地は、うるち米の粉、もち米の粉で作り、ヨモギの若芽を入れて草餅風に作る。餅の生地で小豆餡を包み、サルトリイバラの葉を当てて蒸す。

大島では、結婚式、5月の節句、御三原さま（6月1日の三原山の祭り）、行者様（6月15日の泉津《せんづ》村の縁日）に作る。

⑨紅梅焼

浅草の老舗「梅林堂」（享保年間、1716～36年創業）のせんべいは、紅梅焼といわれている。小麦粉と砂糖を水で捏ね、熟成させて発酵させてから、麺棒で薄く延ばし、短冊や梅花、扇面の型に抜き、ごま油を塗った鉄板でこんがりと焼いたかわいいせんべいである。小型のせんべいを焼いて売ったところ、ゆかしい風味が好まれて、江戸名物になり、江戸末期には駄菓子として人気があった。漱石の「坊ちゃん」にも登場したが、平成11（1999）年に製造が止められた。

⑩芋羊羹

東京・下町の駄菓子に黄色の芋羊羹が登場したのは、明治時代のようである。小豆の餡を使った羊羹は、江戸時代後期には日本橋の菓子店に登場していたが、芋羊羹はそれよりも遅れて世に現れた。いも羊羹で有名な「舟和」が、東京・浅草の店にいも羊羹を出したのは明治35（1902）年であった。

お焼き・焼きおやつ・お好み焼き・たこ焼き類

①ひえもち

細かく粉末にしたヒエに、湯を注ぎながら練り合わせ、餡を包んで平たい丸形にして、両面を焼き上げたもの。奥多摩地区はヒエの栽培量が多かったので、その利用として、間食用に用いた。

②焼きびん

小麦粉に味噌、砂糖、重曹を混ぜ、これに水を加えてだんごの形ができる硬さの生地にする。これを、手のひらでまとめ青ジソかミョウガの葉で包んで焼く。

かつては、葛飾区の水元地区は、水郷地帯であるので農家が多かった。

焼きびんは農作業の合間に食べるものとして用意した。

③たらし焼き

小麦粉に一つまみの重曹を入れ、水で軟らかく溶き、フライパンなどに油をしいて両面を焼く。ちぎって醤油や砂糖をつけて食べる。

④もんじゃ焼き（文字焼き）

小麦粉を水で溶いた生地を、鉄板やほうろう鍋の上に流して、薄く焼いたもの。この生地の中には好みにより、魚介類、野菜類、肉類、天ぷらの揚げ玉などを入れる。専用のヘラをいろいろな方向へ動かしながら気長に煎餅のように薄く焼くのがコツであり、この操作が人気の一つでもある。もじ焼き、もんじゅ焼き、もんじゃ焼き、じじ焼き、水焼き、焼き鍋ともいわれているが、現在は東京・月島を中心に「もんじゃ焼き」として東京名物となっている。

江戸時代に、鉄板の上で生地（小麦粉＝饂飩《うどん》粉を水で軟らかく溶いたもの）を文字を描くようにしたことから、「文字焼き」が転訛して「もんじゃ焼き」になったと伝えられている。江戸時代中期の「北斎漫画」（文政11［1828］年）に、「ちょなげの商人が、円形の鉄板の上に生地を垂らしている、文字焼きの屋台」の図が記載されている。とくに、縁日の日は、文字焼きの屋台がでた。

⑤お好みやき

お好み焼きは安土桃山時代に江戸で生まれたと伝えられている。江戸中期には金つば、銀つば、助惣焼き・文字焼き（もんじゃ焼き）が流行り、明治から大正にかけてはどんど焼きが現れる。昭和に入り、どんどん焼きの調理形態が、東京の花柳界で評判になり、お好み焼きへと展開した。お好み焼きが広く普及したのは第二次世界大戦後である。戦後の食糧不足時代には、小麦粉やその他のあり合わせの食材で作るお好み焼きは、生活する上に都合のよい節約料理であった。今でこそ、具に魚介類や肉などを使っているが、手に入る食材を、水で溶いた小麦粉と混ぜ、フライパンに流してできる簡単栄養料理でもあった。

麺類の特色

東京の麺類は、東京の西部にある武蔵野台地、奥多摩地区で収穫した小麦やソバから調製した小麦粉やそば粉でつくる麺類に代表される。現在は、住宅やコンクリートの建物で密集している武蔵野の昔は、小麦やソバの栽培が盛んであった。深大寺の周辺は、黒ぼこ土でも、ソバの栽培に適していた。しかし、現在は小麦粉もそば粉も、ほとんどが東京以外の日本各地か外国産のものである。

めんの郷土料理

①深大寺そば

深大寺は、奈良時代の天平5（733）年に創建された天台宗の寺院で、寺の裏の黒ぼこ土でソバを栽培した。江戸初期の元禄年間（1688～1704）に、深大寺の住職が、上野寛永寺のご門主・第5世の公辯法親王にそば切りを献上したと伝えられている。武蔵野台の湧き水で洗ったそばの芯は一段と締まっているとの話もあった。

②手打ちうどん

昔は、武蔵野台の農家の男性は、祝い事があると手打ちうどんを作った。

つけ汁のだしは煮干しや削り節でとり、醤油味である。具には、ナス、インゲンの茹でたもの。薬味にはネギ、トウガラシを用意した。

③ひもかわ／のしこみ

うどんと同じ生地を幅広い麺線にしたのが「ひもかわ」、生地をちぎって親指で丸く押したものが「のしこみ」。大鍋に鰹節や煮干しのだし汁と醤油で味付けした汁を入れ、この中に、ダイコン、ハクサイ、ネギ、青菜、キノコ、缶詰のサバ、鶏肉を入れて煮込む。さらに、茹でたひもかわやのしこみを入れて、煮込む。

④そうめん

夏は素麺を冷やして食べる機会が多い。ときにお中元の贈答品として素麺が多いので、素麺を利用する機会は多い。

⑤おかめそば

現在では各種蒲鉾類がかけそばに入っているものと定着している。もともとは、幕末に、江戸上野の池の端のそば屋が作り出したそばの種物といわれている。本郷根津の遊郭に因んで、浅草海苔が髪、ギンナンがかんざし、結び湯葉が両目、マッタケが鼻、蒲鉾が頬、シイタケが口の意味で、そばに綺麗に飾ったものだったらしい。

14 神奈川県

石垣だんご

地域の特色

関東地方の南西部に位置し、『古事記』や『日本書紀』には、「総武国」や「相模国」と書かれ、かつては相模国の全域と武蔵国の一部を占めていた。幕末の寒村「横浜」は、外国に門戸を開く開港場としてから、急速に近代化へと進んだ。横浜に県庁が置かれたのは、明治11（1878）年であった。西部の箱根・丹沢などを有する山岳・丘陵と足柄平野、中央部の相模川によってつくられた台地と平野、東部は丘陵・台地と多摩川沿いの低地、太平洋に突き出ていて東京湾と相模湾の両面を有する三浦半島の３つの地域に分けられる。相模湾沖を流れる黒潮の影響で、気候は温暖である。

江戸時代には果樹や葉たばこの栽培が始まった。秦野地域の葉たばこ栽培は健康のための禁煙者の増加により消滅し、現在は落花生に転作している農家もある。小田原城は、明応４（1495）年に戦国大名・北条氏の居城であった。北条氏の時代に梅の栽培を奨励し、その結果、梅干しの産地として今なお続いている。富士山の宝永大噴火（1707年）により酒匂川《さかわがわ》の氾濫が起こり大きな被害を受けた。幕末には、二宮尊徳（1787～1856）が、合理的で豊富な農業知識をもって、さらに勤労と倹約に努め、疲弊した農村を立て直した。

食の歴史と文化

神奈川県の名産としては小田原の蒲鉾、三崎のマグロ、マアジ、シュウマイがある。かつては江ノ島のサザエのつぼ焼きも有名であった。三崎の漁港は遠洋で漁獲したマグロの他、近海を回遊する魚や相模湾で漁獲される魚も水揚げされる重要な漁業基地である。平安時代後期の祝宴には、すでに蒲鉾が提供されていた。この時代の蒲鉾は現在の竹輪に似たもので、小田原の蒲鉾のように板につけて蒸した「白板蒲鉾」は江戸時代後期になって確立された。白板蒲鉾は生産地と消費地の距離が近いところでの生産が多かった。横浜のシュウマイの店は、明治5（1872）年に新橋と横浜の間に鉄道が開通する前の明治4（1871）年に、桜木町に開店した。

かつては、江ノ島はサザエが豊富に漁獲できたので、江ノ島のサザエのつぼ焼きは有名であったが、現在はサザエの生息は減少し、つぼ焼き用のサザエは江ノ島以外の産地のものを使用している。神奈川の温州みかんは、江戸時代から小田原や南足柄、秦野の丘陵地の斜面で栽培されている。三浦半島ではワカメ・ハマチが養殖され、相模湾では定置網漁業も盛んに行われている。これらは東京、横浜、三浦半島の漁港に水揚げされるので、神奈川県は新鮮な魚の入手しやすい地域である。

「けんちん汁」の発祥の地は鎌倉の建長寺といわれているが、この説が正確かどうか明らかでない。ただし、寺院の台所役である典座《てんぞ》では、修行僧の食事に使った食材の残りを油で炒めてから煮込んだ味噌仕立ての汁に、ダイコンやニンジン、ゴボウなどの根菜類のクズを具として利用した料理といわれている。畑作中心の地域では、小麦粉を使った料理が多く、「へらへら団子」「酒まんじゅう」「おたらし（焼き菓子）」などを作っていた。

知っておきたい郷土料理

だんご・まんじゅう・せんべい類

①親子だんご

サツマイモの粉を使っただんご。三浦市近郊はサツマイモの栽培が盛んなので、サツマイモの利用として生まれた郷土料理である。形のよいサツマイモは市場に出荷する。傷のついた生のサツマイモは、薄く切って干し、製粉し、「さつまいも粉」を作る。この粉で「親子だんご」を作り、間食として食べる。

作り方は、サツマイモの粉の中に、賽の目に切ったサツマイモを入れて、水を加えて捏ねて、手のひらで握ったものを蒸かす。温かいうちに食べてもよく、冷めても美味しく食べられる。

②さつまだんご（相模原市）

サツマイモの粉を使っただんご。サツマイモの粉用のイモの乾燥は、2月の晴天の続く日に行う。薄く輪切りにした生のサツマイモ、庭先のむしろに広げて乾燥し、製粉は専門のところで行う。この粉にぬるま湯を加えてだんごができる硬さに捏ねる。だんごに丸めて、指で押さえて平たくして蒸かす。色は黒くなるが甘くて美味しい。冷えたものは、素焼きの土鍋のほうろくで焼いて食べる。

③黄な粉だんご／いびりだんご

平塚市の郊外に伝わるだんご。「黄な粉だんご」の原料は米粉と黄な粉、「いびりだんご」の原料は米粉・醤油・砂糖である。

米粉は品質の悪い中米《ちゅうごめ》か普通米を使う。中米は飯の代わりやおやつのだんご用に、普通米は行事や客のある日のだんごに使う。米は洗ったのち乾燥して臼で挽いて粉にする。

米の粉を木鉢に入れ、熱湯を加えて混ぜながら練る。だんごができる硬さになったら、丸めて茹でる。茹でたものは黄な粉でまぶして食べるほか、醤油と砂糖を煮詰めて作ったタレに入れて炒めるようにしてタレをからませる。寒い日には、サトイモや大根と一緒に味噌汁に入れて熱くして食べる。

④いもだんご（平塚市）

サツマイモ粉を使っただんご。この地区では貯蔵しておいた生のサツマイモがなくなったら、麦飯のたしになるように「いもだんご」を作って食べる。自家製の乾燥したサツマイモから製粉所で「さつまいも粉」に加工してもらい、この粉を原料とする。サツマイモ粉にぬるま湯を少しずつ加え耳たぶの硬さになるまで練る。練り上げた生地は、薄い円形状のだんごの形に作り、蒸す。蒸しただんごは、砂糖と黄な粉の混ぜあわせたものをつけて食べる。冷えたものは焼いて食べる。

⑤酒まんじゅう

冷やしご飯をお粥にし、これに米麹を加えて発酵させて、まんじゅう酒を作る。まんじゅう酒に小麦粉を加えて、まんじゅうの生地を作り、この生地で小豆餡を包んで蒸す。

相模原市周辺では、お祭りには酒まんじゅうを作って祝う。

⑥石垣だんご（高座地方）

小麦粉と賽の目に切ったサツマイモを混ぜた中に、重曹と少量の塩を加えただんごの生地を丸めて、茹でただんごである。その形に凹凸が多いことが、石垣のようにみえるので、石垣だんごの名がある。

神奈川県高座郡はサツマイモの特産であることから生まれ、農家の間食として作られた。10月～11月のサツマイモの収穫時期には、どこの農家でも作る。サツマイモの品種の「高座赤」は、この地域で栽培されているために開発された品種であった。

⑦もろこしもち

トウモロコシの粉を捏ねたまんじゅうの生地で、小豆餡を包んで、浅い鉄鍋のほうろくで焼いたもの。蒸籠で蒸したものもある。夏に収穫したトウモロコシは乾燥し、石臼で挽いて粉にする。間食やご飯代わりに食べた。

⑧さつまもち

サツマイモの粉に湯を加えてだんごの生地を作り、これを丸めて蒸す。蒸しただんごは小豆餡をまぶす。

冬から春の午後の間食のために用意する。

⑨ういろう（外郎）

米の粉に、砂糖を混ぜ合わせた蒸し菓子で、小豆餡、抹茶、黒砂糖、栗、シソ、コーヒーなどの種類がある。小田原に伝わるういろうは、薬のういろうに色や形が似ていて、2，30年前までは健康食とされ入手しにくいことがあったが、どのような健康効果があったかは定かでない。薬のういろうは、江戸時代に小田原の名物となったものである。歌舞伎十八番の「ういろう売り」は、二代目市川団十郎が喉の具合が悪くなり、小田原のういろう薬で全快したこととことから書き下ろされたもののようである。小田原のういろう薬は、清涼剤で頭痛や髪の臭気を取り除く効果あり、上流社会の人々が冠に忍ばせて使用したもので、透頂香《とうちょうこう》と呼ばれたものであった。

⑩西行饅頭

旧東海道の大磯で売っている饅頭である。東京から関西への国道が東海道だけの時代は、大磯でこの饅頭を買うのを楽しみにしていたドライバーが多かったが、高速道路の時代になってから、以前ほど購入するのに困難でなくなったようである。明治24年創業の「新杵」で販売している饅頭で、吉田茂や島崎藤村が好んで食べた大磯名物の饅頭。

⑪きらくせんべい（亀楽煎餅）

亀甲煎餅と同じ系統の小麦粉煎餅。横浜市の名物せんべい。明治4(1871)年に長谷川弥三郎が、考案したといわれている。小麦粉に、砂糖、卵を混ぜ合わせ、バター、牛乳、落花生、シナモンを加えた粘性のある生地を、型に流し込み焼き上げたものである。丸形、四角形、巻物などがある。

お焼き・焼きおやつ・お好み焼き・たこ焼き類

①鍋焼き

小麦粉に黒砂糖と少量の重曹を入れて混ぜ、水を加えて流動性のある軟らかい生地にし、フライパンなどに油を引いて焼く。かつては、神奈川県でもミカンを栽培している地域で間食として用意された。

②たらしもち

小麦粉に少量の重曹を加え、ソフトな硬さに捏ねる。油をしいたフライパンなどで焼き、砂糖の入った甘辛い味の醤油をつけて食べる。かつては、神奈川県でも山梨県に近い地域で、山仕事へでかける日のおやつとして用意した。

麺類の特色

神奈川県の西部は、稲作には適さないためか小麦や大豆、ソバの栽培が盛んである。

めんの郷土料理

①そば

足柄上郡では、正月や冠婚葬祭にはそばを打つ農家や地域がある。そば粉：小麦粉（7：3）で作る。茹でて冷やしたそばは、容器に入れたら味の濃い目の醤油味のつゆをつけて食べる。そばには、ミカンの皮の干したもの、山椒、トウガラシ、ネギなどを薬味として使う。

②煮込みうどん

三浦市ではうどんは、鰹節でだしをとり、油揚げを入れて醤油味の汁を作り、これでうどんを煮込む。

相模原市には、「煮ごみうどん」がある。ニンジン、ダイコンなどの野菜類を具として入れ、煮込む。

③小豆べっちょ

うどんより太めの麺を、砂糖で甘くし汁たっぷりの小豆に入れる。冬の間食用に利用する。

15 新潟県

へぎそば

地域の特色

中部地方の北東部に位置し、かつての越後と日本海北部に浮かぶ佐渡の2国が占めていた。古代の越後国府は京都に近い現在の上越市の海岸付近にあった。新潟市付近は、信濃川下流に位置し、本格的に発展したのは18世紀に河村瑞賢《かわむらずいけん》（元和3（1617）年～元禄12（1699）年）が開発した西廻回船の寄港地になってからで、幕末には幕府領となり、安政の通商条約で5つの開港地のひとつとされた。日本海沿岸では、荒川・阿賀野川・信濃川などの流域に越後平野があり。関川流域には高田平野が広がっている。それらを囲むように朝日山地・飯豊《いいで》山地・越後山脈が連なっている。古くから広い平地を利用して稲作が盛んに行われてきた。現在も、全国1、2位を争う米の生産地となっている。平成16（2004）年に新潟中越地震が発生し、一時は新潟の農産物の生産の将来について懸念されたこともあったが、復興するには10年を必要としなかった。この力が東日本震災の復興に応用できればと願うだけである。

古くから平野部の水害は悩みであった。明治時代以降には、治水や排水機場の整備により水害は激減したが、平成23（2011）年にも、水害が発生した。海岸から離れている山間部は積雪が多いが、雪どけ水は平野部の稲作の生育に必要である。日本海に浮かぶ佐渡島や粟島は、対馬海流の影響で海岸部はそれほど積雪は多くない。

食の歴史と文化

名物料理や郷土料理には「わっぱめし」「のっぺい汁」「サケの酒びたし」「コシヒカリ」があげられる。

広い平野での稲作は、新潟の重要な一次産業であり、現在もそれが維持されている。明治時代以降、品種改良が進み、新潟の代表的銘柄である新潟・魚沼の「こしひかり」が誕生したのは、昭和31（1956）年であった。

それ以後、新潟の「こしひかり」は「美味しい米」としての評判が続いている。米どころ新潟は、日本酒の生産も多く、「越之寒梅」という有名な銘柄品も世にだしている。純米酒ブームの火付け役となった酒である。日本酒の製造過程でできる酒粕を使った漬物の「煮菜」は古くなった漬物を酒粕で煮た日常食である。「わっぱめし」は、竹を楕円形に曲げた器に入れたご飯や魚介類・惣菜を蒸したものであり、粟島の民宿では朝食に供されている。

新潟は野菜の栽培も盛んである。上越市では「雪太郎ダイコン」、ナスの栽培も多く、漬物の加工も盛んである。枝豆（だだちゃまめ）の生産が多く、新潟の名産となっている。

こなものとしては、もち米を使った行事食がある。端午の節供には、餡入りのヨモギ餅「笹団子」が作られていたが、現在は新潟の郷土の食べ物として周年出回っている。竹串におにぎりを刺して焼く「けんさ焼き」は、新潟の冬の食べ物として知られている。

新潟の代表的な郷土料理に「のっぺい汁」がある。これは、正月や仏事の際に欠かせない一品である。サトイモ・塩ザケ・貝柱・ニンジン・イクラなどを入れて煮込んで作ったものである。温かいできたてを食べるほか、冷たい状態で食べる場合もある。

村上市は、三《み》面《おもて》川《がわ》に産卵のために遡上するサケをこの地方独特の塩漬けと風乾により作り上げる「塩引き」が有名である。17世紀初頭に、三面川ではサケの資源保護のために人工孵化場を作った。

知っておきたい郷土料理

だんご・まんじゅう類

①醤油だんご

農繁期に作る米粉のだんご。くず米を入れて炊いたご飯（「てんこぶかし」という）や良い米で炊いたご飯が余ったときには、これらで「醤油だんご」をつくる。くず米で炊くご飯は、米を篩にかけたり、水に浸したりの下処理をするなど独特の炊き方があった。醤油だんごは、くず米とくず米のご飯の「てんこぶかし」、普通に炊いたご飯の3種類をよく混ぜて捏《こ》ねた生地で、だんごを作る。たっぷりの煮立った湯の中に入れて茹で、浮き上がったらザルにあげる。食べ方は、醤油だけをからめる場合や、黒砂糖と醤油からなるタレをからめる場合がある。

②かただんご

米粉を使っただんごであるが、色粉（赤・黄・緑）で色をつけた餅を飾っただんご。普通は塩味の小豆餡の入っただんごであるが、雛祭りや村祭りに作るだんごは、甘い小豆餡の入っただんごである。

うるち米粉ともち米粉を混ぜ、水を加えて捏ねる。色粉を混ぜる生地は、別に分けておく。生地は、鶏卵の大きさに丸めてから円盤状に延ばし、中に餡を入れて包み、ぬれ布巾の上に並べておく。別に分けておいた生地は、色粉（赤・黄・緑）で色をつけて小さく丸めておく。木型に粉をつけ、木型の模様にしたがって色づけしただんごを木型に押し付ける。その上に丸めておいた白色のだんごを押し付ける。型に押し付ける作業が終わったら、木型を逆さにして、型からはずしと模様のついただんごができる。これを椿の葉にのせて蒸かす。椿の葉は、柔らかいので葉を食べることもできる。

③笹団子

新潟の家庭では古くから作られていた素朴な小豆餡入りのヨモギ餅。うるち米粉ともち米粉を混ぜ、さらにヨモギを混ぜ、熱湯を加えてよく練る。小豆餡を米粉の生地で俵型に包み、熊笹3枚で包んで、イグサでぐるぐる巻いて、蒸したもの。熊笹に含まれるポリフェノール物質と多糖類には保存効果を示すことが明らかになっている。米粉の生地が笹の葉にくっついて団子が取り出しにくいことがある。

④越の雪

日本三大銘菓の一つ。越後のもち米を独自の方法で粉砕してつくる寒ざらし粉に、四国の和三盆糖を合わせて、土地の湿気がもたらす「しとり」を加えた押し物である。口に含むと瞬く間に、喉の奥に消えていく小さい立方体の菓子。あとに残るのは和三盆糖のさらりとした甘さだけである。小さな俵形の「俵最中」は、米どころの新潟をイメージしている。製造・販売元の「越の雪本舗　大和屋」は、創業以来230年も続いている。

⑤新潟　醤油餅

たまり醤油を使った餅に、くるみの入っている素朴な味わいの菓子。彦根藩（現：滋賀県）出身の、岡嘉平が創業した「大阪屋」の菓子で、新潟らしい風情や自然を感じられる菓子を作りだすことを製品の創作のコンセプトとしている。

お焼き・焼きおやつ・お好み焼き・たこ焼き類

①そばカステーラ

砂糖と卵を混ぜたところに、そば粉と少量の重曹を入れて混ぜて練る。フライパンやほうろく鍋に油を薄く広げて温めておき、この上にそば粉の生地を流して焼く。そば粉の量を調整し、約5cmの高さに焼き上げる。

このおやつは、佐渡に伝わるおやつで、4月15日の祭りに作る。

②焼きもち

うるち米の粉ともち米の粉を混ぜてまんじゅうの生地を作り、餡として、細く切った野菜の油炒めを醤油で味付けしたものやその他の食材を詰め、平べったい丸形にして、フライパンなどで焼き上げる。

餡に使う材料には、ニンジン、ゴボウ、ダイコン、アラメやヒジキなどの海藻、打ち豆、油揚げなどがある。

麺類の特色

日本海から離れた小千谷《おぢや》市は、信濃川沿いに舟運で栄えた街である。ここは、織物の縮織りを特産とし、これに使う海藻のフノリが入手しやすかった。このフノリをつなぎとした独特のそばが生産されるようになった。

めんの郷土料理

①へぎそば（片木そば）

海藻の紅藻類に属するフノリを溶かし、そば粉に混ぜて作る。片木とは、できあがったそばを入れる大きな器に由来し、杉やヒノキで作った箱。フノリが入っているのでつるつるした食感のそばである。福井県でもフノリ入りのそばを食べる。

②そばどじょう

小麦粉に水を加えて捏ねる。捏ねたものはドジョウ程度の太さに切って茹でる。これに、塩あんかけをかけて食べる。

16 富山県

氷見うどん

地域の特色

中部地方の北部に位置する地域で、かつての越中国である。北に富山湾に面し、その沿岸部には富山平野が開けている。東部には、飛騨山脈、南部には飛騨高地があり、この山地を越すと岐阜に至る。富山平野の西の大《だい》扇状地《せんじょうち》は砺波平野とよばれている。西には宝達《ほうだつ》丘陵・両白山地が連なり、他県との境をなす。これらの山地から黒部川・神通川などが流れ、富山平野を形成している。北側の富山湾は深い海底谷をもち、富山湾には暖流が流れ込む。晩秋から春先にかけて雪が多く、冬の日照時間は短い。

江戸時代には加賀藩と富山藩の領地であり、灌漑工事と新田開発により水田地帯となり、現在も稲作面積は広い。富山平野は、もともとは砂質と砂利質で保水性のよい土質ではなかった。さらに雪どけ水は低温で、水量も少なかったので、昭和の時代になってから黒部川流域からの水路をつくることにより水量も多くなった。

食の歴史と文化

富山県の冬の氷見港は、寒ブリが水揚げされ、富山湾はホタルイカやシラエビで賑わう。氷見の寒ブリは有名であるが、仏具や梵鐘など銅器で有名な高岡では、大きな銅鍋を使ってブリの煮物を供する祭りがあった。ブリを使った「ブリ大根」「あら煮」郷土料理ともなっている。富山湾に面した射水市の射水神社では、毎年1月1日に「ブリ分け神事」が行われる。神事には水揚げしてすぐに塩漬けしたブリを切り分け、氏子の各家庭に鏡餅とともに配られるものである。富山湾で漁獲されたブリのうち、塩漬けにして飛騨高山に運ばれたブリは「飛騨ブリ」といわれた。富山から飛騨高山までの街道が「ブリ街道」である。

富山は海産物を原料とした名産品は多い。昆布巻き蒲鉾、イカの黒作り(イカ墨の入った塩辛)、ますずし（マスの押し寿司）などがある。ますずしは、享保2（1717）年に、富山藩士・吉村新八が初めて作り、8代将軍徳川吉宗に献上して絶賛を得て以来、富山名物となったといわれている。

富山は昆布の消費量の多いところである。昆布は、各家庭でよく使い、昆布料理は各家庭の自慢らしい。とくに、魚の昆布締めは、いろいろな魚に施しているほか、「昆布巻き」「とろろこんぶ」などがある。

富山のこなものには、氷見うどんや甘酒饅頭がある。氷見うどんは細い麺で、しっかりしたコシがある。シラエビだしを入れた醤油仕立てのつゆで食べるのが美味しい。富山市内に竹林堂という「甘酒饅頭」を作っている店がある。小麦粉に甘酒を混ぜて作る饅頭である。

知っておきたい郷土料理

だんご・まんじゅう・せんべい類

①かくだご

米粉を使っただんご。だんご（この地区では「だご」という）は、「いるご」という「くず米」（二番米、三番米）、「みよし」（粃《しいな》＝不熟米）を粉に挽いて作る。行事用のだんごは、うるち米やもち米、二番米で作り、日常食べるだんごは、三番米以下の品質のもので作る。この地区では、くず米の粉で作っただんごを「かくだご」といっている。

かくだごは、夏から秋にかけて、日常の朝飯や昼飯に食べる。そのままでは美味しくないので黄な粉をつけて食べるのが日常的な食べ方である。

作り方は、くず米（いるご）の粉を、沸騰している湯の中に適当に入れ、箸でかき混ぜてから、蓋をしてしばらくの間蒸らす。次に太い箸でよくかき混ぜ、それを手で捏ねて一口大にちぎって丸める。

②湯だご

くず米の粉で作るだんご。米粉をぬるま湯で作った「湯だこ」は日常の朝飯や昼飯に食べる。

作り方は、ぬるま湯でくず米の粉を捏ねて、食べやすい大きさにちぎり、丸める。茹でてザルにあげ、熱くて軟らかいうちに食べる。素のままでは美味しくないので黄な粉をからめて食べる。

③焼きつけ

こんがり焼いただんごで、農繁期の間食や野良仕事の間食にもって行く。

作り方は、うるち米のくず米の粉に熱湯を少しずつ加えながら捏ねる。捏ねている過程で、茹でたヨモギの新芽の細かく刻んだものを加えて、丁寧に捏ねる。だんごができる硬さまで捏ねる。

炒り鍋（フライパンなど）に、大判形のだんごに形づくり、この両面をこんがり焼き、甘みのある「ゴマ味噌」をつけて食べる。

④お釈迦だんご

米粉のだんごで、色をつけないだんごと色粉（赤・黄・緑）で色づけしただんごを用意し、お釈迦様の命日にあたる2月15日の「にはんえい」（涅《ね》槃《はん》会《え》）に供える。だんごは骨になぞらえたもので、これを仏壇に供えて霊を弔うと同時に、近所にも配ることになっている。

作り方は、うるち米を臼で粉にし、この粉に熱湯を少しずつ加えて捏ねる。だんごができる硬さになった生地は、いくつかに分ける。色粉を加えないものと赤、黄、緑の各色をつけるものに区別する。それぞれの色粉は少量の水で溶いて、だんごの生地に混ぜて捏ねる。それぞれの生地は十分に捏ねたら、親指大の球に丸める。これを蒸して、冷めてから、腰高の器に盛って仏壇に供える。お供えが終わり、仏壇から下げただんごは、油をしいた鉄鍋（フライパンなど）で炒り焼きにするか、網の上で焼いて食べる。

⑤季節の薄氷《うすごおり》　雪うさぎ

富山県特産のうるち米を用いた薄い煎餅を氷が割れたような形に切り分け、表面に和三盆を塗布した「薄氷」である。作っている「薄氷本舗五郎丸屋」は1752年創業の店である。伝統銘菓で季節により色や形を変えて市販している。冬は銀世界に遊ぶ真っ白な雪ウサギとなって市販される。

⑥長生殿

金沢の「森八」（寛永2［1625］年）の銘菓。日本三大名菓の一つで落雁のような菓子である。前田家第3代藩主・利常が創案し、遠州流茶道の祖・小堀遠州が命名した。

お焼き・焼きおやつ・お好み焼き・たこ焼き類

①小判焼き

小判焼きの型のついた専用の鉄製の調理器が売られている。小麦粉を水でどろどろに溶いて、卵を混ぜる。熱した小判焼きの鉄板に油を引いて、生地を流して両面を焼く。片面を焼いているときに小豆の餡をのせ、もう一度生地をのせて、餡を小判焼きの中に詰まっているようにする。雨が降って農作業ができないときや、農作業に一段落がついたときなどにおやつとして作る。

麺類の特色　北陸の麺類は、江戸時代中期から能登、輪島で素麺を作り、その流れで氷見に手延べ素麺ができた。能登・輪島の地形は田圃よりも畑に向いているので小麦やソバが栽培されていた。

めんの郷土料理

①氷見うどん

「糸うどん」ともいわれるように細い麺である。素麺と同じ方法で生地を延ばして作るが、この時に植物油は使わない。細いが、弾力があり、喉越しのよい麺である。茹でると透明感がでてくる。「ざるうどん」「味噌味うどん」などが人気である。

②そば類

富山のそばには、「利賀そば」「越中八尾そば　風の道」がある。

変わった中華そばに「ブラックラーメン」がある。これは、濃い口醤油に豚骨を入れて、色の濃いスープを作る。ラーメンのスープが濃いので、麺の色も濃くなる。スープの味は塩辛い。もともとは、労働者のために作ったラーメンで、これをおかずにご飯も食べたという。富山市内には、ブラックラーメンを提供する店が十数軒あるといわれている。

③大門素麺

砺波地方の名物うどん。半乾きの手打ちそうめんを手でくるくる丸めて包装紙に包んだもので、滑らかで喉越しがよく、コシがある。製造する期間は10月～翌年3月で、気温の低い夜間に作る。素麺の細さにまで手で延ばしてから、1時間ほど室温で乾燥させる。生乾きのまま髪のまゆ状に丸めてから、天上の扇風機を作動させて風の流れをつくった乾燥機でさらに10日間乾燥させる。

17 石川県

なすびとそうめんの煮物

地域の特色

中部方の北部に位置し、かつては加賀・能登の2つの国であった。西は日本海に面し、北部の能登半島は日本海に突き出ていて独特の食文化が残っている。能登半島は丘陵が多く水の利はよくない。犀川《さいかわ》・手取川《てどりがわ》の下流流域には金沢平野が広がっている。平野部は稲作が盛んである。南部から東部に走る白山が岐阜県との境となっている。中心地の金沢は、白山から延びる丘陵地帯の先端にある崖上に築かれた一向宗《いっこうしゅう》の尾山御坊に始まる。

金沢は第二次世界大戦による戦災を受けることなく、城下町の風情が残っている地域といえる。夏は比較的高温で、湿度が高く、冬の寒さはそれほど厳しくない。能登半島の沿岸部は対馬海流が流れ、積雪は南部より少ない。能登半島の南部は、砂浜が多く、北部は能登金剛や棚田が多い。西部の海岸はリアス式海岸で漁業が盛んである。

食の歴史と文化

江戸時代には、「加賀百万石」の金沢藩の領地となり、文化や芸術面で力を入れた加賀の文化が構築された。武士も町人も、深い教養を身につけることに努力して、金沢藩を繁栄させたといわれている。加賀の文化の魅力は、九谷焼にみられるやや暗い感じはするが、豪華で力強く洗練されたところといわれている。長年かけて完成した「兼六公園」は園内に6つのすばらしい景色（六勝）が兼ね備わっていることから名付けられた公園であり、国の特別名勝に指定されている。

金沢藩は常に京都を意識していたのか、農産物ブランドには「加賀野菜」として認定されたものがある。江戸時代から栽培されている金時草《きんじそう》、せり、加賀れんこん、明治時代以降に栽培された加賀太きゅうり、源助だいこんなど15種類ある。

金沢市の近江市場は市民の台所で、能登半島をはじめ石川県周辺の日本海の漁港に水揚げされる魚介類や県内で収穫される農産物が集まっている。スルメイカ、イワシ、アジ、サバ、ブリなどの水揚げが多い。保存食としてのサバやイワシの糠漬け、珍味としてのフグやフグの卵巣の糠漬けも知られている。正月用の食べ物として寒ブリをカブと麹に漬け込んだ「かぶらずし」、あるいはダイコンと麹と漬け込んだ「ダイコンずし」などの馴れずしがある。代表的な郷土料理には小麦粉をまぶした鴨肉と根菜などを煮込んだ「治部煮《じぶに》」がある。

江戸時代には盛んに作られ全国的に有名だったものに、能登・輪島の「白髪素麺《しらがそうめん》」があった。現在は、なくなってしまったが、『大日本物産図会』(明治10［1877］年)で、全国名産品としてとりあげられた。それ以前の『進物便覧』(文化8［1811］年)にも輪島の素麺が名物であり、慶事の進物に使った記録されている。

17世紀後半の記録によれば、加賀の国では、饅頭を嘉祥《かじょう》の日に食べた。嘉祥とは、江戸幕府で疫病を除くために、神に供えた16個の菓子や餅を食べる行事で、6月16日がこの日に当たる。全国和菓子協会ではこの日を「和菓子の日」としている。この日は、天皇は七嘉祥といい7個の菓子を食べることになっていたらしい。加賀では、饅頭を食べた。ちょうど、麦の収穫時期なので麦で作った「麦饅頭」というのを食べたといわれている。麦饅頭に次いで大和饅頭、嵯峨饅頭、吉野饅頭、山吹饅頭、焼き饅頭、葛饅頭などいろいろな饅頭がでてきたようである。

金沢の名物饅頭には、現在も麩の専門店として全国展開している「不室《ふむろ》屋《や》」の「不室饅頭」がある。生麩で餡を包んだものでものである。現在は、7月1日に無病息災を祈って食べる麦饅頭の「氷室《ひむろ》饅頭」があり、11月の報徳講《ほうとくこう》には、焼き印のついた「おやき」や「酒饅頭」が売り出される。現在の金沢の銘菓店「森八」は、藩政時代から続いている店で、「長生殿《ちょうせいでん》」「柴舟」などが有名である。

知っておきたい郷土料理

だんご・まんじゅう類

①よもぎだご

農機具に使用が頻繁になる前は、石川県の農家でも、春には牛馬を使って田越をした。牛馬を使った仕事では、力仕事が多くて、空腹をも感じる。このとき春にではじめたヨモギをもりたて、このヨモギを使っただんごを作る。ヨモギは4月上旬には葉や芽が柔らかいので、このときに摘んで、釜茹でしたり、藁や灰を手でもみながら沸騰した湯の中に入れて、アクをぬいていく。作り方は、うるち米の粉ともち米の粉を合わせ、これに茹でたヨモギを水を切って固くしぼって加える。米粉とヨモギが交じり合ったら、沸騰した湯を徐々に加えて、だんごができる状態の硬さに捏ねる。米粉とヨモギが馴染んだら、一つずつのだんごにして、蒸す。蒸し上がったものは、木鉢に移してヨモギの香りが引き立つようにする。

②小麦だんご

三度の食事で腹がもたなくなると、昼前に1回、午後に1回に間食として「小麦粉だんご」を食べる地域がある。小麦粉だんごの作り方は、近くの町で製粉してもらった小麦粉に、少しずつ水を加えながら練る。だんごが握れる硬さまで練ったら、適当にちぎって蒸す。冷めるとあまり美味しくなくなるので、温かくふかふかしているうちに黄な粉をまぶして食べる。

③ソラマメ入り焼付けだご

野良にでるとき、冷めないように布に包んでもって行き、間食に利用する。作り方は、うるち米ともち米のくず米を合わせたのを「かいのご粉」といっている。この粉に、熱湯をそそいで捏ねる。皮をむいてから、茹でたそらまめも加え、塩味の小豆を入れて丸めたもの、餡の代わりに味噌を入れて団子を作る。これを脚のついた金網にのせて、炭火かわらの火で焼いたもの。

④あんころ餅

天狗のうちわをあしらった竹皮に包まれたあんころ餅である。あんころ餅を作った「圓八」の創業は元文2（1837）年で、江戸中期より、北国街道の宿場町・松任で、旅人お疲れを癒す菓子として、このあんころ餅が人気となった。もち米と小豆と砂糖だけで作る気取りのない菓子でる。シンプルなるがゆえに、素材の質と製法が命である。もち米は、地元の契約農家で生産している「かぐらもち」である。

⑤加賀のころころ団子

石川県の加賀地方では、産み月が近づいてくると産婦の実家から「ころころ団子」が届けられる。丸形のころころした団子で、近所や親戚に15

個ずつ配られる。「ころころと安産できるように」と祈願が込められている。

⑥柴舟

ショウガ砂糖が、表面に美しく化粧したせんべい。表面のショウガ砂糖はうっすらと積もる雪に見立てものである。ショウガ味と砂糖の甘さのミックスした味が、上品な味となっている。「柴舟」は、昔から加賀にあったが、それをショウガ砂糖をつけて新たな姿として世にだしたのが「柴舟小出」である。柴舟小出の創業は、大正6年（1917）。現在の作り方の概略は、ショウガ汁に白砂糖を加え、120℃まで煮詰めて蜜状にする。これを冷ましてから擂り戻し、洋菓子でいうフォンダンにする。これを再度熱をかけて、水を加えて延ばしてから、せんべいの両面に塗ってつくる。

麺類の特色　能登輪島の白髪《しらが》素麺は江戸時代からの名物であった。当時の諸国名産でも上位の人気であった。このことは、文化8（1811）年に発行された『進物便覧』にも掲載されていた。

めんの郷土料理

①そばほうとう

能登半島ではソバの生産量が多く、家庭でのそばだんご、そばほうとう、手打ちそばをよく作った。仕事休みや祭りには作った。そば粉を湯で捏ねて延ばす。麺帯は食べやすく、矩形に切って、塩味の小豆の汁に入れる。

②そばだご

そば粉にサトイモやナガイモのすりおろしたものを、混ぜてよく練り、延ばして、太めの麺線を作り、熱湯で茹でてから、砂糖と塩で味付けた小豆汁に入れて煮る。

③なすびとそうめんの煮物

ナスの煮たところに、茹でた素麺を入れて、煮合わせたもの。夏から秋にかけての日常食。

18 福井県

越前そば

地域の特色

中部地方の北西部に位置する地域で、かつての越前・若狭の2つの国である。都が京都にあった時代には、京都へ日本海で漁獲された魚介類を運び、京都の食文化に大きな影響を及ぼした。日本海に面する福井平野には九頭竜川・足羽川などが流れ、農業は、稲作が中心である。県の北部は白山を中心とする加越《かえつ》山地、能郷《のうごう》白山を中心とする越美《えつみ》山地などの各山地と日本海沿岸の丹生《にう》山地に周囲が囲まれている。南部は、若狭湾に沿った細長いで、海岸はリアス式海岸で漁港が多い。夏の気候は、比較的暑く、日照時間は長い。冬の気候は曇天と降雪の日が多い。

明治時代には、近代織物工業が育成が始められ、輸出用の羽二重の生産地であった。その名残で、和菓子の羽二重餅が名物となっている。

食の歴史と文化

福井県の越前東部には、安貞元（1227）年に道元によって日本にもたらせられた曹洞宗《そうとうしゅう》の本山である永平寺がある。また浄土真宗の信者が多い。夏の気温は高く、冬の寒さに適応した魚介類の保存食品が発達している。浄土真宗開祖親鸞《しんらん》の命日（11月28日）に行われる報恩講では、ダイコンおろしを入れた「おろしそば」を食べるのが恒例となっている。福井地方の有名なそばには、海藻のフノリを入れたそばがある。食感が滑らかなのが特徴である。福井の人々の生活の中には曹洞宗・永平寺の修行僧を大切にしているところがみられると評価されている。永平寺の精進料理については健康食の面、だしや味付けの点から注目されている。

福井の代表的な農作物である稲作については、銘柄「コシヒカリ」の発祥の地であり、現在も主力栽培品種となっている。奥越地方の大野・勝山は、一日の寒暖の差が大きいことから、身が締まり甘味のあるサトイモが収穫され、砂丘地の三里浜《さんりはま》はスイカと落花生の栽培地として知られている。

古くから若狭湾で漁獲されたマサバやカレイ（若狭カレイ）を京都へ運んでいた。若狭のマサバと若狭カレイは、今も全国的な特産物となっている。若狭は、サバ街道を経由した京都との繋がりにより、京都の食文化の影響を強くうけている地域であった。

越前地方に水揚げされるズワイガニ（越前ガニ・松葉ガニ）は、冬には高価で取引されるほど貴重なカニである。福井の代表的保存食品の「へしこ」は、若狭地方の伝統食品の一つである。マサバのほか、イワシ、イカ、ニシン、フグなどを塩漬けした後に糠漬けしたもので、1～2年間、重石の下で漬け込むという長時間をかけて作る保存食である。塩辛いがうま味があり、福井の人々にとっては貴重な食品となっている。

越前地方では、葬式の祭壇として「華足《げそく》」という台に饅頭、菓子、餅、果物をのせて供える。僧侶の読経が終わりに近づくと、会葬者の一人が急に飛び出し、供え物を奪って戸外へ逃げる。やがて、他の会葬者も加わり、瞬く間に供え物の争奪戦が始まるという風習がある。

知っておきたい郷土料理

だんご・まんじゅう類

①つりだんご

鍋敷に似ているので「なべしき」の別名がある。干したヨモギは茹でて水に浸けておいてもち米の粉を捏ねた中に混ぜる。作り方は、ヨモギとコメの粉を混ぜて水を加えて練り、蒸す。蒸し上がったものは細長く握って干す。別に蒸籠でつくった普段の餅をつくり、この上に、ヨモギ入りの餅をのせて両者を搗《つ》きまぜる。

②とびつきだんご

福井県北部の米作地域の坂井平野に伝わる米粉のだんご。この地区は、行事や来客のある日には、上米の粉を使った「とびつきだんご」がご馳走として提供され、くず米の粉で使った「とびつきだんご」はふだんの味噌汁の具として使われる。作り方は、もち米の粉とうるち米の粉の混合物に湯を加えて、だんごができる硬さまで練る。これを、直径1～2cm、長さ5～6cmの棒状の形にそろえて、熱湯に入れて浮かんだところでザルにあげる。塩や砂糖を入れないで、ササゲは腹が切れないように煮て、これを上記の棒状のだんごにくっつけ、砂糖か砂糖味の黄な粉、塩味の黄な粉をつけて食べる。

③ぶと

福井県大野市森山地区では、冬には「ぶと」というだんごを作り、ご飯の足し増しに食べる。作り方は、くず米や粃米《しいなこめ》の粉を混ぜて「めんざい」の粉、キビの粉を半々に混ぜたものに、ヨモギの乾燥させたものを入れて、丁寧に捏ねて、蒸す。蒸し上がったものは臼に入れて、杵で搗く。うどん板（のし板）で延《の》したものは、食べやすい大きさの四角に切って保存する。食べ方は、焼いて食べるか、黄な粉をつけて食べる。

④あらがきだんご

福井県の大野市地区では、田植えの作業の日の間食に、ヨモギともち米で作った「あらがきだんご」を食べる。「あらがき」は稲田の田を耕す際の「荒掻《が》き」（荒起こしとしてシロかきの間に田をかくこと）をいう。作り方は、もち米を「蒸籠」に入れ、さらにうるち米の粉とオモギを加えて丁寧に混ぜて蒸す。蒸し終わったら臼に移して搗き、だんごに丸める。もともとは、ハレの日の食べ物として作った。大きく作ったものは、ギンバリ（ギンボシ）という植物の葉にのせて配る。

⑤きびの寒ざらし粉のだんご

秋に収穫したキビの精白は搗いて行う。「寒」に入ると、精白したキビを布袋か缶に入れて、水を少しずつ10日間ほど落として、晒すことを「寒ざらし」という。10日以上晒すこともある。晒したキビを乾燥し、粉にする。粉に水を加えて丁寧に練り、平たいだんごの形にする。熱湯の中に入れ、浮き上がったものを、黄な粉をまぶして食べるか、汁の具とする。

⑥あえもんあっぽ／小豆あっぽ

「あっぽ」は、米粉でつくる餡を包むだんごのこと。昔、福井県大野市周辺の主食は、麦飯であるので、朝食の前には米粉で作るだんごを食べる習慣があった。

「あえもんあっぽ」は、茹でたダイコン葉を細かく切って、味噌で和えたものを餡として、米粉のだんご生地で包んで、蒸したものである。

「小豆あっぽ」は、小豆餡をだんごの生地で包み、蒸したものである。田植えの朝に作り、田圃の仕事の手伝いの人の間食として用意する。

⑦はぶたえもち（羽二重餅）

羽二重のようにきめ細かく、なめらかな食感のある求肥餅である。独特の歯応えと喉ごしは、他の菓子に見られないものといえる。蒸したもち米の粉に砂糖・水飴を混ぜ、かたくり粉をまぶしながら練り上げ、短冊型にきったものである。少しかげりのある白色、つややかできめ細かい肌、持ち上げると、しなるような弾力と柔らかさが是品である。

麺類の特色

福井のそばは「越前そば」ともよばれている。

福井でそばを作るようになったのは、戦国時代の7代目当主・朝倉孝景《たかかげ》（1428～81）が兵糧食としてソバの栽培を奨励したことに始まる。福井は永平寺の所在する地域であるために、人々の生活は永平寺の料理や精進料理の影響を受けている。そのために、日常食としてもそばを食べる家もある。越前そばには、フノリを加熱溶解した海藻由来の多糖類が含まれているので、滑らかな食感である。福井市には天保8（1837）年創業の老舗があるように、かなり古くからの蕎麦処である。寒暖の差の激しい気候が、山肌で栽培したソバの品質によいことも、越前そばの美味しさを生み出している。

めんの郷土料理

①手打ちそば

茹でて水で冷やしたら、ザルにとって水きりする。長方形の浅い木の箱の「もろぶた」に小分けする。これをそばつゆにつけて食べる。

②おろしそば

福井の人々の代表的なそばの食べ方は、冷たいそばにダイコンおろしをのせ、一緒に食べることが多い。年越しには、必ずおろしそばを食べて、家運の末永いことを祈り、そばは切れやすいことから災厄を切り捨てられることを願う。

結婚式で父母が帰るときに、「立ちそば」といって供する。「娘がこの家に細く長くいられますように」という願いがこめられているとの意味がある。

19 山梨県

ほうとう

地域の特色

山梨県は、本州の中心に位置し、周囲は富士山、南アルプス、八ヶ岳などの山々に囲まれた内陸県である。富士山麓には富士五湖が点在し、県の中央は甲府盆地で、典型的な内陸性の気候で、夏は暑く、冬の寒さは厳しい。甲府盆地内は笛吹《ふえふき》川、釜無《かまなし》川が流れ、駿河湾に流れている静岡県の富士川に合流する。平地は少ないが、地質は水はけがよく、日照が多い上に、朝晩の気温の差が大きいので、果樹の栽培に適している。ブドウの栽培とブドウを原料としたワインの生産については、よく知られている地域である。

戦国時代に武田信玄（1521～73）が領有し、信玄堤などの治水や金山開発が行われた。山梨県が水晶細工で活発になったのは江戸時代からであり、現在も水晶や宝石に関する独自の教育機関が続いている。

食の歴史と文化

山梨県でのブドウの栽培は古く、養老2（718）年に、全国行脚していた行《ぎょう》基《き》が、現在の甲州市の勝沼地区にある大善《だいぜん》寺《じ》に薬園をつくり、中国から伝わったブドウを薬として栽培したのが、甲州のブドウの栽培の始まりといわれている。明治時代になり、勝沼を中心にワインの醸造が始められた。モモの栽培が始められたのも明治時代に入ってからである。現在は全国のモモの生産量の半分を占めている。

山梨は、盆地を利用した野菜づくりも行われている。盆地でのスイートコーン、トマト、富士山や八ヶ岳の麓でのキャベツやクレソンなどの生産量は多い。伝統野菜には丹波山村の「おちあいイモ」という皮の薄赤いジャガイモ、市川《いちかわ》三郷《みさと》町の「大塚ニンジン」、身延町の「大野菜」などがある。

畑作の多い山梨県は、小麦粉を使った郷土料理が多い。代表的な「ほうとう」は麺の一種で、古くから親しまれている。小麦粉（一般的には薄力粉）を練った太くて平たいうどんに似たものである。野菜やその他の具（キノコ類、鶏肉、豚肉、油揚げ、カボチャなど）とともに、味噌仕立てで煮込む。最近は、冷やして食べるものも提供されるようになった。ルーツは武田信玄が陣中食として利用したものだという言い伝えがある。祭りや祝い事があると小豆を入れた甘い「小豆ほうとう」を食べる。客へのもてなしにも、ほうとうが供される。同じ山梨県でも、富士吉田では、ほうとうよりも「手打ちうどん」の人気が高い。

海に面している地域のない内陸県なのに、名物にアワビの煮つけの「煮貝」がある。江戸時代に各地との交流が盛んになった折に、静岡との交流の中で「煮貝」という海産物を取り入れるようになった。沼津からアワビやサザエを醤油で煮しめ、馬の背に乗せて運んだもので、甲府に着くころには味が浸み込んで美味しくなったことから、甲府の名物になったようである。

知っておきたい郷土料理

だんご・まんじゅう類

①おめい玉（1）

「おめい玉」とは、「繭玉《まゆだま》」に対する山梨県甲府市地域の言い方。「まゆんだま」ともいう。小正月の「どんどん焼き」には、おめい玉をこの火で焼いて食べると風邪をひかないと伝えられている。

作り方は、うるち米の粉をこね鉢に入れて、熱湯を注ぎながらだんごが作れる硬さに捏ねる。練り上げた生地は、小さくちぎって、繭、米俵、カボチャなどの形に作り、蒸籠《せいろ》で蒸かす。蒸かし終わったら、うちわであおりながらつやをだす。つやがでたら米粉をふりかけ、小枝にさして小正月の神様に供え、どんどん焼きの場所へ持っていって、火で炙って食べる。

②おめいだま（2）

米粉で作った生地で、軟らかい小豆餡を包んで蒸しただんごである。

1月13日の「お山立て」（道祖神の祭り）には、その年の豊作や家内安全などを祈り、餡入りのだんご（おめいだま）を繭や米俵、達磨の形に作って木の枝にさす。餡は塩味にし、家族もお茶菓子として利用する。

③もろこしまんじゅう

小豆餡をまんじゅう生地で包んで蒸したもの。モロコシ(トウモロコシ)の粉と小麦粉にぬるま湯を加えてまんじゅうの生地を作る。春先の農繁期のおやつとして用意する。

④酒まんじゅう

甘酒の発酵しやすい4～10月の期間に、行事や来客のある日に作る。

炊いたご飯に米麹を加えて発酵させて酒を作る。この酒の中に、小麦粉を加えて捏ねてまんじゅうの生地を作る。小豆餡をこの生地で包み、蒸したまんじゅうである。

⑤ごたもち

八ヶ岳高原一帯の村で、お祭りの時に作る。もち米とうるち米を半々に混ぜて炊く。出来上がったご飯は団子状になる。茹でた枝豆を潰して砂糖と塩で味付けしたもので、この団子をからめる。

⑥おしゃかこごり

山梨県の身延町では、4月8日に「おしゃかかごり」というお釈迦さまをイメージした甘いおやつをつくる。青い大豆とあられをよく炒り、水飴か砂糖を湯でよく練ってここに入れる。つなぎに小麦粉を振りいれて手早く硬く捏ね、手でまるめるか、茶碗の中に入れて丸める。この丸い団子は、お釈迦様の頭をイメージしたものである。

お焼き・焼きおやつ・お好み焼き・たこ焼き類

①うす焼き

小麦粉に砂糖、少量の塩を混ぜ、水を加えて軟らかい生地を作り、温めておいたフライパンやほうろく鍋に流して弱火で両面を焼く。子どものおやつに作る。

②焼きもち

トウモロコシの粉に熱湯を入れてまんじゅうができる硬さに捏ねる。この生地をまんじゅうのように丸め、平たくし、両面を焼く。塩味の小豆餡を包んで焼く場合もある。かつては、毎朝作り、大切な毎日の食事として利用した。

③お焼き

原料にはトウモロコシの粉を使う（トウモロコシの粉に米粉や小麦粉を混ぜることもある）。生地には、トウモロコシの粉に熱湯を入れてまんじゅうを作れる硬さに練った生地と、練ったものを蒸した生地がある。この生地で餡を包んで、鉄板、フライパン、ほうろく鍋で焼く。餡は、季節によって異なる。山東菜の場合、3月は干した葉を茹でて味噌味にしたてたものを、5月頃は漬物の油炒めを使う。いずれも、餡として詰めやすく、細かく刻んだものを使用する。小豆餡、味噌餡を入れることもある。10月から翌年4月まで朝食として食べる地域もある。

麺類の特色

山梨県の麺類は「ほうとう」に代表される。「ほうとう」は「饂飩《はくたく》」の音便。米があまりとれなかった甲州の庶民にとっては小麦粉から作る「ほうとう」は最高の日常食であった。今では、甲府名物として市場に流通するようになったのは、現代人のスローフードの見直しから注目されたことも背景にあると考えられる。

ほうとうは、昔は薄力粉で作ることが多かったが、現代人の弾力性を求める食嗜好に合わせ、強力粉でつくることもある。太い麺が特徴である。

めんの郷土料理

①ほうとう

ほうとうは、やや幅広の麺で、生めんを使う。基本的な食べ方は、生めんと地元でとれるカボチャ、ジャガイモ、ハクサイ、ニンジンなどのさまざまな野菜を味噌味で煮込む素朴な鍋料理である。冬にカボチャの入ったほうとうを食べることにより、カロテノイド類やその他のビタミン類を補給することができるので、健康食として見直されている。

具の種類は家庭によりさまざまであるが、カボチャは必ず使う。これは戦国時代（1467～1568）に武田信玄が高僧から教えられた食べ方と伝えられている。

②うどん

うどんを食べるときは、ほうとうほどたくさんの種類の具を使わず、うどんが主体となるので、つくるときは、ほうとうに比べて小麦粉を多く使う。食べ方は醤油味の汁で、薬味を入れて食べる。

③うどんめし

煮込みうどんの中に、冷や飯を入れ込む郷土料理。麺線状のうどんと、粒々の米粒の両方のでん粉が、汁の中で混ざり合い、溶け合い、互いにひき立て役となっている食べ物。

④のしこみ

小麦粉に、ぬるめの湯を加え、軟らかい弾性がでるまで捏ね、さらに麺帯を作り、さらに幅広の麺線を作る。ネギ、ニンジン、カボチャ、ダイコン、青菜、キノコを入れたみそ汁に、茹でた麺を入れる。忙しいときのめん料理として作る。

⑤みみ

南巨摩郡地方に伝わるほうとうの一種。箕の形をしたほうとうで、正月3日間神棚に供えてから家族で食べる。水を加えた小麦粉の生地は、薄く延ばし、四角の箕の形に作る。ダイコン、ニンジンなどの野菜を入れた味噌仕立て汁に、入れる。

20 長野県

お焼き

地域の特色

本州の中部の中央に位置する内陸部で、旧名は「信濃」（別名信州）といわれた。日本アルプスをはじめとする2000～3000ｍ級の山々や、数多くの河川・湖沼を有するなど豊かな自然に恵まれている。全体としては盆地となっていて、長野盆地は、古くは「善光寺平」とよばれていた。山岳地がほとんどで耕地可能な台地は少ない。気候は、北部では日本海気候、それ以外の地域は全般的に寒暖の差の大きい内陸性気候となっている。冬の朝夕の寒暖の差を利用して、棒寒天をつくる地として有名である。さらに、寒天つくりが発展し、粉の寒天、糸寒天などの寒天製品も作り出している。長野県の中央にある諏訪湖は、冬になると湖の全面が凍って亀裂が入る。これは、昔から神様が通る道として崇められ「御神渡《おみわたり》」とよばれている。

江戸時代には、灌漑用水路の開設で長野盆地・伊那谷などの新田が開発された。また養蚕が盛んであった。明治時代になってからリンゴの栽培が始められた。

食の歴史と文化

長野市にある善光寺は、664年に創建されたといわれている。本尊は阿弥陀如来で古くから特定の宗派に属することなく、独特の存在として信仰を集め、善光寺詣ではいまでも盛んに行われている。現在の本堂は宝永4（1707）年に再建されたもので、江戸時代中期の代表的建築でもある。

長野県の農作物としてレタスやハクサイ、アスパラガスなどの生産量は多い。リンゴの生産量も多く、銘柄としては「つるが」や「ふじ」が中心である。ブドウは巨峰、モモでは川中島白桃は有名な銘柄である。諏訪地方の寒天、信州味噌、信州そば、市田柿（干し柿）なども有名である。地形、気候、土壌の関係で米の栽培に適する地域が少ない。昔から、米の代わりにソバやコムギを栽培し、これらを食糧としていた。

山に囲まれた信州では、田畑が少なく、高原・傾斜地が多い。さらに、寒冷な気候と米や小麦に適さない地質は、雑穀のソバの栽培に適していることから、「信州そば」の名産地となった。主な産地には開田・霧下・戸隠・乗鞍・富倉・柏原・唐沢・川上などがある。木曽の寝覚《ねざめ》そば、千曲川沿いの甲斐・武蔵・信濃の3国にまたがる地域で、一年中霧が立ち込める秋冷の訪れが早く、質のよいソバを産出する。これを「霧下そば」とよばれている。そば粉の製品には、そば切りのほかに、そばがき、そば饅頭、そばぼうろうなどがある。

長野の信州味噌は代表的な黄色の辛味噌で、平安時代後期頃から作り始められた米麹味噌の原形である。

長野県全域で親しまれている郷土料理の「おやき」は、米がほとんどとれない山間部で、常食として食べていた小麦粉製品である。古くは「やきもち」ともいわれた。地域や家庭により作り方に違いはあるが、共通しているのは季節の野菜や山菜を炒め、味噌や醤油で味付けし、小麦粉を練って作った皮で包んで焼いたものである。最近の「おやき」は、現代の人々の嗜好に合わせ、カボチャや高菜の漬物などを入れたものなど種類は多い。

知っておきたい郷土料理

だんご・まんじゅう類

①うきふ

そば粉で作っただんごをエゴマと味噌で味つけて食べるだんご。ソバの産地としての長野で生み出されただんごといえよう。

そばは、あまり肥料はいらないし、播きつけた後も、管理や手入れがラクな植物である。したがって、そばが美味しい地域は、山中や山間の米や麦、野菜の栽培には適さないところが多い。季節になると、長野県の木曽の奥のほうや御嶽の裾野のソバ畑の花は見事であることで知られている。

作り方は、そば粉をボールや丼にとり、熱湯を加えてかき混ぜ、適当な硬さになったらだんごに丸めて、沸騰している湯の中に入れ、浮き上がったら（茹で上がった証拠）、茶碗やおわんに取り入れ、エゴマと味噌からなるタレをつけて食べる。

②寒晒《かんざらし》粉《こ》のだんご

寒晒粉は、うるち米、もち米のどちらも使うが、くず米を使う。洗ってから水に2日間浸してからザルにあげて日陰で乾燥する。乾燥が終わったら石臼で粉にして、虫がつかないように保存する。諏訪地区は水田の多いところで、収穫時にはくず米がでるので、これを無駄にしないために、粉にして保存した。この粉に、熱湯を加えて丁寧に捏ねる。捏ねた生地は、一口大に丸めてだんごにする。さらに、食べやすいようにひねって指で形づけて、「ひねりだんご」とする。食べ方は、黄な粉をまぶすか、小豆餡をからめる方法か、醤油に砂糖を入れて寒天でとろみをつけた「醤油あん」をからめる方法がある。

③ちゃのこ

トウモロコシの粉、米粉、そば粉を混合したものに、湯を加えてまんじゅうの生地を作り、さらにヨモギを加えて搗《っ》いて、すなわち「ちゃのこ」の皮を作る。これで餡を包んで、蒸して「ちゃのこ」をつくり、翌朝の飯の代わりに利用する。

餡は、塩味の小豆餡、野沢菜漬けを細かく刻んだものを用意する。味噌や黄な粉をつけて食べることもある。

④凍り餅

諏訪湖周辺の冬は、湖面が凍るほどで、夜間の温度は食品の凍結温度に達する。日中は太陽の恵みにより、凍ったものが溶け出す。この自然現象を利用し、冬の田畑は寒天つくりのスノコが並ぶ。

この夜間の低温による食品の凍結と、日中の凍結した食品の解凍を繰り返して作るのが「凍り餅」である。

もち米に、キンカンなどの甘味のある果物を細かくして混ぜ、水を加えて適度な硬さまで捏ね、型をとってスノコや板に載せる。これに夜間の凍結と日中の解凍を繰り返させ、水分を除いたサクサクした歯応えの餅菓子を作る。主におやつとして利用する。そのままでも食べられるが、焼いても食べる。

お焼き・焼きおやつ・お好み焼き・たこ焼き類

①お焼き

「お焼き」の知名度は高い。現在は都会の物産展でも、長野の土産ともなっている。長野県では、お焼きつくりは、地域の活性や女性の働き場としても展開されている。もともとは、室町時代の菜（サイ）饅頭の名残といえる蒸し上げた菓子といわれている。お盆の仏壇への供え物として、北部一帯の郷土料理として親しまれていたものであったが、現在は、長野名物として重要な食品となっている。主食・副食・間食にも利用している。

小麦粉とそば粉でまんじゅうのような生地を作り、餡として野菜や漬物を包んだ、直径8～10cmほどの野菜まんじゅうであったが、現在はタカナの漬物、野沢菜の漬物のほか、カボチャ、小豆餡、ゴマ味噌、クルミ、おから、きのこなどが使われている。もともとの焼き方は、鉄鍋で軽く焼くか、囲炉裏端の熱灰で蒸し焼にしたものである。あんはあらかじめ味噌、塩、醤油などで味付けし、加熱している。

日本海沿岸や太平洋沿岸の人々と交流のあった地域の田舎風のまんじゅうでは、塩サンマやイワシなどの焼いたものを入れるところもある。餡については決まりがなく、最近は健康を強調した食材の利用が目立っている。なお、鳥取県のおやきはサツマイモを蒸してから潰して、小麦粉と混ぜて作る。山梨県ではおやきを、10月から翌年4月まで朝食として食べる地域もある。

②でっちかて

ダイコンの葉、ニンジン、ササゲなど手元にある野菜を茹でてから細かく刻み、小麦粉を混ぜ、さらに水で洗ったご飯に混ぜて、手のひらで丸く平べったい形にして、フライパンで両面を焼く。ご飯や食材の節約のために工夫されて作ったおやつである。

③こねつけ焼餅

残ったご飯に、小麦粉を加え、味噌で味をつけ、刻んだニラや青ジソを加え、丸く平べったい形にしてほうろく鍋やフライパンなど焼く。農繁期の間食に用意する場合が多い。

④薄焼き／せんべい

小麦粉に水を加えて、だらりとたれるくらいの生地を作る。鉄製の浅い鍋やフライパンに広く薄く流して両面を焼いたものを「せんべい」という。この生地に刻んだ野菜を混ぜて焼いたのが、「薄焼き」である。夕食の主食にすることも、間食に利用することもある。

⑤飯焼餅

余ったご飯を有効利用したおやつである。ご飯は、洗って水を切る。これに小麦粉と重曹を入れて練り、まんじゅうの生地を作る。餡として少量の味噌と黒砂糖の塊を詰めて、この生地で包みたっぷりの湯で茹でる。

⑥丸なすおやき

皮をむいて輪切りにしたナスを餡にし、小麦粉のお焼きの生地で包んで、焼き網で焼いたもの。ナスの味付けは挟んだ油味噌となる。

麺類の特色

代表的な長野の麺「信州そば」の発祥の地は、信濃説、甲州説、塩尻説などがある。傾斜地の利用ができて、寒冷な気候と痩せた土地にあう作物として、ソバの栽培が適している。一年中霧が立ちこめ涼しく秋の訪れが早いのが、良質のソバを産出している。

信州そばの基本は、湯でこねたそば粉を丸延ばしにしている。辛味ダイコンや信州味噌のたれで食べることが多い。

めんの郷土料理

①信州そば

信州は良質なソバ（玄ソバ）の産地である。古くから貴重な食料として栽培してきた。更級、埴科《はにしな》、戸隠、開田《かいだ》などが産地として知られている。戸隠神社の周辺では、戸隠ダイコンの薬味で、夏にとれる霜下そばが食べられる。

②きしめん

手打ちそばを平たく太めに切り、カブの漬物の葉を具にしてたまり醤油で作ったそば汁をかける。

③手打ちそば

手打ちそばは、つなぎにヤマゴボウの葉の繊維を使う。この繊維は、葉を乾燥してとりだす。

④おはっと

手打ちうどんを太い麺にしたもので、野菜の入ったみそ汁に入れて食べる。

⑤おほうとう

手打ちうどんの煮込んだものである。幅広い麺に作り、強火で煮る。小豆ぼうとう、カボチャぼうとうもある。

⑥すんきそば

長野・木曽の漬物のすんき（酢茎）漬けが具として使われるそば。「すんき漬け」はカブ菜の茎を乳酸醗酵させて作る漬物。これを細かく刻んで、汁そばの上にのせ、独特の酸味が、そばのうま味を引き出してくれる。

⑦はりこし

栄越そばともいう。南佐久地方に伝わるそば料理。そば粉を、椀の中で団子状にして薄く延ばし、刻みネギを入れた味噌で包み、家の簗を越すほど高く投げることを繰り返し、そばと味噌を馴染ませてから丸めて焼いたもの。

⑧おにかけ

そばに煮物や煮汁をかける長野県の郷土料理。「おにかけそば」「とうじそば」ともいう。煮物は、鶏肉、ニンジン、シイタケ、ダイコン、サヤインゲン、青菜、油揚げ、シメジ、エノキダケ、山菜を使い、濃い目の煮汁に入れておく。煮汁は、カツオ節、醤油、砂糖、味醂で調味する。茹でたそばは、煮汁をくぐらせてから容器に入れ、具を載せ、煮汁をかける。そばは、そば粉と小麦粉の量を半々に混ぜて作る。

⑨こおりそば（凍蕎麦）

信州柏原地方の名物そば。江戸時代中期の『譚海《たんかい》』（寛政7［1795］年）に、信州の厳しい寒さの中で、食べ残しのそば切りを凍らして乾燥しておき、食べるときに熱湯をかけ、しばらくおくと茹でたてのそばに近づく、とある。現在の、凍結乾燥と同じ理屈で作った麺である。参勤交代のときの江戸土産として使われたらしい。

21 岐阜県

ころかけ

地域の特色

岐阜県は、本州の中央部、中部地方の西部に位置し、海に面する地域のない内陸県である。かつての美濃・飛騨の2つの国である。岐阜県南西端にある「関が原」は、東西の味の違いが変わるところといわれている。昔は「天下分け目」の地といわれたが、現在は味覚の分かれ目の地と推測されている。富山の漁港に水揚げされたブリは塩漬けしてブリ街道を経由して岐阜の飛騨高山に届き、正月には欠かせない魚であった。美濃平野には、東西を流れる長良川・木曽川・揖斐《いび》川の3つの川があり、その流域の平地では稲作が行われている。これらの河川の流域は、低湿地で、かつてはしばしば水害に見舞われた。宝暦年間（1751～64）に幕府は3つの河川の分流工事を行った。

食の歴史と文化

宝暦年間に長良・木曽・揖斐の3つの河川の流域の平野部に堤防を巡らせた輪中《わじゅう》地帯を形成したため、大規模農業が育ちにくく、零細農家が多い。農業の中核は稲作で、品種は「ハツシモ」と「コシヒカリ」である。果実では、柿（富有柿・堂上《どうじょう》蜂屋《はちや》柿）の栽培が盛んである。富有柿の原産地は岐阜県で、全国有数の生産量を誇る。堂上蜂屋柿は、美濃加茂市の特産で、干し柿に利用される。長良川の鵜飼に代表されるアユ漁は有名である。また、アマゴやニジマスの養殖も行われている。東濃地方は乾燥した気候を生かした寒天つくりが盛んである。

岐阜の名産品には、飛騨の郷土料理となっている「朴葉《ほうば》味噌」がある。朴葉の上に味噌・ネギ・シイタケなどをのせ、炭火で焼いて食べる料理である。昔は、味噌は各家庭で自家製の味噌を作り、朴葉は比較的火に強く、食材をのせて皿の代用に使うのにちょうどよい大きさであったことから、利用されたのであった。飯と具材を朴の葉にのせた鮨の「朴葉《ほうば》鮨」もある。

多治見駅から離れたところで食べさせてくれる手打ちうどんに「ころうどん」というのがある。つゆの香りがよいことから「香り高い」が「香路(こうろ)」という呼び名にかわって「ころうどん」といわれることになったらしい。讃岐うどんのような強い弾力性はないが、キメが細かくて滑らかなうどんである。岐阜は名古屋の影響を受けている店が多く、夏でも味噌煮こみうどんを食べるところである。

岐阜県はクリ、ナシ、リンゴ、モモなどの果樹の栽培も盛んである。その中で中津川の栗きんとんは、洋菓子のマロングラッセよりも美味との評判である。菓子には、柿を原料としたものが多い。柿羊羹は古くから岐阜の土産品として有名である。

岐阜県の食文化は、東西日本の文化が混在している。京のサバ鮨と名古屋の稲荷ずしを一緒に食べるということもある。

米粉を練った後に蒸した菓子の「からすみ」といわれるものがあり、雛祭りに供えられる。穀物をこがしてから粉にした「コガシ」の材料は、岐阜県内では麦で作るところ、コメで作るところ、ヒエや粟で作ることがあった。これらコガシは湯で練ってから食べた。

知っておきたい郷土料理

だんご・まんじゅう類

①黒ばなだんご

寒冷の厳しい朝日村地域は明治時代末期までは田圃がなく、ワラビ粉を作って生活の糧としていた。

ワラビの根からとったデンプンの組成品は、灰色をしているので「黒ばな」といった。この黒ばなに水を加えて練ってだんごにする。これを、囲《い》炉《ろ》裏《り》の灰の温まったところに埋めておき、30分〜1時間たつと、こんがり焼ける。この焼いただんごに味噌をつけて食べる。

②からすみ

東南部の東濃地方で3月の桃の節句に作る菓子である。米粉に熱湯を加えて練り、おわん形にして、30分間蒸す。蒸した後には、弾力がでるまで捏《こ》ねてから砂糖を少しずつ加えていき、練り合わせ、長細い富士山形の木枠に入れて形を整える。白砂糖だけを加えたものは「白いからすみ」、砂糖を加えて捏ねる際に赤の色粉で赤くしたものは「赤いからすみ」、青海苔を加えたものは「緑のからすみ」となる。また、白砂糖の代わりに黒砂糖を加えて捏ねたものは「茶色のからすみ」となる。

③みょうがぼち

米粉、小麦粉の混合物で練り上げたまんじゅう生地で、ソラマメの餡（重曹を入れて軟らかく煮た甘い餡）を包み、ミョウガの葉を当てて、蒸しただんごである。夏には、ソラマメに虫がつくので、その前に食べるために工夫されただんごである。

④ぶんたもち

農繁《のうはん》期《き》に、米粉で作るヨモギ餅で、田植えの休みに食べるように用意される。餅の生地は、米粉にヨモギを混ぜて作る。楕円形に延ばし、小豆餡を挟んで三日月形に作る。

⑤あかびえのはらみもち

アカビエ（シコクビエ）の粉、米粉、そば粉の混合物に湯を加えて捏ねて、茹でて作った餅の生地で、小豆餡を包み、ゆでた餅。茹でるとヒエの色が黒くなり、粘りのある餅ができる。

⑥だんご

田植えの終わった後の休日や盆に、小麦粉で作る生地で餡を包んだ蒸しだんご。餡には、小豆餡、ソラマメ餡を入れる。ミョウガや柏の葉で包む場合もある。

⑦登り鮎

「登り鮎」の製造元の「玉井屋本舗」は、長良川河畔の川原町に、明治41（1908）年の創業している。「登り鮎」は、岐阜を代表する銘菓で、長良川の鵜飼にちなんだ菓子で、長良川の清流に泳ぐ若鮎を表現した形となっている。小麦粉にたっぷりの卵を加えたカステラ生地で、求肥を包み、鮎の形に作ったものである。

⑧みそ入大垣せんべい

幕末の安政6（1859）年に、大阪（大坂）のせんべい屋での修業を終えた田中増吉は、駄菓子でないせんべいとして、味噌を使った「みそ入大垣せんべい」を大垣宿に開いた。これが「田中屋せんべい総本家」の始まりとなっている。当時の店名は「玉穂堂」といい、せんべいに稲穂の焼印をつけた。現在になっても、せんべいの焼き型には稲穂が丸い輪を描いている。

「みそ入大垣せんべい」は、小麦粉、上白糖、てん菜糖、味噌、ゴマなどの材料を混ぜ、水を加えて焼いたものである。味噌は、創業当初から近隣の「丸山味噌店」に特注した麹味噌である。そのために、麹の甘い香があり、まろやかである。

⑨金蝶饅頭

大垣市の薄皮饅頭。漉し餡を酒麹で発酵してつくった生地で包んだ薄皮の酒饅頭。文久2(1862)年に吉田寿江という人が考案したといわれている。戸田藩の家老・小原鉄心は、吉田のつくる酒饅頭がよくできると、黄金造りの蝶のかんざしを贈ったので、金蝶の名がついたという伝説がある。

お焼き・焼きおやつ・お好み焼き・たこ焼き類

①かり焼き

雁《かり》の模様が浮かびでる「かり焼きせんべい」専用の鉄製調理器で焼く。白い餅を薄く切って、かり焼き器で両面を焼いたもの。正月や冬の夜のお寺の講話の客へのもてなしのおやつとして作る。小麦粉に砂糖を加えた生地で作ることもある。

②練り餅

ワラビデンプン、そば粉、小麦のふすまを混ぜて、水を入れて軟らかくした生地を、鍋でゆっくりと焼いたもの。焼き上がったものは、餅のように切って、黄な粉、砂糖、塩、擂ったエゴマなどをつけて食べる。

③いりばなもち

ワラビデンプンに、大豆を混ぜ、水を加えて軟らかい生地を作り、鍋に大きく流し、ゆっくりと焼いたもの。3〜4cm角に切り分けて、食事の代わりや間食に利用する。

④鍋焼き

小麦粉に黒砂糖を入れてよく混ぜで、生地を作る。これを鉄製の鍋に薄く広く流して、両面を焼く。夏の間食用に作る。

⑤ごへいもち（五平餅）

御幣餅・御平餅・板五平などとも書く。岐阜県ばかりでなく長野県にもある。米にして五合くらい食べてしまうということから、「五平五合」という言葉がある。厚さ3cmの餅が、3個ずつ串に刺して焼いてある。ゴマ入り、くるみ入り、落花生入りの好みの味噌をつける。このいわれは、日本武尊が東征の折に、御幣の形にしたものを神に供えたという説、宮大工の五平という人が、焼きむすびが大好きで、味噌を塗って焚き火で焼いたという説、その他の説がある。

麺類の特色　岐阜の麺の食べ方は、名古屋に近いので名古屋の味噌煮込みうどんと似た食べ方をする地域もある。

めんの郷土料理

①うどん

手打ちうどんは、やや太めの麺にし、冬は茹でた麺をみそ汁に入れて食べることもある。夏は一度湯がいて、冷水で洗った濃いだし汁につけて食べる。

②どじょう汁

太めの麺線のそばに、ドジョウに似ていることからこの名がつくのは、全国共通のようである。太い麺線のそばは、茹でずにそのまま溜り醤油で味付けした小豆汁に入れて煮る。季節の野菜を入れることもある。

③そば切り

来客の最高のもてなしに、そば切りを提供した地域（揖斐）がある。茹でたそばを茶碗にとり、汁をかけて食べる。

④ころかけ

東海地方では「ころ」とよばれる冷たいうどん。かなり太めの手打ちの麺に白ごま、刻みネギ、おろしショウガがのせられている。これに、各自の店で独特に熟成した醤油に、鰹節のだしを加えた汁をかける。香りが引き立つうどんで、伊勢うどんに似ているところがある。

⑤にごみ

岐阜県では煮込むうどんを「にごみ」という。手打ちうどんに、鶏肉、油揚げ、蒲鉾、花麩を土鍋に入れ、だし汁、赤味噌、醤油で調味し、弱火で煮込む。薬味に刻みネギを入れ、熱いうちに食べる。名古屋の煮込みうどんも土鍋で煮込み、熱いうちに食べる。

22 静岡県

せりそば

地域の特色

本州の中部地方の中東部に位置し、太平洋に面している。南部の海岸地域には回廊状に平地が広がっている。北部には富士山、赤石《あかいし》山脈などの山岳地がある。東部には伊豆半島が太平洋に突き出ていて、相模湾と駿河湾に分けている。西部に汽水湖の浜名湖があり、今切《いまぎれ》により遠州灘に通じている。太平洋を流れる黒潮の影響で冬も温暖な地域で生活しやすい地域の一つである。太平洋に面した傾斜面は温暖で日照時間が長いので野菜、茶、果実などの栽培に適している。海岸部に比べると、山岳地帯の冬は、季節風が強く乾燥している。平野部には大井川や天竜川が流れて、流域では水田や畑作が盛んである。

食の歴史と文化

静岡県が茶の生産に力を入れるようになったのは、明治維新後であった。大井川の架橋ができたために、これまで川越の仕事をしていた人すなわち川越人足《かわごえにんそく》が失業した。その救済のために牧ノ原台地を茶畑として開墾したことから、牧ノ原地区が茶の大生産地となった。現在は、牧ノ原のほかに、愛鷹山《あしたかやま》の台地や山麓、河川の上流部も茶の栽培地となっている。茶は緑茶や玉露に加工するばかりでなく、紅茶の加工にも使われている。温暖な気候を利用したミカンの栽培は、江戸時代に移植した紀州ミカンを、明治時代以降に温州ミカンに転作したことに由来する。かつては、イチゴやメロンの生産地として有名であった。現在は、他県のものも市場に参入してきているので、目立たなくなったように思われるが、今なお、果物のイチゴやメロンの生産地として頑張っている。いろいろな野菜が栽培されているが、特産野菜としてメキャベツ・沢ワサビ・海老イモ・タアサイなどがある。

伊豆半島のリアス式海岸には漁港が多く、いろいろな種類の磯魚、深海魚、近海や遠洋で漁獲された魚が水揚げされている。駿河湾のサクラエビ、伊豆・西海岸のタカアシガニ・キンメダイの味は格別である。焼津漁港はカツオ・マグロが水揚げされる漁港として有名であるが、鰹節の生産地としても有名である。かつては、伊豆・西海岸の田子も鰹節の生産地として有名であった。郷土料理には浜名湖で漁獲されたウナギの蒲焼きが有名であったが、現在はこの周辺の養殖ウナギが利用されている。

名物の「安倍川餅」は、静岡県の安倍川周辺でつくられる黄な粉と小豆のこしあんをまぶした小さな餅である。安土桃山時代の慶長年間（1596～1615）に、徳川家康が安倍川の上流の笹山金山を視察したときに、ある男が砂金にみたてて献上したのが、この餅の由来と伝えられている。

知っておきたい郷土料理

だんご・まんじゅう類

①だんごもち

米粉の保存に、冬に水に浸した後、寒ざらしをする。この後、製粉して「寒ざらし粉」とし、虫がつかないように保存する。この「寒ざらし粉」に熱湯を入れ、だんごが作れるほどの硬さに捏ねてから、一口大にちぎって丸め、これをに平たく押しつぶす。これを、たっぷりの熱湯で茹でる。茹で上がったら、湯を少し残し、この中に砂糖と醤油を加えて味が浸み込む程度にさらに加熱する。このほか、砂糖と醤油の中で煮ないで、黄な粉や小豆餡をまぶして食べてもよい。

②さつまもち

秋に収穫したサツマイモの粉と米粉を混ぜて作るだんご。サツマイモの粉は生干しのサツマイモを製粉したものである。サツマイモの粉に米粉を混ぜ、湯を入れて混ぜながらだんごが作れる硬さに練る。生地は手で握りだんごにして、熱湯に入れて茹でる。茹で上がったものはザルにあげる。このだんごは炭や薪の燃やした火にかざし、少し焼いて香ばしくして食べる。

③いももち

うるち米のくず米に、賽の目に切ったサトイモとサツマイモをあわせて、一緒に炊く。炊き上がったものは、押しつぶしてすしの形にして食べる。

秋の忙しい収穫時期の間食用として用意する。静岡県の志太郡地方は、焼畑を利用してサツマイモやサトイモを栽培するので、このようなサトイモとサツマイモを利用しただんごが生まれたようである。

④きびだんご

キビ（トウモロコシ）を臼で挽いて粉にし、さらに篩で粉の部分を調製する。挽いたキビの粉を、かぶと鉢（瀬戸物の大きな鉢）に入れ、少量の塩を加え、ぬるま湯を加えて捏ねる。これを丸めて饅頭の形にして、囲炉裏の炭や薪の燃え残り火のところで焼き、表面が硬くなった灰をかぶせて焼く。現在、土産品として売られている軟らかいものとは違い、本来は硬いものなのである。朝早い時間の朝食に食べた。

⑤花もち

正月のお節料理の一つで、うるち米にかたくり粉を加えて、お湯で溶き、練ったものを小さくちぎって蒸す。蒸したものは、搗《つ》いて餅にし、餡を入れてから、また蒸す。蒸し上がったら色粉できれいにする。

⑥もろこしのかしば

モロコシ（タカキビ）の粉で作る柏餅のことである。餡は小豆に塩をまぶしてつぶしたものである。餡を包んだ餅は、朴《ほお》の葉でくるんで蒸す。蒸すには「まんぱち」という「曲げ物でつくった蒸し器」を使うのが特徴である。5月の節句や盆につくる餅。

⑦安倍川餅

搗きたての餅に、砂糖入りの黄な粉をまぶしたものである。小豆の漉し餡をつけたものもある。慶長年間（1596～1615）の駿府居城の折に、徳川家康は、安倍川上流の笹山金山を視察した。金山の砂金に見立て黄な粉を餅にかけて献上したところ、気に入り、餅の名を尋ねた。この時「安倍川の金なる粉餅」であると答えたという。この時から、安倍川の弥勒周辺には、黄な粉餅を売る店が立ち並ぶようになったとなった。参勤交代や東海道の旅人の評判になった。

麺類の特色

静岡県の麺類としてはＢ級グルメの火つけとなった「富士宮焼きそば」が有名であるが、山梨県に近い御殿場では、ほうとうを食べることが多い。その他のこなものにはＢ級グルメの「富士宮焼きそば」「浜松餃子」「しぐれ焼き」（お好み焼き）がある。

めんの郷土料理

①ほうとう／ちぎり

小麦粉に水を加え、うどんの生地をつくり、さらに厚さ3mmほどに延ばし、幅5mmほどの麺線に切ったのがほうとうである。茹でないで、そのままみそ汁に入れる。サトイモ、インゲン、ニンジン、ダイコンなどを具にして、大鍋で煮ながら食べる。

ちぎりは、小麦粉を軟らかくなるまで捏ねる。季節の野菜を入れた煮汁に、小麦粉の生地をちぎって加えて、煮る。

②なすそうめん

ナスを縦に細く切って、醤油とだし粉を加えて煮る。その煮汁を茹でた素麺にかける。茶摘の仕事の間食に食べる。

③せりそば

富士山の伏流水である静岡県の地下水は、格別に芳香がある。その地下水を利用して生育するセリも格別な味と香りがある。富士高原では、質のよいソバが収穫される。そばを茹でた湯で茹でたセリと一緒に、そばを醤油・味醂・砂糖で調味したつゆをつけて食べる。

23 愛知県

きしめん

地域の特色

愛知県は、本州の中部地方の南西部に位置し、太平洋岸に面する渥美半島、知多半島を境に三河湾、伊勢湾を有している。三河湾や伊勢湾には木曽川、長良《ながら》川、揖斐《いび》川が流入しているので海産生物に必要な栄養分が豊富である。これらの流域には美濃平野が開け、その南側には尾張丘陵があり、東部には美濃三河高原がある。

愛知県に面する太平洋の沖合は、黒潮が流れているため気候は温暖である。濃尾平野の南部は低地で、岡崎平野は台地が多い。そのため、水利が悪かった。江戸時代後期から水路工事の計画があったが、明治維新後に着工し、明治13（1880）年に導水ができるようになった。これが「明治用水」といわれている水路である。

食の歴史と文化

愛知県は気候が温暖なので台地を利用した野菜中心の農業が発達している。最も産出の多い野菜は、キャベツである。キャベツの栽培は、明治時代中期に名古屋周辺で始めたことから、キャベツの生産地となった。

愛知県は、養鶏の盛んな地域である。とくに名古屋コーチンの養鶏は有名である。その結果、名古屋コーチンをはじめとする鶏肉料理でも知られている。「かしわ鍋」「かしわのひきずり（すき焼き）」「手羽先のから揚げ」などの料理はよく知られている。愛知のブランド野菜である「越津《こしづ》ネギ」はすき焼きに欠かせない野菜である。愛知の伝統野菜の「宮重ダイコン」は江戸時代から栽培されている伝統野菜である。

三河（愛知県）の岡崎市の名産の大豆味噌は、八丁味噌・名古屋味噌・三河味噌の名で知られている。江戸時代前期に岡崎城を中心に、矢川流域で栽培されている矢作ダイズと吉良の質のよい塩を使い、味噌造りに適切した気候・風土から生まれた味噌である。濃赤褐色で渋味と苦味のあるのが特徴であるが、個性が強く香りに独特な辛口がある。これを使った「赤出汁」は高級和食の汁ものとして欠かせないものとなっている。名古屋の料理には、八丁味噌を使った煮物、味噌煮こみうどん、味噌カツ、土手鍋などのように愛知の郷土料理となっている。

名古屋の名物のこなものとして「きしめん」がある。きしめんは塩を加えないで打つ幅広い麺である。「きしめん」の名は、紀州麺、雉《きじ》麺、碁石に由来するといわれている。碁石は「きし」と呼ばれていたので、小さな円形の小麦粉の生地を麺状にのばしたのではないかとの説もある。「きしめん」は塩を入れない小麦粉の生地で練ると、ゆるやかなグルテンが形成が行われて、短冊型にした「平打めん」は、やわらかい食感に仕上がることになっている。

漁業では、近海の魚や沿岸の魚が水揚げされる。ノリ・ウナギの養殖も盛んである。ウナギの郷土料理の「ひつまぶし」は、明治の中頃にウナギの蒲焼きの食べ方として工夫されたものといわれている。

知っておきたい郷土料理

だんご・まんじゅう類

①だんご

春の彼岸やお盆に仏壇に供えるだんごである。供え終わったら、下げて砂糖をつけて食べる。このだんご用のうるち米ともち米を合わせた「米粉」は、名古屋市中区の米屋で市販しているので、この地区の家庭では、春の彼岸の「だんご」は作りやすい。作り方は、この米粉をこね鉢に入れ、熱湯を少しずつ加えながら、木杓子で混ぜる。適当な温度になったら両手で捏ねて、だんごを作ることができるほどの硬さになったら、こぶし大にちぎって蒸し、冷ます。冷ました生地は、梅干しの大きさに丸め、平たくつぶして、もう一度蒸す。草もち生地を作る過程で、茹でたヨモギを乾燥して加えて捏ねる。お月見や栗名月には、まんまるに丸めて蒸し上げる。

②彼岸だんご

海部地区の春の彼岸だんごは、うるち米の粉、またはうるち米のくず米の粉が使われる。作り方は、米粉をこね鉢に入れ、お湯を加えながらだんごにできるような硬さの生地を作る。生地は小さな丸いだんごを作り、指

3本で押さえて平たい形にし、蒸籠で蒸す。春の彼岸に仏壇に供えた後、冷えているので焼いて、たまり醤油や砂糖の入ったたまり醤油をつけて食べる。白いだんごである。

③だんご／みたらしだんご

安城地区では、うるち米の米粉を使って、彼岸の仏壇へのお供え用や間食用の「だんご」や「みたらしだんご」、お雛祭りの「いがまんじゅう」、端午の節句の「かしわもち」を作る。熱湯を加えながら丁寧に混ぜて、蒸籠で蒸す。蒸した後は、こね鉢で捏ねてだんごにする。食べ方は、黄な粉、小豆餡、砂糖入り醤油などにつけるか、砂糖醤油をつけて「みたらしだんご」として食べる。

④けいもち

北設楽郡地方で、旧暦10月の「亥の子さま」(亥の日(十二支の最後の日)に行う刈上げ祝い)には、秋にとれたてのソバ、サトイモ、米で作るだんごを「けいもち」といっている。作り方は、うるち米に小さく切ったサトイモ(方言:たついも)を入れて軟らかく炊き、これをつぶしてよく練る。これにそば粉を入れて練ってから小判形に握り、金網にのせてこんがりと焼く。炒ったゴマを入れた醤油やゴマ味噌、黄な粉をつけて食べる。

⑤みょうがまんじゅう

小麦粉に熱い湯を入れて粘りがでるまで捏ねて、まんじゅうの生地を作る。餡は砂糖を加えて作る小豆餡である。まんじゅうの生地で小豆餡を包み、俵形にし、ミョウガの葉をくるりと巻き、蒸す。

田植えの後に食べる間食として用意する。

⑥炭酸まんじゅう

小麦粉に黒砂糖、重曹を入れてまんじゅうの生地を作る。この生地で小豆餡を包み、蒸す。たくさん作って、雛祭りに供える。

⑦おこし餅

名古屋周辺では、古くから「雛祭り」にはもち米で作る「おこしもち」を用意する。長寿で有名な名古屋に住む「金さん銀さん」の90歳前後の4人の娘さんたちも、お雛様が近づくと作り始める。

もち米に水を加えて鯛・花・果物などの形に型抜きして、蒸す。なお、型にはそれぞれに合ったおめでたい色もつけ、おめでたいという意味を表現したものを作り、雛壇に供える。

⑧青柳ういろう

ういろう（外郎）は江戸時代の初期から日本各地でつくられている蒸し菓子の一種である。名古屋では万治2（1659）年にういろうが作られたという記録はあるが、名古屋名物となったのは、昭和6（1931）年に、青柳総本家の3代目後藤為彦が名古屋駅構内で立ち売りを始めてからといわれている。青柳総本家の創業は、明治12年（1879）である。「青柳」の屋号は、旧尾張藩主・徳川家慶勝より贈られたと伝えられている。

⑨からすみ

愛知県の奥三河地方の雛節句に飾る菓子。米の粉と砂糖を混ぜ、弱火で練り上げて、ナマコのような形にして蒸し、さらに捏ね鉢で捏ねて形を整えて蒸したもの。からすみは、ボラの卵巣から作ることから、ボラの卵巣に似せたかたちのこの菓子の名を「からすみ」と呼ぶようになった。最近は、富士山の木型で形をつくり蒸していものもある。

⑩オシモン（またはオコシモン）

愛知県の尾張地方の初節句の雛祭りに用意する菓子。夫婦雛、鯛、桃の花、てまりといった木型に、米粉に砂糖を加え湯を加えて練ったものを、木型に詰め、型抜きして蒸籠で蒸したもの。

⑪きよめ餅

天明5（1785）年頃、熱田神宮の西門のそばに「きよめ茶屋」ができたので、これにちなんで考案したのが「きよめ餅総本家」の「きよめ餅」である。自家製の流し餡を羽二重餅で包み、「きよめ」の焼き印が押してある。羽二重餅の上品な口当たりと、餅のさらっとした甘味のバランスがよい。

お焼き・焼きおやつ・お好み焼き・たこ焼き類

①だら焼き

小麦粉に砂糖と塩を混ぜて、水を加えて軟らかい生地を作る。鉄製の鍋を熱くし、2枚のミョウガの葉を重ねておき、その上に生地を流して、両面を焼く。

新小麦の収穫時期の間食に利用する。

麺類の特色　愛知県の麺類は、きしめんで代表されるように厚さは薄く幅の広い麺である。これはほうとう、すいとんの仲間で典型的な粉食であるといわれている。

めんの郷土料理

①きしめん

塩を入れないで、小麦粉を練るので、ゆるやかなグルテンが形成される。短冊にした平打ちの麺はやわらかい食感を形成する。

「きしめん」とよぶようになった説には、①殿様に献上する雉肉入りの雉子麺が訛った、②紀州の人が、急ぎの客に、茹でやすいように麺を平たくしたことから紀州麺が訛ったとの2つの説がある。中国の農書『斎民要術』に「碁石状のきしめん」がでているという説もある。

食べるときは、醤油の薄味の汁で食べる。麺の上に、たっぷりと花カツオをのせる。

②味噌煮こみうどん

三河地方の家庭料理から生まれた食べ方。味噌煮こみうどんとよべる条件がある。①味噌は愛知の名物の八丁味噌を使う、②うどんは塩を加えないで打つ。

八丁味噌の味は濃厚なので、長時間煮こんでも風味が落ちないという特徴がある。

だし汁は、鰹節、干しシイタケ、コンブでとる。信楽焼きの土鍋に、うどん、汁、具を入れてじっくり煮込む。この土鍋の蓋には、空気孔がない。

現在の名古屋の人は、夏でも味噌仕立ての熱い煮こみうどんを食べるのを常としているようである。

③じょじょ切り

じょじょ切りとは、小麦粉で作る太麺のこと。醤油味の汁で煮て、ご飯代わりに食べる場合、ササゲと一緒に甘く煮て、スイーツとして食べる場合がある。スイーツとしては、農作業がひと段落したときなどに食べる。

24 三重県

伊勢うどん

地域の特色

三重県は、紀伊半島の一部を有し、太平洋側に面し、南北に細長い形をしている。三重県は「伊勢の国」ともいわれた。伊勢市には、皇室の祖神（天照大神）を祀る「伊勢神宮」が鎮座している。伊勢湾に向けていくつかの河川が流入している。西部には、鈴鹿山脈、高見山地、紀伊山地があり、他県との境となっている。気候は、全般的に夏から秋にかけて雨が多く、太平洋側の冬は、晴れた日が多いが、平野部・盆地部・山地部では地域的差がある。志摩半島はリアス式海岸を形成し、歴史的にも漁業が主体の地域であった。

食の歴史と文化

三重県の農業の中心は、米を中心としている。品種はコシヒカリが大半を占めていて、とくに「伊賀コシヒカリ」の評価は高い。野菜の中では、ナバナやモロヘイヤなどの生産量が多い。果実としてはウメ・カキ・ナシ・ブドウ・ミカン（南紀みかん）の栽培が行われている。特産としては「伊勢茶」「松阪牛」などのブランド品が知られている。熊野灘に面した地域では、いろいろな大漁祭りがある。伝統的な魚に関する料理には、馴れずし、押しずし多い。また、高菜の漬物を使った「めはりずし」は、熊野地方の漁師の弁当として作られた郷土料理である。伊勢湾、志摩半島のイセエビやカキ、桑名のハマグリなど古くから有名な魚介類もある。伊勢市周辺の島々は伊勢神宮の神饌の魚介類の重要な漁場となっている。

ヤマイモの一種の「伊勢イモ」は江戸時代以来の特産で粘りがあって「とろろ汁」に利用されている。志摩地方の特産で「きんこ」といわれるサツマイモの煮切り干しがある。

皇室の祖神の天照大神を祀る伊勢神宮は、毎年の正月2日に首相をはじめ、閣僚が参拝する。伊勢神宮の所在する伊勢市の名物の「赤福」（赤福餅）

となっていて、伊勢参りの土産として知られている。赤福は江戸時代の中期（宝永4［1707］年）に、作られ始めたといわれている。赤福（餅）の由来は、いつわりのない心（赤子之心）と、喜びと幸せ（慶福）、すなわち赤心慶福から命名されたといわれている。

知っておきたい郷土料理

だんご・まんじゅう類

①おころ／お飾り

三重県稲生地区では、お盆の13日には、うるち米の粉やもち米の粉でだんごを作る。真宗では「おころ」、真言宗では平たい形の「お飾り」を作り、仏壇に飾る。

「おころ」は、米粉をこね鉢に入れ、湯を加えながらだんごを作る硬さの生地に仕上げる。小さなだんごを作り、「はらん」という楕円形の葉にのせて蒸籠《せいろ》で蒸し、蒸し上がったらうちわで扇いでツヤをだして飾る。だんごは、三角錐に重ねるのが特徴である。

「お飾り」は、「おころ」と同じ生地を、梅干し大に丸めてから、手のひらで押さえて直系3～5cmの円形につぶしてから、蒸す。

いずれも仏壇に供えた後は、砂糖、黒砂糖のごまだれをつけて食べる。硬くなったものは、みそ汁の具にもする。

②蒸しだんご

小麦粉に重曹と塩を加え、ぬるま湯を入れながら捏ねて、だんごの生地を作る。生地を手のひらに広げ、そらまめ餡を包みこみ、さらにミョウガの葉で三角形に包んで蒸す。

田植えが終わる時期には、ミョウガの葉が大きく茂る。地域全体の田植えが終わり、地域の人々が骨休みの間食に利用する。この頃は小豆に虫がついているので、その代わりにソラマメで餡をつくることになっている。ミョウガの葉の代わりにサルトリイバラの葉を使う場合もある。

③よごみだんご

うるち米の粉ともち米の粉を混ぜ、ヨモギも入れて、熱湯を加えて捏ねてから蒸し、だんごの生地を作る。黒砂糖で甘味をつけた小豆あんを、このだんごの生地で包み、蒸す。

「よごみだんご」は、何回も捏《こ》ねて生地を作るので「こねこねだんご」ともいっている。

昔、三重県の伊賀町周辺は、麦飯とお粥を食べていることが多かったので、女性たちは食事に潤いをもたせようと、子どもたちのおやつに季節に合わせたいろいろなだんごを作っていた。

④いといせんべい（絲印せんべい）

伊勢市の丸形の薄焼きの小麦せんべい。小麦粉に、砂糖、卵を混ぜ合わせた生地を焼いたもの。卵の使用量が多いので、軽く香ばしい。明治38（1905）年に明治天皇が伊勢神宮へ参拝の折に作られた。

⑤おはらぎ（小原木）

鈴鹿市の焼き菓子。江戸中期の享保年間（1716～36）に、京都の船問屋の大得屋長久は、紀州藩の御用菓子として「小原木」を作った。小麦粉の生地を薄く鉄板に敷いて、小豆餡を2つ折にして半円形に包んだもの。大原女が、頭に柴をのせた格好を模した焼き菓子である。京都でないのに京都をイメージした菓子に興味がもたれている。

麺類の特色

伊勢では、江戸時代以前に、農家で自家製の豆味噌からでる溜り醤油をうどんにかけて食べていた。これがこの地区でうどんが広まった始まりであるといわれている。溜り醤油に鰹節のだしを加えて食べやすくしたのが、現在の伊勢うどんのルーツである。

めんの郷土料理

手打ちの太くて軟らかいうどんを溜り醤油をベースにした汁（伊勢うどんでは「汁」を「たれ」という）をつけながら食べる。伊勢うどんの釜揚げは、トウガラシをかけて食べるとおいしい。

①伊勢素麺

「大矢そうめん」ともいう。江戸時代から四日市の大矢地区の良質の小麦粉で作る手延べ素麺で、コシがある。

②大矢知素麺

四日市大矢知の手延べ素麺。伊勢素麺ともいう。

25 滋賀県

のっぺいうどん

地域の特色

滋賀県は、近畿地方の北東部に位置し、県の中央部に琵琶湖がある内陸県である。かつては「近江の国」ともいわれた。江戸時代には、多くの領主がいたため、領土の分割も多かった。琵琶湖の沿岸には、湖北・湖東・湖西・湖南にそれぞれ平野が開けている。湖東と湖西の外側には、伊吹山脈、鈴鹿山脈などの山々が囲んでいる。気候は北部と南部で分かれている。北部の気候は北陸の気候に近く、冬の積雪が多く、北部はさらに雪は深くなっている。

江戸時代には、琵琶湖周辺は京都と大阪（江戸時代は「大坂」）に通じる交通の宿場町として栄え、琵琶湖の水運が栄えた。古くから、琵琶湖や琵琶湖に繋がる河川は水害が多かった。明治時代には、利水と治水のための琵琶湖疏水《そすい》と南郷洗堰《あらいせき》などがつくられた。

食の歴史と文化

滋賀県の農業の特徴は、琵琶湖への環境汚染を配慮し、農薬・化学肥料の使用を少なくする「環境こだわり農業」を推進していることである。農業の中心は稲作で、古くから「近江米」として知られていた。現在の栽培品種は「コシヒカリ」が最も多い。米から小麦へ、米から大豆への転作は、減反政策に伴い行われた。大豆については丹波黒（黒大豆）も生産している。

古くからお茶どころとして知られていて、朝宮《あさみや》茶・土山《つちやま》茶・政所《まんどころ》茶が生産されている。畜産物としては近江牛が有名で、この味噌漬けは名産品となっている。

水産業は、琵琶湖で漁獲される川魚が主体である。佃煮として利用することが多いが、ゲンゴロウブナ（ニゴロブナ）の「フナずし」は、日本のすしの原形といわれている。「フナずし」は琵琶湖周辺の郷土料理であり正月や祭りには欠かせない料理である。琵琶湖で養殖した稚アユは、全国の河川に分け、各河川では5～6月になると、アユ釣り用の成魚に成長する。

滋賀県は、京都の食文化の影響を強く受けていて、小豆の産地である丹波に近いためか和菓子の発達しているところである。東京には、京都の和菓子店が多く出店している中で、大津の「叶《かのう》匠《しょう》壽庵《じゅあん》」、近江八幡の「たねや」は、東京を中心した関東地方でも人気の店である。

知っておきたい郷土料理

だんご・まんじゅう類

①豆だんご

うるち米やもち米のくず米から作っただんご用の粉に生のエンドウマメ（方言：ぶんどう）と塩を混ぜて捏ねて、だんごの生地を作る。生地は一口大にちぎり、丸めて蒸す。蒸し上がったら、黄な粉、砂糖入り味噌で食べる。寒干しした米粉を使う場合もある。春の田畑の仕事での間食に利用する。

お手伝いさんや近江商人など、毎日出入りしている人からもらったソラマメや青エンドウと米粉で作るだんご。くず米（方言は「ゆりご」）に豆と塩を混ぜ、これに水を入れて捏ね、だんごに形つくってから蒸したものも「豆だんご」といわれている。

②べたべただんご

蒸かしたサツマイモを潰し、これをだんご用の粉（うるち米ともち米からなる米粉）と合わせ、塩を加え、少しずつ湯を加えながら練る。この生地を蒸籠《せいろ》に敷いたぬれ布巾にベタベタと広げ、透明になるまで蒸す。蒸し上がったものは、黄な粉をつけて食べる。

蒸籠の布巾にベタベタと広げるから「べたべただんご」の名がついた。秋の午前の間食に利用することが多い。

③いりこだんご

滋賀県びわ町付近では、「うるち米ともち米のくず米を合わせた粉」のことを「いりこ」といい、この粉で作るから「いりこだんご」といっている。

いりこをぬるま湯で溶いて、紅鉢という陶器のこね鉢で、だんごが作れる硬さまで捏ねる。これを一口大に丸めて蒸す。砂糖や醤油をまぶして間食や夕食の足しとして利用する。

④まゆだんご

養蚕地帯の琵琶湖の湖北で、2月最初の午《うま》の日に繭の満作を祈願して作るだんご。この地区の大切行事に作る。作り方は、もち米粉ともち米の粉に砂糖を混ぜ、紅鉢に入れ、熱湯を加えて丁寧に捏ねて、蒸す。蒸し終わってから、再び紅鉢に戻し、繭や小判の形に作る。醤油や黒砂糖を使うと「しみ繭になる」といっている。

「まゆだんご」は座敷の床に飾ってから、蒸しなおして食べる。

⑤いがもち

うるち米の粉ともち米の粉を混ぜ、これに熱湯を加えて「いがもち」の生地を作る。この生地で小豆餡を包む。前日から水に浸けておいたもち米をザルにとり乾かしておいた米粒を「いがもち」の表面につけて栗のイガに見立てる。生地は食紅で赤く染めたものと、染めない白色を用意し、紅白の餅を作る。餡を包み、米粒をつけた紅白の生地は、蒸す。

来客があるときや、特別な行事、祝い事のある日に作る。

⑥小野神社のシトギ

琵琶湖の西側を走るJR湖西線にある和邇《わに》駅には小野妹子を祀る小野神社がある。毎年11月2日に行われる神社の祭りには「シトギ」というものをつくる。この祭りは1200年以上の歴史があるといわれている。シトギは、新穀のもち米で作り、シトギ餅といわれている。祭りの前の日から水に漬けておいたもち米は、杵で搗いて粉にし、粘りがでたらのし餅のように延ばす。これを藁づとで包む。藁づとに包んだシトぎは、魔除けに家の入り口にかけることもする。食べるときは、藁づとのまま蒸す。チマキのようになる。

このシトギは神社の神饌田で収穫した米でつくり、神様に供えるのでいろいろな儀式を経て作る。

お焼き・焼きおやつ・お好み焼き・たこ焼き類

①あん巻き

小麦粉に水を加えて練った軟らかい生地を円形に広げて片面だけ焼き色

がつくまでフライパンなどで焼く。焼き上がった皮の焼き色の面を表にして、たっぷりの小豆餡を中心にして2つ折にして包む。小豆餡は、黒砂糖を入れてゆっくり煮詰めて用意しておく。盛り付ける時は、食べやすいように半分に切っておく。

麺類の特色

比叡山で修行中の親鸞が、夜になると、山の麓の坂本にそばを食べに下山したという伝説がある。その坂本には、江戸中期の天保年間（1830～44）に鶴屋喜八が創業した「鶴喜そば」あり、明治45（1912）年には、後の大正天皇が伊吹山で栽培されている山ソバに興味をもたれ、滋賀の「鶴喜そば」を召し上がってから、大晦日のそばが宮中に届けられるようになったとの説もある。このそばは「坂本そば」とも「日吉そば」ともいわれている。

めんの郷土料理

①古代そば

坂本そばを、湯葉とおろしショウガを入れたもの。坂本そばには、かけそば・ニシンそば・天ぷらそばなど、一般的メニューはあるが、湯葉とショウガ入りは特別の名がついていた。

②のっぺいうどん

宿場町の滋賀･長浜にある。「のっぺいうどん」は、長浜では「のっぺい」の名で知られている。具たくさんのうどんに、温かいあんをかけたもので、口当たりがのっぺりしているところから「のっぺい」の名がついたという。だし汁は鰹節とコンブでとったもの。

③ドジョウ入りにゅうめん

夏には、川でとったドジョウを入れた、味噌味のにゅうめんを作る。

④焼きサバそうめん

山陰地方の郷土料理の一つの焼きサバを、素麺の皿に添えたもの。焼きサバは、竹の皮にのせ、醤油、砂糖を入れた水で煮る。焼きサバの煮汁で素麺を煮て、焼きサバと一緒に盛る。

26 京都府

にしんそば

地域の特色

近畿地方の北部に位置している。かつての山城国・丹後国の全域と丹波国の一部である。日本海沿岸から南東に延びる京都府は、北部と南部に分けられる。府庁の所在する京都市は、南部に位置する。現在の京都市は、延暦13（794）年に桓武天皇が遷都して平安京と称した。以来、明治2（1869）年までは、日本の首都であった。そのためか、京都の人の気質は、個人主義のところがあり、都会人としてのプライドをもち続けている。物腰は柔らかく、言葉もやさしいが、本当に打ちとけているかどうかは、京都から離れた人には理解しにくいところがあることは、よく語られていることである。

京都府は京都市を含む山城国、丹波国、丹後国からなる。しかし、丹後国のうち篠山周辺は交通事情から兵庫に編入され、丹後の宮津と舞鶴はいずれも小さな城下町だった。北部の大半は丹後山・丹波高地などの山地で、山間に狭い福知山盆地・亀岡盆地がある。南部の京都市は京都盆地の中に位置する。日本海にせりだした丹後半島は、リアス式海岸をもつ若狭湾となっている。丹波高地南部と京都盆地は、夏に暑く冬は寒い内陸型気候である。北部は、冬には降雪が多い、日本海型の気候である。江戸時代には、政治の中枢が江戸（東京）に移動したが、以前として江戸（東京）・大坂（大阪）と並ぶ大都市として栄えている。とくに、京都市は、古い伝統を活かしつつ、現代的な新しい京都に発展させようとしている。

食の歴史と文化

京都府は盆地を除けば、ほとんどが山地である。魚介類は、若狭湾からサバ街道を経て運ばれた塩蔵品や乾燥品を利用した文化が生まれた。「サバの棒ずし」、タラと海老イモの「イモ棒」、「にしんそば」「グジ（アマダイ）の塩焼き」などが現在も高級料理なのは、新鮮な魚介類の入手が難しかった時代の名残と考えられる。
　農作物を栽培する面積が狭いので、京都だけで工夫して栽培されているのが「京野菜」である。代表的な野菜に聖護《しょうご》院ダイコン、時なしダイコン、その他などがある。
　京都の郷土料理には、「おばんざい」という日常に食べる惣菜がある。安い食材を無駄なく使いこなし、美味しく作った家庭料理である。食材同士の組み合わせやだし汁の使い方を工夫した料理である。昔は、リヤカーにのせて、各家庭を売り歩いたようである。若狭湾から運ばれた塩漬けサバは、棒ずしとしたが、余ったサバずしは、翌日焼いて食べても美味しい。生麩、湯葉も食材として利用される。
　保存食として、玄米のくず米で作った「きゃあもち」、「ブリの味噌漬け」がある。

知っておきたい郷土料理

だんご・まんじゅう類

①だんご
　必ず、挽きたての小麦粉を使って作る蒸しだんご。米の端境期に米の節約のために作るだんごである。作り方は、ご飯を炊くときに、炊き上がる寸前に、ご飯の上にぬれ布巾を敷き、その上に、どろどろとした濃度の小麦粉を流して蓋をして蒸す。蒸した後の小麦粉の生地は、鍋蓋にとり、熱いところを朝ごはんの前に食べる。食べ方は、包丁で四角または三角に切って、砂糖やみそ汁をかけて食べる。
②ねこだんご
　京都の木津川流域に開けた水田と傾斜地のある地域では、午前と午後の間食に利用したり、山へ出かけるときのお供として利用する。
　玄米のくず米の粉を水で捏ねて丸い形にしたものを、もち米のこねものの上に並べて蒸す。これを杵で搗《つ》いた後、ネコが背を丸くしたように形を作る。これを適当に切って、焼いて醤油をつけて炙《あぶ》る。醤油の香ばしさを楽しむだんごの一つ。
③茶だんご
　製茶の雇い人たちの間食に食べるだんご。小麦粉に重曹と塩を混ぜ、水

を加えて混ぜる。この時に、干したヨモギを混ぜて色と香りをよくする。

こしき（丸形の蒸し器）の中に、竹のスノコを敷き、その上にあら布を敷き、これに製茶用の蒸気用の釜を載せ、この中でだんごを蒸す。どんぶり鉢に入れ、黒砂糖を湯で溶いておいたものの中に、もう一度蒸して、温かいうちにだんごを浸して、よくなじんだものを取り出して、黄な粉をつけて食べる。

④おはらみだんご

田植えの休みの日「半夏生《はんげしょう》」（夏至から11日目。京都では「はげっしょ」という）に「おはらみだんご」を神棚に供えて「田植えした稲の根がよくはりますように」と祈る。また、田植えを手伝ってくれた人々に手間代を支払う日でもあった。

うるち米の粉を熱湯で溶いて捏ねて作っただんごの生地で小豆餡を包み、巾着《きんちゃく》のような形にして蒸す。子どもや老人のおやつとしても作る。

⑤よもぎだんご

米粉に熱湯を加えて練ってから蒸し、さらに用意しておいた磨《す》ったヨモギを混ぜ、小口にちぎり、平たく延ばし小豆餡を包んで編み笠のような形にする。雛祭りに作り、ひな壇に供える。

⑥さなぶりだんご

小麦粉の重曹と塩を混ぜて、水を加えて捏ねてだんごの生地を作る。黒砂糖で調味した小豆餡を、この生地で包んで蒸す。

このだんごは、和束《わづか》町周辺では、「あまと苗」（「余った苗」の意味）と一緒に農業の神様に供え、収穫時期までの無事を祈る。「さなぶり」は「さのぼり」ともいい、「田植えが終わった祝い」の意味といわれている。

⑦いばらもち

夏至の頃に、ちまきとともに作る「粉もち」である。

もち米の粉とうるち米の粉にぬるま湯を加えて、もちの生地を作る。適当な大きさにちぎり、小豆餡をいれて包み丸い形にし、サルトリイバラ（サンキライ）の葉を両面につけて蒸す。サルトリイバラの葉を使っていることから「いばらもち」の名がある。京都のほか滋賀県などにもある。京都の銘菓の一つとなっている。

⑧花びら餅

初釜の菓子には「花びら餅」と定められている。正式には、「菱葩餅《ひしはなびらもち》」

という。平安時代に、宮中で行われた新年の行事「歯《は》固《がた》めの儀式」に用いたものといわれている。明治時代になって裏千家十一世玄玄斎《げんげんさい》が、これを初釜に使うことを許され、爾来、初釜には欠かせない菓子となっている。花びら餅は、ゴボウと白味噌餡を餅や求《ぎゅう》肥《ひ》で包んだ菓子である。餡か皮は薄いピンク色に染められていて、華やかにみえる。この餡と皮のピンク色は濃すぎても薄すぎても趣がなく、ほどほどの淡いピンク色であることが、「花びら餅」の掟だそうである。和菓子の老舗では、この時期には「花びら餅」づくりで競い合うそうである。

⑨やつはし（八つ橋）

米粉に熱湯を加え練ってから蒸し、さらに肉桂粉、砂糖、芥子を加えて混ぜて、薄く延ばしたものを、長方形に切って鉄板でやいき、琴の形に反り返した干菓子が主体であった。現在は、焼かない生の生地を四角に切り、餡を包んだ「生八つ橋」も目立つようになった。「生八つ橋」には、液体の肉桂を入れる。

干菓子は、パリパリした歯ざわりと、口の中に広がる肉桂の香りを味わう。近世琴曲の創始者である八つ橋検校は、寛永16（1639）年に京都に住み着き、姓を八つ橋と改めた。江戸時代の前期の元禄2年（1689）に、聖護院八つ橋本店が、八つ橋検校の徳を忍び、琴の形の干菓子を作った。

⑩ぼたもち

京都府の丹後地方の村では、彼岸のぼたもちは砂糖と塩味の両方の味のものを作る。塩味のぼた餅は、1週間の日持ちがする。

⑪洛北

京都の竹濱義春老《たけはまよしはるろう》舗《ほ》が作る「小麦粉と卵と砂糖でつくられる粗めの生地に」、黒糖風味の黒飴とあっさりした白飴の2種類がある。見た目はごつごつしているが、食べると深い味わいがある。

お焼き・焼きおやつ・お好み焼き・たこ焼き類

①そばのきゃあもち

そば粉にぬるま湯を少しずつ入れながら練り上げる。練り上げた生地は、手で丸く平たく作り、蒸す。蒸したものは搗き、その生地で小豆餡を入れて包む。出来上がった「きゃあもち」は、フライパンなどでこんがりと焼いて食べる。

②米カステラ

京都の「仙太郎」の有名な和菓子。仙太郎は「身土不二」(「しんどふじ」または「しんどふに」) を目指して和菓子づくりをしている。仙太郎の菓子は「からだにやさしい菓子」の代名詞といわれるほど、材料は産地も指定し、品質も吟味しや甘さを工夫している。小豆は丹波に専用の畑をもっている。東京のデパートに出店している仙太郎は、甘みは、常に糖度計で調べている。仙太郎の「米カステラ」は米粉を原料とし、砂糖には徳島産の和三盆糖蜜を使用し、普通のカステラよりも食感もよく、味も素朴であるのが人気である。和菓子専門店が生みだしたカステラでカステラに米粉をはじめて使ったのが仙太郎である。

めんの郷土料理

①にしんそば

江戸時代に、北海道の魚介類を積んだ北前船が日本海を経由して大阪(大坂) へ運ぶ途中で若狭に降ろした乾燥ニシン (身欠きニシン) や乾燥コンブは京都へ運ばれ、京都の「にしんそば」が作られるようになった。現在は京都の名物となっている。ルーツは北海道の江差にあると伝えられている。明治15 (1882) 年頃に、京都の松葉の2代目松野与三郎が考案したとの説がある。

②かけそば

京都の山間部では、つくねいもをそば粉に混ぜて、そばを打つ地域もある。つくねいもがつなぎとなっている。生そばは茹でてから冷水に移し、洗いながら冷やしてザルにあげる。

そばつゆのだしは煮干しでとり、醤油、砂糖で調味してそばつゆを作る。皿に盛ったそばに、そばつゆをかけて食べる。薬味に食べやすい大きさのミョウガをのせるのが特徴でもある。

27 大阪府

お好み焼き

地域の特色

近畿地方の中部に位置する。かつての摂津国の東半分と和泉・河内の2つの国である。府の所在地の大阪市は、大阪の中部にあり、大阪湾に臨む市である。現在の大阪市の中心地の難波は、瀬戸内海から大和地方に入る水陸交通の要地であった。明応5（1496）年に、蓮如が石山本願寺を建立し、天正11（1583）年にはその後に、豊臣秀吉が大坂城を築き、それ以来政治・経済の中心として発達した。

北部に剣尾山《けんびさん》、東部に生駒山・金剛山、南部に和泉山脈などが連なり、三方が山々に囲まれている。中央部の大阪平野を流れる淀川・大和川は大阪湾に注いでいる。淀川の水源は滋賀県の琵琶湖である。一方大和川は、奈良県北部の笠置山地に発し、西へ流れて大阪湾に注いでいる。気温は瀬戸内海の影響を受けて、温暖で降水量が少ない。昔は、干害に備えて溜池が掘られた。江戸に政治の中心が移った後も、「商人の街」「天下の台所」として物流の中心地となっていた。

食の歴史と文化

大阪は商人の街として栄えて行くと、近郊が農業として発達し、大阪市街は一大消費地となった。食い倒れの街といわれるように、海の幸・野山の幸が集まり、関西料理が発展した。現在、東京で有名な「吉兆」や「なだ万」は、大阪が発祥の地である。大阪は高級な和食の店があると同時に庶民的な料理も発達したところである。焼肉、しゃぶしゃぶ、うどんすき、お好み焼き、たこ焼き、ホルモン料理なども発達している。大阪の食文化といえば「こなもの文化」の名に代表されるように、お好み焼きやたこ焼き、うどんに関しては蘊蓄《うんちく》を語る人が多いとのことである。

大阪は「なにわの伝統野菜」の育成と普及を目指している。江戸時代から栽培している「大阪シロナ」は、お浸し、煮物、和え物に利用され、泉州タマネギは明治時代にアメリカから輸入したものである。泉州ナスの糠漬けは、関東でも市販されるようになった。天王寺カブ、金時ニンジン、毛《け》馬《ま》キュウリ、服部シロウリなども「なにわの伝統野菜」として栽培されている。

バッテラ（サバの棒ずし）、箱ずし、ハモ料理やハモの加工品（蒲鉾など）は、関東ではめったにみられない料理や食品である。

かつての商家の丁稚などの食事として供された料理にサバとダイコンを使った「船場汁」「船場煮」がある。食い倒れの街の大阪は、食材は贅沢で、ふぐ料理（刺身、鍋料理など）が安価で食べられるという魅力のある街である。

大阪のこなものの一つの麺類はうどんである。大阪のうどんの特徴は、もっちりした心地よい歯応えにあり、麺つゆは昆布ダシの利いたやや甘めである。商人の街・大阪では手軽で安価な食べ物として喜ばれたのが「きつねうどん」である。

知っておきたい郷土料理

だんご・まんじゅう類

①ころころだんご

「ころころだんご」は、春、秋の彼岸に仏壇に供える。洗った米をザルにあげて陰干しにしてから米粉にし、このだんごの材料とする。米粉は、熱い湯で捏ねてから蒸す。蒸したものは、すり鉢ですり、ゆるめに丸め、重ねて仏壇に供える。供えた後は、炭火で焼き、醤油で付け焼きし、砂糖をまぶして食べる。行事に合わせて、ヨモギだんご、ひなもち、柏餅、餡をまぶしたあえもちなどにする。

②かただんご

淀川の土手で摘んだヨモギを入れた彼岸だんごである。ヨモギは、熱湯で色よく軟らかく茹でてから、冷水で晒してすり鉢で潰して調製する。米粉に熱湯を加え、ヨモギを混ぜて、よく蒸してから搗いて、丸めてだんごにする。模様を切り込んだ木型に入れて、模様をつける。内側には餡を入れておく。四季を通して、行事に作るだんごには、かただんご、ちまき、月見だんごなどがある。

③はらみだんご

稲穂がよく膨らみ（「はらみ」）、たくさんとれるようにとの願いをこめて、田植えが終わった休みの日（半夏生）に作り、神棚に供える。

小麦粉に重曹と卵を混ぜ、水を加えて練り合わせ、だんごの生地を作る。この生地を円くし、ソラマメ（大阪では「おたや豆」）のこし餡を挟んで両端を合わせ柏餅のように包んで蒸す。

お焼き・焼きおやつ・お好み焼き・たこ焼き類

①お好み焼き

お好み焼きは、江戸で発生し、東京で育てられたものであるが、現在では、大阪のお好み焼きが有名になった。その理由は、お好み焼きの庶民性が大阪の人々に取り入れられたと伝えられている。さらに、大阪の人々の好みにあったソースが開発されたことと、カウンターで気楽な雰囲気で食べられることも、大阪がお好み焼きの本場といわれるほど人気となった要因といえる。

大阪のお好み焼きは、イカ天、牛天、天ぷらの揚げダマ、焼きソバなどのほか、魚介類、キャベツ、タマネギ、ネギなどいろいろな食材が具となっている。

お好み焼きのルーツは、安土桃山時代に、千利休が茶懐石に用意した「麩の焼き」にあると伝えられている。鎌倉時代に利用された「巻餅《けんぴん》焼き」がルーツであるという説もある。

②たこ焼き

明治時代の中頃に明石にあった「明石焼き」をヒントに、第二次世界大戦後、大阪に出現したといわれている。ゴルフボールほどの大きさの窪みのある鉄製のたこ焼き器に、小麦粉、卵黄を混ぜた濃度の薄い生地を流して焼く。出来上がりはゴルフボールのように球状で、中心に茹でたタコの脚のぶつぎりが入っている。

③洋食焼き

小麦粉に水を加えて、どろどろに溶き、これに卵、せん切りキャベツを混ぜる。フライパンに油をしいて、生地を広げて焼く、途中で青海苔、花カツオ、干しえびなどをのせる。

④どら焼き

小麦粉に塩を加え、水を加えてどろどろに溶く。油をひいた卵焼き器に流して、両面をこがさないように焼く。この薄く焼いた皮で小豆餡をくるくると巻いたもの。

⑤ねぎ焼き

大阪のお好み焼きの一種。お好み焼きのキャベツの代わりに長ネギをたっぷり入れ、カツオ節（削り節）を振りかけたものである。さっぱりした味が人気のお好み焼き。ネギをたくさん使うのは大阪の食文化の一つの特徴といわれている。

⑥とんぺい焼き

大阪のお好み焼きの一種。豚肉、卵が主体で、小麦粉の濃度を薄く溶き、卵、豚肉を具にしたお好み焼き。

⑦ちょぼやき

かつて大阪で流行した手軽なおやつの一種。たこ焼きのルーツともいわれている。「ちょぼ」は「点」の意味があり、小さなくぼみをつけた鉄板または銅板に、水で溶いた小麦粉のちょぼ生地をちょぼっと流し入れ、コンニャク、ネギ、紅ショウガ、エンドウマメ、カツオ節を入れ、醤油をたらして焼いたもの。鉄板には、現在のたこ焼き器のように、多数の窪みがあった。

麺類の特色

大阪の人々はうどんを好んで食べるので、うどんは大阪の食文化の重要な位置にある。老舗といわれるうどん店は、もともと大阪以外のうどんの名産地と関係がある。これら老舗は、うどんの名産地の伊勢に通じる伊勢街道で営業していた店であったり、能勢を経て丹波篠山へ通じる能勢街道、西国霊場二十三番の札所に通じる巡礼街道で営業していた店であったり、あるいは京都とへ通じる街道で営業していた店が多い。これらの街道は、人通りが多かったので、うどん店も繁盛した。大阪でうどんが、一般に普及したのは江戸時代中期になってからである。大阪（江戸時代は「大坂」と書かれた）は、昔から商取引の場で、毎日のように市がたっていた。そこで、小麦、塩、コンブ、新鮮な食材を取引していたことが、大阪のうどん文化を発展させたといえる。大阪のうどんは、基本的には四国の讃岐うどんと違うところがなく、大阪のうどんの特徴は、麺の太さとやわらかい食感である。

めんの郷土料理

①きつねうどん

大阪の代表的うどん。明治26年創業の老舗もある。「すうどん」に油揚げをのせた「きつねうどん」を考案したのが、大阪・南船場の「うつみ亭」の初代・宇佐美要太郎氏であると伝えられている。元祖・きつねうどんの店として繁盛している。

②うどんすき

創業200年の歴史をもつ「美々卯」の名物料理。考案者は先代の薩摩平太郎氏。商標登録されているので、この店しか使えない。だしは宗田節と利尻コンブでとっている。具は太打ち麺のほかに、魚介類や季節の野菜など15種類で、煮込んでいるときにだし汁が濁らないように工夫されている。専門の鍋にだし汁を入れて熱し、これに具材を入れて煮込んで食べ、最後にうどんを煮て食べる。うどんすきは、昭和3～4（1928～29）年頃に、美々卯の初代が、「うおすき」の残りにうどんを入れて食べたことに、始まったといわれている。石臼で製粉した自家製のそば粉を使ったそばもあるが、うどんが引き立って目立たない。

③肉うどん

甘辛く煮た肉を、かけうどんにのせたもの。

④ざるうどん

細うどんを茹でて冷やしてザルに盛ったもの。めんつゆは、コンブと鰹節でとっただしを使っている。

⑤ドジョウにゅうめん

秋に、田圃の溝で漁獲したドジョウを、2、3日泥をはかせてから使う。ささがきゴボウ、ズイキを入れたみそ汁に生きたドジョウを入れて煮る。煮上がったら、茹でた素麺を入れてひと煮立ちさせる。

⑥かちんどん

「かちん」とは、搗飯（かちいい）のことをさす。餅入りうどんのことで、関東では「力うどん」のこと。コンブ・カツオ節のだし汁に、揚げた餅をのせ、味醂で溶いた掻き卵仕立てにする。

28 兵庫県

明石焼き

地域の特色

近畿地方の北部に位置し、かつての播磨・但馬・淡路の3つの国と攝津と丹波の一部に当たる。北は日本海に面し、中央部は中国山地、南部は瀬戸内海に面する播磨平野があり、それぞれの気候は全く共通性がない。淡路島は、播磨灘と大阪湾に面する地域に分けられる。県庁の所在地の神戸市は、兵庫県の西部に当たり、古くから瀬戸内海航路の要港であった。兵庫は神戸の旧名である。奈良時代頃から賑やかな港だったが、幕末に開港の場のひとつとして発展した。同じ開港の地でも横浜はアメリカ文化の匂いがあるのに対して、神戸はヨーロッパ文化を感じる街であった。

北部は山がちで、日本海沿岸まで山が接近し、冬は寒く、降雪の多い日本海式の気候である。南部は、東を六甲山地と西を播磨平野が占め、瀬戸内海に面していて、降水量は少なく、冬は瀬戸内海の影響で暖かい。沖合には淡路島がある。中央部は、山間地で、夏は暑く、冬は寒い内陸型の気候である。江戸時代には瀬戸内海では干拓して農地や塩田として利用した。

食の歴史と文化

江戸時代には地場産業として伊丹・池田（のちの灘）の酒造業、赤穂の製塩業、龍野の醤油・手延べ素麺が栄えていた。

龍野地区は揖保川とその流域の平野で栽培される小麦を利用した淡口《うすくち》醤油、素麺を作るのに適していて、現在でも続き栄えている。灘は江戸時代から酒造業が盛んなのは、酒米の「山田錦」の栽培に適していることと、気候や水質が酒造りに適していることから発展したといえる。

漁業については、日本海側ズワイガニ、スルメイカ、ホタルイカ、カレイのほか深海魚のノロゲンゲが漁獲され、瀬戸内海ではマダイ、イカナゴ、スズキ、アナゴ、ハモなどが漁獲される。

兵庫県の代表的伝統料理には明石焼き、アナゴ料理（アナゴの蒲焼き）、荒湯豆腐、播州素麺、ぼたん鍋、サワラの味噌漬けなどがある。

「明石焼き」は「明石玉子焼き」といい、たこ焼きである。薄く溶いた小麦粉の生地に卵を入れて、中心にタコ片を入れて焼く。大阪のたこ焼きのように硬くなく、熱いうちにふわふわのたこ焼きを鰹節と昆布のだし汁に浸して食べるもので、大阪のたこ焼きが男性的な食感なら、明石のたこ焼きは女性的な食感であるといえよう。播州素麺は「揖保の糸」の名で知られている素麺である。龍野でとれる小麦と近くを流れる揖保川の水を利用した手延べ素麺で、江戸時代の中期の文化年間（1804～18）に始めている。

知っておきたい郷土料理

だんご・まんじゅう類

①たかきびだんご

城崎郡地域では、ハレの日にはもち米の粉のだんごを作るが、食べたいときには、だんごをモロコシ（タカキビ）の粉で作る。モロコシも寒ざらしにしてから粉にすると虫がつきにくくなる。

たかきびだんごは、米粉のだんごの粉とタカキビの粉を混ぜ、捏ねて、丸めて作る。これをみそ汁やぜんざいに入れて食べる。

②よもぎだんご

篠山では、春になってヨモギが芽を出し始めると、芽を摘み、茹でて、晒して絞り、乾燥させる。原料の粉は、寒ざらししたくず米の粉でだんごの生地を作る。だんごが蒸し上がる前にヨモギを入れる。だんごの生地は丸太ん棒で形を整え、輪切りにし焼いて食べるか、熱いうちにちぎって餡を入れることもある。お雛様にはヨモギだんご、白だんご、キビ入りだんごの三色として、菱形に切って、菱餅にする。

③かしわもち

うるち米の粉を湯で捏ねて蒸し、臼で搗き、だんごの生地を作る。一口大にちぎった生地で小豆餡を入れて柏餅の形に包み、柏の葉を当てて蒸す。草餅用に用意したヨモギを入れて搗き、草餅のような生地にするものもある。端午の節句に作り供える。篠山《ささやま》町ではかしわもちを作るときの米粉は湯を加えて蒸したものを、のばすときに各農家で各自工夫した小道具を使うのがこの町のならわしであった。

④やくもち

ミョウガの葉が大きくなる季節に、ミョウガの葉で包んで作る餅で、間食に利用する。小麦を皮ごと挽いた赤い粉を使うのが特徴である。この赤い小麦粉に塩を入れ、水を加えて餅の生地を作る。生地で小豆餡やエンドウマメの餡を入れて包み、さらにミョウガの葉で包んで蒸す。

⑤瓦せんべい

神戸市の小麦粉せんべい。瓦せんべいの発祥は、神戸市亀井堂総本店といわれている。明治6（1873）年に、これまで神戸元町の松花堂本店に奉公していた松井佐助が、独立して亀井堂総本店を開店して瓦せんべいを焼いたのが、瓦せんべいの由来と伝えられている。現在、名物の瓦せんべいは東京・神奈川・香川にもある。東京の亀井堂は、神戸の亀井堂の流れであり、「葵の紋」の焼き目があり、高松の瓦せんべいは松平藩の玉藻城の瓦形を模している。

瓦せんべいは、小麦粉に砂糖・卵・蜂蜜・重曹を混ぜ合わせ、水を加えて練った生地を鉄板の上で押し焼きしたものである。焼きたての温かいうちは軟らかいが、冷える小麦粉の中で飴状に砂糖が固まるので、パリッとした食感となる。

⑥炭酸せんべい

宝塚から有馬一帯に沸きでる炭酸水には、沢山の重曹が含まれている。小麦粉・でん粉・砂糖をこの湧き水で練ると、湧き水の中の重曹が膨張剤となる。この生地を薄焼きしたせんべい風に仕上げたものである。この重曹はアルカリ性なので、生地の小麦粉のフラボノイドが発色して黄色になるのもこのせんべの特徴である。丸く大形でサクサクした食感である。

⑦かしわもち

兵庫県下の柏餅は、餡を包んだ蒸した餅は、サルトリイバラで包む。兵庫県では、柏餅を「バタコ」といっている。柏の葉の代わりにサルトリイバラのほか、クマザサや楢の葉も使う。

お焼き・焼きおやつ・お好み焼き・たこ焼き類

①明石焼き

明石の玉子焼きともいわれている。薄い濃度に溶いた小麦粉の生地に、明石産の明石ダコ・卵黄を入れて、やわらかい食感のだしまき風に焼き、熱いうちにカツオ・コンブのだし汁をつけて食べる。皮のふわふわした食感とタコの歯応えが魅力ある美味しさになっている。

江戸時代中期の天保年間（1830～44）に、江戸の鼈甲《べっこう》細工師の江戸屋岩吉が、金比羅参りの帰りに明石に立ち寄り、卵白の粘着力を利用して、つげの木から明石珠《だま》を作り評判となったという。明石の住人の向井氏が、明石珠を作るときに余った卵黄にコンニャクを入れて、明石の卵焼きを作り出したのが、明石焼きのルーツであると伝えられている。

生地には溶き卵の入った薄い生地で、出来上がりがソフトで、だし汁をつけて食べる。明治時代の中頃に創作されたらしい。

②肉天

賽の目に切った牛肉の筋肉やコンニャク、ジャガイモなどを砂糖と醤油で煮ておく。水で薄い濃度に溶いた小麦粉を鉄板に流し、その上に煮た具をのせ、削り節や青ネギを散し、さらにその上に小麦粉の生地を流して、両面を焼く、お好み焼きのようなもの。

麺類の特色

兵庫県の播州の手延べ素麺は「揖保の糸」の商品名で知られている。この平野では揖保川の水に恵まれ、小麦の生産が多い。この小麦を利用し、龍野を中心に播州素麺や淡口醤油が作られている。播州地区では江戸時代中期の文化年間（1802～18）の頃、冬の農作業の副業として素麺づくりが始められた。

但馬の静かな城下町出石《いずし》には「出石・手打ち皿そば」がある。城下町ブームで町内には「皿そば」の店が乱立している。出石でそばが作られるようになったのは、宝永3（1706）年に信州の上田から国替えになって出石に移った仙石氏がそば職人を連れてきたことが始まりと伝えられている。信州のそばが出石に伝わってから300年以上がたち、出石に根付いている。出石の土と水に馴染み、黒くやや太めの麺であり、淡白で素朴な味が特徴。昭和の中頃までは、冬の4カ月のみの営業で、春から秋にかけては、そば粉の保存性から品質が劣化するので、食べられなかった。

めんの郷土料理

①播州素麺

播州で生産している良質の小麦、赤穂の塩、揖保川の水が、喉越しのよい素麺を作り上げている。

②にゅうめん

冬は温かいにゅうめんを食べる。ダイコン、ネギ、サトイモ、水菜などの野菜、川魚などの具を入れたみそ汁に、茹でた温かいそうめんを加える。

③鯛めん

祝いごとや祭りには、鱗と内臓を除いた鯛を丸ごと大鍋で煮て、皿に盛る。煮汁は酒、醤油、砂糖などで調味する。鯛の煮汁でそうめんを煮て、鯛の回りに盛る。

④年越しそば

年越しそばは、除夜の鐘を聞きながら、油揚げ、豆腐、ゴボウ、キノコの入ったそば汁に入れて食べる。

⑤なさそば（奈佐そば）

但馬地方の出石・奈佐・床瀬地方のそばで、つなぎにヤマイモを入れる手打ちそば。

⑥皿そば

豊岡市の出石のそばで、中くらいの大きさの平皿に盛られて提供される。そばちょこに卵や山芋にネギなどの薬味を加え、そばつゆと一緒に食べるのが、出石の皿そばの食べ方といわれている。1回で20枚も食べる男性もいる。一皿が普通の店のもりそばの半分程度の量である。黒いそばを濃厚なそばつゆで食べるのがよい。

⑦ばち汁

バチのみそ汁ともいわれている。バチとは三角形の三味線のバチの形に似ているそうめんの生地を、みそ汁の具にすることから、ばち汁という。すなわち、そうめんのめん線を作った後に残る三角形の生地をみそ汁の具にする。

29 奈良県

三輪素麺

地域の特色

近畿地方の中部に位置する内陸県である。かつての大和国全域である。3世紀に成立したヤマト王権の時代は、和銅3（710）年に平城京が置かれ、延暦3（784）年の長岡京（現在の京都府向日《むこう》市）に遷都されるまでの75年間、日本の政治の中心地として栄えた。とくに、東大寺、興福寺、春日大社の門前町として発達した。長岡京は784年から10年間の古い都で、延暦13（794）年に平安京（現在の京都市街）に遷都した。

県の中央を流れる吉野川を境に、県域は北部の低地と南部の山岳地に分けられる。北部の大和川流域には奈良盆地が広がり、平城山《ならやま》丘陵《きゅうりょう》と笠置・生駒・金剛などの山地に囲まれている。南部の山岳地は、紀伊山地の中央に当たり、県の面積の6割を占めている。そこから吉野川・北山川・十津《とつ》川などが流れ出し、やがて吉野川と合流する。奈良盆地の気温は温暖だが気温差の大きい地域である。

食の歴史と文化

県域の8割が林野で、林業の比重は大きい。農業の可能な耕作地は6%と少ないので、栽培されている農作物は、野菜や果実が多い。果実では柿（刀根早生《とねわせ》・平核無《ひらたねなし》・富有《ふゆう》などの品種）の生産量は多い。産地の御所《ごせ》市でつくる御所柿は「吊るし柿」に加工される。梅（鶯宿《おうしゅく》・白加賀《しらかが》・南高《なんこう》）も栽培されている。奈良東方の丘陵地では茶が栽培され、古くから「大和茶」として知られている。林野が多いので、シイタケ・ナメコ・エリンギ・ブナシメジなどのキノコの栽培が盛んである。

奈良県は、古い歴史をもつ土地であるから、伝統野菜や伝統食も多い。天理市周辺で、明治時代から栽培している「大和スイカ」は、広く知られている。漬菜の一種の「大和マナ」はお浸し、煮物、漬物に利用されている。

奈良の代表的郷土料理に「茶粥」「茶飯」がある。起源は、伝統ある奈良らしく東大寺に起源を発し、特産の大和茶で炊いた粥であり飯である。木綿の茶袋に煎じた粉茶を入れて煮出した液を使って作る。

奈良の代表的こなものの「三輪素麺」は、奈良県三輪地方で作る手延べ素麺である。質のよい小麦、塩が入手しやすく、水車による石臼製粉が可能で、三輪山の湧き水を利用した素麺である。

奈良では、保存食として押しずしや馴れずしを作る。柿の葉ずし、釣瓶ずし（弥助ずし、アユずし、吉野ずしともいう）がある。柿の葉ずしは酢に漬けたサバを、硬めに炊いたご飯の握りの上にのせ、柿の葉を巻いたもの。釣瓶ずしは塩で締めたアユをのせて布巾で巻いた押しずしである。

知っておきたい郷土料理

だんご・まんじゅう・せんべい類

①しんこ

祝い事や仏事に作る米粉のだんご。うるち米の粉ともち米の粉を水で練って、瓦製の蒸し器の「こしき」で蒸す。蒸し上がったものは、浅い桶のような木の箱に移して、手のひらで搗き、だんごの硬さにする。できた生地は、軽く握れるほどの大きさにちぎり、鉄の「ねじり型」に入れて形をつけて、再び「こしき」で蒸す。砂糖をつけて食べる。行事があると、ちまき、しんこ、みたらしだんごを作る。

②小麦もち

小麦のひき粉を水で練って、だんごに作り、クズの葉に包んで蒸し、冷めてから栗の葉とカヤを合わせて包む。虫よけのまじないとして田畑に供える小麦もちは小豆餡を入れないが、子どもや家族が食べるものは、小豆餡を包みこむ。

7月の二番丑の日、すなわち「虫送りの日」に作り、田畑に供える。子どもたちはこのお供えをもらう。

また、小麦ともち米を混ぜ合わせ、蒸し上げてから臼で搗いて餅状にし、砂糖を入れた豆粉をまぶしたもので、7月3日の半夏生《はんげしょう》の日に食べるものも小麦もちといわれている。

③お城の口餅

奈良県郡山市の名物のウグイス餅。安土桃山時代の天正13（1585）年に、国替えのために、豊臣秀長が大和郡山の城主となったときに、秀吉を招いて茶会を開いた。この時に、秀長は、菊屋治兵衛に命じて、菊屋の創業から作っていた小豆の粒餡を薄い餅で包んだ「鶯餅」に、黄な粉をまぶしてもてなしたと伝えられている。菊屋は、桃山時代の天正年間（1573～92）創業の老舗で、今でも郡山城の入り口にあることから、「お城の口餅」の名がある。

④奈良まんじゅう

南北朝時代に禅僧の林浄因《りんじょういん》が中国から渡来したときに、お茶と一緒に食べる菓子として饅頭を考えたと伝えられる。後に、林浄因が塩瀬系の薬饅頭を考案し、奈良饅頭と呼ばれるようになった。林浄因が饅頭の神様として祀られる林神社があり、毎年4月19日には饅頭祭が行われる。この地方の小麦粉は饅頭に適した中力粉で、ふっくらとした饅頭ができる。奈良で復活した奈良まんじゅうには、「林」の印が押されてある。

⑤わらび餅

各地の山野に生育している常緑性のシダ植物の根茎から調製するワラビ粉はでん粉である。このワラビ粉を練って蒸すと独特の餅になり、黄な粉をまぶしたもの。奈良地方のワラビ餅は、特有の趣がある。

⑥ふとまんじゅう（餢飳饅頭）

平安時代に中国から伝わった唐菓子の中に、米粉を練り成形した餅のようなものをごま油で揚げた菓子に環餅・捻頭《むぎがた》・餢飳《ふと》があり、現在でも春日大社の神饌として供えられる菓子である。米粉を練って小豆餡を包んで、ごま油であげたものである。

⑦小種《こだね》

麩焼き煎餅で、阿波の和三盆糖の蜜を塗って仕上げたもの。香ばしい煎餅で、焼き印は鹿、椿、梅、わらびなど季節の柄がある。奈良町元興寺近所の樫舎の銘菓。

お焼き・焼きおやつ・お好み焼き・たこ焼き類

①けんぺやき（けんぺ焼き）

三輪山の麓の郷土料理。そうめんの切りくず、ふし（竿かけしたところ）を、水に入れて溶かした軟らかい小麦粉を、フライパンに流して焼いたもので、練り味噌をつけて、熱いうちに食べる。

麺類の特色 奈良の中でも大和朝廷の発祥の地といわれている三輪地方は、三輪山に囲まれ、古くからそうめんの里として知られている。奈良時代の宝亀年間（770～81）に、三輪の神主によってそうめん作りが始められ、神棚に供えたという言い伝えもある。三輪素麺作りが盛んになったのは、16世紀末の安土桃山時代の頃といわれている。三輪の湧き水がよく、素麺作りに必要な植物油（ごま油、菜種油、綿実油）が手に入りやすかったといわれている。

めんの郷土料理

①山菜入りそうめん

三輪素麺は独特の食感と茹で伸びしないので知られている。近くにある長岳寺では、江戸前期の寛永7（1630）年建立の重要文化財の庫裏で、山菜入りのそうめんが食べられる。

②そうめん

奈良県磯城郡の農家では、夏は冷たい素麺、冬には温かいにゅうめんを食べていた。みそ汁に入れて食べることもある。

③そうめん汁

手延べそうめんを作るときに、竿がけしたところの麺線は、ひもかわ状の平たい形状になり、フシとなっている。味噌汁の具にしたり、フシをから揚げし、黄な粉をまぶして食べる。さまざまに利用できる。

30 和歌山県

黄そば

地域の特色

近畿地方の南西部に位置する県で、紀伊山地の大部分を占める。かつての紀伊国の大部分である。西側は紀伊水道、南側は太平洋に面し、日《ひ》ノ《の》御埼《みさき》以北はリアス式海岸を形成している。北部には和泉山脈、北西部には和歌山平野がある。三重県との境に熊野川が流れている。県庁の所在地の和歌山市は、和歌山県の北西部の紀ノ川下流に位置する。江戸時代には、紀州徳川氏55万石の城下町として栄えた。また、治水工事や灌漑工事を行い、河川を真っ直ぐにしたり、堤防を築くなどを行った。吉野杉の集散地である。太平洋に面している潮岬は、本州南端に位置する。気候は、沖合を流れる黒潮の影響により温暖である。紀北は降水量が少なく、紀南は降水量が多い。

食の歴史と文化

和歌山は気候温暖だが、平地が少ないので耕作面積は少ないため、斜面を利用した果物（ミカンや梅）の栽培が行われた。ミカンでは有田ミカン、梅では南高梅《なんこううめ》がよく知られた品種である。最近は、柿、モモ、キウイフルーツなどの栽培が盛んになっている。

紀伊水道と太平洋に面する沿岸域は、古くから漁業が盛んで、カツオ、マグロなどのほか、タチウオ、ハモ、ウツボ、イセエビなどが水揚げされる漁業基地として知られている。カツオ漁の盛んなこの地域では、漁師が工夫した「てこねずし」が郷土料理となっている。

みなべ町原産の「紀州うすい」というエンドウマメの仲間は、その実をかき揚げ、卵とじ、豆ご飯にする。

和歌山県の郷土料理には、古くからサバ・アジ・サンマなどの馴れずしや、高菜の古漬けで巻いた握り飯風の「めばりずし」があった。魚の馴れずしは食事のときに食べる習慣があった。めばりずしは木こりや漁師の弁当として用意されたものであった。高野山では、鎌倉時代中期から凍り豆腐の「高野豆腐」を作り始めたといわれている。江戸時代に入ってから高野山の宿坊の食事の食材に利用した。高野山のクズを使ったゴマ豆腐も名物になっている。豆腐の原料である大豆の栽培の難しいところから、自然に生育しているクズのデンプンを利用したものと思われる。

知っておきたい郷土料理

だんご・まんじゅう類

①まんじゅう

和歌山市内の総本家駿河屋は、室町時代の中期頃から営業している和菓子の専門店。最初は、京都・伏見で「鶴屋」という屋号で饅頭処を開いていた。徳川頼宣公がお国替えで、紀州に移ったときに、鶴屋は駿河屋に屋号を改めて和歌山に店を開いた。和歌山では練り羊羹から始めた。現在は羊羹のほか、どらやき、焼き菓子、饅頭など各種の和菓子を製造・販売している。

②うすかわ饅頭

明治26（1893）年に、串本に生まれた「儀平」という職人が作り出した饅頭である。福島県の柏屋の薄皮饅頭とは違い、ごつごつした独特の形状の薄皮の饅頭で、白い皮のところどころから小豆餡が薄い皮を通して見える。別名は「橋杭岩うすかわまんじゅう」。紀州の山のところどころに見えるごつごつした橋杭岩に似ているから、この名がつけられている。

③きびのいびつもち

皮を取り除いたタカキビ（モロコシ）を、寒の水に晒して渋を取り除き、日に干して乾燥させてから、石臼で粉に挽く。もろこしの粉5合と米粉5合を混ぜて、水を加えて練り、耳たぶの軟らかさの生地に調整する。適量の生地を手のひらに広げ、先に炊いておいた小豆餡を包む。これをサルトリイバラの葉で包んで、蒸籠で蒸す。端午の節句には、きびのいびつもちを、粽《ちまき》と同じようにたくさん作る。初節句の家にもって行く。

④ほしだんご

ほしご（サツマイモの切り干ししたもの）の粉と小麦粉を混ぜた粉で作る蒸しパンで、おやつに利用することが多い。サツマイモの切り干しの粉に小麦粉を1～2割混ぜ、平たいだんごに作り、蒸籠で蒸す。黒砂糖のように黒くなる。温かいうちに食べたほうが軟らかく、冷めると硬くなる。

⑤老松煎餅

和歌山市の小麦粉せんべい。小麦粉に、砂糖を混ぜて焼いたせんべい。シナモンや砂糖が塗ってある。安土桃山時代の天正13年（1585）に、羽柴秀長が和歌山に赴任するときに作らせたと伝えられている。

⑥釣鐘饅頭

御坊市の銘菓。道成寺の釣鐘に因むカステラ饅頭。カステラ皮で白餡を包み、鐘の形に象った菓子。道成寺は、大宝年間（701～4）に、文武天皇が天台宗の勅願寺として紀州に創建した。

お焼き・焼きおやつ・お好み焼き・たこ焼き類

①いりぼら焼き

米粉でだんごを作って焼き、おやつや間食に利用する。大きな鉢に米粉を茶碗3杯と黒砂糖を軽く一掴み入れ、ぼたぼた落ちるぐらいの軟らかさに練る。いりばら（鉄製のほうろく）をかまどにかけて、火をつけて熱くなったら、練った米粉を全部入れて、平たくのばして焼く。大体、直径約30cm、厚さ1～2cm ほど。ブツブツ孔が開いたら、包丁でひっくり返し、もう一面を焼く。焼き上がったらまな板に移して、食べやすいように三角形や四角形に切る。

②ハッタイ・コズキ

和歌山県や奈良県では、麦刈りをし、田植えをすませてからその年にとれた新麦でコガシの「ハッタイ」を作り神様に供える習慣があった。また、正月二十日は「ハッタイ正月」といい、必ずハッタイを食べた。

ハッタイは「香煎《こうせん》」という粉の食べ方の一つで原料は地域により違いがある。例えば、山形県や石川県はオオムギ、岡山県ではコムギ・ハダカムギでつくり「イリコ」とよんでいた。穀物をこがしてから粉にした「コガシ」の材料は、岐阜県内では麦で作るところ、コメで作るところ、ヒエや栗で作るところがあった。これらコガシは湯で練ってから食べた。茨城県のコガシは小麦粉を煎ったものであった。

オオムギ・ハダカムギ・ヒエ・クリ・豆・トウキビを粉にし、これを煎って、それに砂糖を加えて練ったものの呼び名は地域によって違いがあった。山口県では「コガリ」、福島県では「コーセン」、長崎県では「コーバン」、滋賀県では「ハッタイ」「カミコ」、富山県・高知県では「コンコ」などとよばれていた。

めんの郷土料理

和歌山県のうどんや日本そば関係の郷土料理はあまりないようだが、ラーメンについては、こだわりをもつ店があるようである。

①きぃそば（黄そば）

「黄そば（きぃそば）」は主として、近畿地方における中華麺の呼び方の一つ。この麺を用いた和風麺料理でもある。

「和風だし汁」（うどんだし、そばだしを含む）に中華麺を湯がいて合わせた麺料理である。近畿地方の各地にチェーン店のように展開されているが、古くから存在している店舗が多い。

②和歌山ラーメン

和歌山県北部で専門店や大衆食堂で提供されるご当地ラーメンである。昭和8（1933）年頃から広まっていたが、全国的に「和歌山ラーメン」として認められたのは、1990年である。スープは、日本の醤油の発祥地である湯浅があるために醤油味で、だしには豚骨、鶏がら、魚介類を使う（豚骨味の醤油ラーメンとでもいえる）。

31 鳥取県

生姜せんべい

地域の特色

本州の中国地方の北東部に位置する県である。県域は東西に細長い。かつての因幡《いなば》・伯耆《ほうき》の2国を占める。江戸時代池田氏の城下町であった。

鳥取県の南部は中国山地で、北部は日本海に面し、鳥取・倉吉・米子の3平野がある。中国山脈からは千代《せんだい》川、天神川、日野川が流れていて、下流に平野が広がっている。日本海沿岸はリアス式海岸を形成しているので漁業も発達している。浦富海岸から鳥取砂丘、北条砂丘と続く海岸となっている。気候は春から夏にかけては晴天が多いが、冬は寒く、降雪、積雪も多い。

食の歴史と文化

明治時代後期には、果樹園経営者の北脇栄治が、千葉県から二十世紀ナシの苗を買い入れて栽培を開始し、普及と改良に努め、二十世紀ナシは現在も国内生産量は多い。

鳥取の沖合は、暖流と寒流のまじる好漁場であり、マグロのほかズワイガニ、ベニズワイガニ、マアジ、マサバ、ハタハタ、イカ類などが境港・網代《あじろ》・泊《とまり》・鳥取（加露《かろ》）などの漁港を中心に水揚げされている。

鳥取県が有する砂丘に適した農作物の栽培に力を入れているのが、鳥取県の農作物の特徴である。弓ヶ浜周辺では白ネギ・サツマイモ、北栄町ではナガイモ、中・東部の砂丘地ではラッキョウなどが主に栽培されている。

伝統野菜の「伯州《はくしゅう》一本ネギ」は昭和初期に開発し、米子・境港を中心に栽培している。「板井原《いたいばら》ダイコン」は智頭《ちづ》町を中心に栽培している。

郷土料理の「いただき」は、油揚げの中に米や野菜などを入れて炊いたもので、弁当や祭りの惣菜として作られてきた。

鳥取は、境港を中心に魚介類の水揚げの多い地域である関係で、魚介類を使った郷土料理が多い。かにずし、サバの押しずしがある。鳥取の人々は竹輪が好きといわれている。江戸時代から鳥取の東部に伝わっているものに「豆腐竹輪」がある。鳥取地方の雑煮のだしにはアゴ（トビウオ）の焼き干しを使うように、トビウオを使った食品も多い。例としてトビウオを原料とした竹輪（アゴの竹輪）があげられる。

鳥取県の名物菓子類には「ふろしきまんじゅう」、米子の「白羊羹」がある。

知っておきたい郷土料理

だんご・まんじゅう類

①うちごだんご

お盆に仏壇に供えるだんご。乾燥大豆の粉を水で練り、だんごに丸めたものを煮て、砂糖と醤油で味付ける。

西伯郡では、田圃のあぜに大豆をつくり、煮豆、豆腐、黄な粉などに加工するほか、味噌や醤油の原料とするなど、家庭での利用が多い地域である。

②打吹《うつぶき》公園だんご

倉吉市幸町の石谷精華堂が製造・販売している団子で、地元では「公園だんご」の名で親しまれている。元弘3（1333）年、後醍醐天皇を船上山に迎えた名和長年公が天皇に甘茶団子を献上したという故事を聞いた初代の石谷すま氏が、明治13（1880）年に創業したといわれている。現在の白餡・小豆餡・抹茶餡の3種の餡で包まれた餅を串に刺した団子として定着したのは、明治中期になってからであると伝えられている。現在は、アメリカ、フランスでも紹介されている。抹茶とセットで賞味すると、より一層の趣がある。

③ふろしきまんじゅう

鳥取県東伯街の「山本おたふく堂」で作っている饅頭。黒砂糖を基本に、四国・徳島の砂糖きびから作る高級砂糖を利用し、良質の小麦粉、小豆のこし餡を材料としている。とくに、黒糖の独特の風味、甘味をおさえて淡白な口当たりが、多くの人から高い評価を受けている。もともとは、江戸時代から営業をしていたが、本格的な営業は明治時代に入ってからといわれている。

④生姜せんべい

明治時代後期に庶民の菓子として生まれた。せんべいにうっすらと白くかけてある生姜は、鳥取の砂丘にうっすらと積もった雪を連想させる「生姜せんべい」である。現在では、せんべいの店が減少し、鳥取市内では数軒しか存在しないようである。生地は型に入れて焼き上げるが、焼き上がって固まるまでの数秒の間に波形に仕上げる。波形ができたら生姜蜜（生姜をすりつぶした汁に砂糖を入れて煮詰めたもの）を塗って乾燥させる。

⑤日本海えびせんべい

新鮮なアマエビを生地に練りこんだ煎餅。青海苔の風味とパリッとした食感が人気。

⑥とち（栃）の実の製品

鳥取県は栃の実の利用した食品が多い。

- とち餅　もち米の粉に栃の実をまぜた生地で、餡を包み蒸し上げた「白栃」、漉し餡で栃餅を包んだ「赤とち」がある。栃の実は、縄文時代から食用としていた。ただしアクが強いので、そのまま食べると苦く舌に刺すような痛みを感じるので、栃の実は半月以上水に浸しておいてアクを除いてから乾燥して使う。
- 栃の実せんべい　栃の実に卵、小麦粉を加えて生地を作りせんべいに加工する。アク抜きが終わり乾燥した栃の実は、細かく砕き、これを小麦粉や卵の入った生地に練りこんでからせんべいに焼く。古くからカラリとした食感が好まれた。古代書にもこのせんべいの作り方や食感の記録が残されているという。

お焼き・焼きおやつ・お好み焼き・たこ焼き類

①おやき

蒸かしたサツマイモをつぶし、水を加えた小麦粉の軟らかい生地をまんべんなくくっつけて焼いたもので、秋の間食用に作る。

②釜焼きもち

ミョウガの葉で包んだ餡入りの焼きもちで、旧暦6月15日の「水神さま」に供える。

うるち米ともち米を合わせて粉にし、蒸して臼で搗《つ》いて、ミョウガの葉を当てて、鉄板で焼く。

めんの郷土料理

①大山《だいせん》そば

奈良時代に、鳥取の大山寺《だいせんじ》の創建により山岳信仰の霊場として栄え、大山寺の精進料理の一つとしてそばが食べられていたことから、「大山そば」が始まったといわれている。大山の山麓は古くから牛馬を飼育し、ソバの産地でもあったことから、大山寺の精進料理として利用されていたと思われる。現在、「大山そば」として認定されている条件には、①大山の麓で育ったそば粉を使用すること、②大山そばの由来を提示することができること、となっている。鳥取県西伯郡大山町の「大山そば」は認定されたそばである。大山寺の高僧・基好上人《きこうしょうにん》（生没は分からないが、承安3（1173）年頃には大山寺の僧侶であった）が、広い大山の裾野を利用して牛馬の放牧のほか、農作物の栽培を積極的に奨励した。この中でソバの栽培も奨励した。大山の伏流水を活用したそば作りも盛んに行われ、大山の牛馬市に集まった人たちが、「大山そば」としてもてはやしたのが、このそばが有名になった理由といわれている。「大山そば」の基本は「小麦粉：そば粉／2：8」のいわゆる二八そばである。ソバの種子を挽くにあたっては、甘皮を入れて挽くので黒みのあるそば粉である。出雲そばに似ているところがある。そばが有名になってから現在で、800～850年もの歴史がある。

神奈川県の大山《おおやま》は、大山阿夫利神社であり、鳥取の大山《だいせん》とは異なる。

32 島根県

出雲そば

地域の特色

本州の中国地方の中北部の地域で、北部は日本海に面している。かつての出雲・石見《いわみ》・隠岐《おき》の3国である。海に面している地域以外、大部分は中国山地である。県庁所在地の松江市は、島根県の北東部に位置し、中央を大橋川が東に流れている。江戸時代は松平氏の9万石の城下町として栄えた。

北東部の島根半島の基部に宍道湖と中海がある。近年、島民全体で活性化を目的として他県からの高校生の受け入れ増加の計画も行っている隠岐諸島も含まれる。

島根県には、祭神が大国主神である出雲大社がある。古くから「大黒様」の名で親しまれ、毎月10月に全国の神が出雲に集まって、氏子の間の縁結びを相談するという俗信があることから、縁結びの神といわれている。広島県との境に中国山地が広がり、標高1000 m前後の山々が連なって、全体に山がちな地形となっている。山地から流れる斐伊《ひい》川は、下流に出雲平野・松江平野を形成している。気候は、秋から冬にかけて曇りや雨の日が多く、季節風が強い。

食の歴史と文化

茶人として知られている7代藩主松平治郷（不昧《ふまい》公）が松江城を受け継いで以来、和菓子づくりが盛んになった。その影響は今にも及び、松江の和菓子文化は注目されている。松江の代表的和菓子には、若草、山川、彩紋、菜種の里、薄小倉などがある。

よく知られている郷土料理に「出雲そば」がある。そばの実と甘皮を一緒に挽いているため、そば（粉）の色は黒っぽく、香りが豊かであり、コシの強い麺であるのが特徴である。一般的な食べ方は、割り子という朱塗りにした小さく丸い器に、薬味（刻みネギ、刻みのり）を加え、濃い目のそばつゆをかけて食べる。そのために、割り子そばともいう。
祭りには木枠にすし飯と具材を詰めた押しずしの「箱ずし」がある。伝統的な漁師料理に、魚を使ったすき焼き風の「へか鍋」がある。
伝統野菜の「津田カブ」「黒田セリ」は、江戸時代から松江周辺で栽培され、特産化している。斐川町特産の「出西《しゅっさい》ショウガ」も江戸時代から栽培されている。

知っておきたい郷土料理

だんご・まんじゅう類

①まめ栗

栗の季節に、栗の煮物と米粉のだんごを一緒に盛り合わせて、間食や来客のもてなしに利用する。
渋皮を除いた栗は、たっぷりの水で軟らかく煮る。煮えたら余分な湯を捨てる。少し形がこわれる程度に軟らかく煮る。だんごはもち米の粉で作り、茹でる。もち米は寒中に洗って干し、石臼で挽いて作る。だんごはこの粉をぬるま湯で捏《こ》ねて、一口大のだんごに丸めて作る。
栗とだんごを合わせて、上から砂糖をかける。

②いもだんご

生切り干しサツマイモの粉に水を加え、だんごの硬さに捏ねて小さなだんごにし、蒸す。色は黒く、甘味がある。生のサツマイモがなくなると、薄切りして乾燥したサツマイモを粉にして、ときどき作る。そのまま食べるほか、砂糖入り醤油をつけて食べる。
石見海岸地域は、サツマイモの栽培が盛んで、いたるところの畑でサツマイモを栽培し、収穫したサツマイモは蒸《ふ》かしいも、干しいも、いもだんごにして食べることが多い。

③焼きもち

そば粉で作る焼もちで、おやつとして食べている。そば粉をこね鉢に入れ、熱湯をさしてだんごの硬さに捏ねる。これを適当な大きさにちぎって、平たく丸め、熱湯の中に入れて茹でる。これをふたたびこね鉢に移して捏ねる。この生地をいくつかに分けて丸め、炭火でこんがりと焼く。
いかの塩辛を貝殻に入れて焼き、これを「焼きもち」につけて食べることもある。黒砂糖入りの焼きもちもある。

④いがもち

雛祭りに作り、ひな壇に供え、お祝いする「だんごもち」である。

もち米の粉とうるち米の粉を練って作っただんごの生地で、小豆のこし餡を包む。別に取り分けておいた米粉の生地を赤・黄・緑などの色をつけて、素焼きの型で梅・亀・松などのおめでたい形をつくり、餡を包んだ生地にのせる。これを、椿の葉にのせて蒸す。

⑤かしわもち

うるち米の粉ともち米の粉を合わせ、熱湯を加えて柏餅の生地を作る。この生地で小豆餡を包み、両面にサルトリイバラの葉を当てて蒸す。

田植えの後の骨休みやお盆、端午の節句に作る。

⑥神饌としての油で揚げた米菓

4月7日に行われる美保関町の美保神社の青柴垣神事《あおふしがきしんじ》は、古代の国譲りにまつわる古い神事において、米を浸漬してから臼で搗いて粉にし、捏ねて鶴、亀、兎、犬、猿、コウジミカン（柑子）、ざくろ、山桃などの形を作りごま油で揚げ、彩色を施して神饌とする。

⑦源氏巻

島根県津和野町お焼き菓子。小麦粉に、砂糖、蜂蜜、卵を混ぜあわせた生地で、漉し餡を巻き、狐色に焼き上げたもの。津和野藩の家老の多胡外記（加古川本蔵）は、非常に忠誠心が強かった。津和野藩の11代藩主・亀井茲監《これみ》は、多胡氏の忠誠心を称え、御用菓子に命じて、小判包みの菓子を作ったと伝えられている。これが、歌舞伎の『仮名手本忠臣蔵』に因んで「源氏巻」と呼ばれた。

お焼き・焼きおやつ・お好み焼き・たこ焼き類

①おやき

もち米とうるち米の寒ざらし粉に水を入れてまんじゅうの硬さに捏ね、小豆のこし餡を入れて包みだんごを作り、「大」の字の彫ってある木製の型に入れて形を作り、鉄板やフライパンで焼く。津和野では3月10日の「苗の市」、20日の「種もの市」、18日の「ひな祭り」には、ヨモギの入ったお焼きを作る。

麺類の特色

出雲大社を中心に発展した出雲地方の郷土のそばで、「割り子そば」が代表的な食べ方。割り子という独特の小さい丸い容器（3～5段に重ねる）にそばを分け入れて食べる。

そばの種子の甘皮を挽き込んでひきぐるみを使う風味と弾力の強いそば。そばは短く、黒みがある。つなぎには、卵白を使っている。各種の薬味を使い、いろいろなそれぞれの割り子のそばの風味を楽しむ。割り子は、昔はヒノキ製の角型であったが、明治時代には長方形、大正時代から昭和時代までは小判型、その後はイチョウ木でできた丸形で、輪島塗を使っている。

めんの郷土料理

①割り子そば

出雲そばの食べ方は、そばつゆをそばちょこに入れずに、そばの入っている割り子に直接かけて食べる。

②めかぶうどん

ワカメの根元の茎のメカブを入れたうどん。刻んで調味した「メカブとろろ」をうどんの上にたっぷりのせたもの。しゃきっとしたメカブのとろっとした独特の粘りと歯応え、磯の香りが食欲を誘う。隠岐《おき》の名物である。

③湯鯛

山間部の津和野の格式高い縁起料理。鯛は鱗や内臓を除き、金串を打って塩を振り、焼く。さらに、酒を振り、姿のまま蒸す。大皿に蒸した鯛と茹でた素麺を盛る。

33 岡山県

きびだんご

地域の特色

本州の中国地方の東部に位置する県で、県庁所在地は岡山県南部の岡山平野中部にある。岡山はかつての備前・備中・美作《みまさか》の3つの地域であり、岡山市は江戸時代の池田氏32万石の城下町であった。山陽・山陰・四国を結ぶ交通上の要地で商工業の発達している地域である。

岡山県の南は瀬戸内海に面し、岡山平野がある。南端に児島半島があり、気候は温暖である。中央部に吉備高原、北部に中国山地があり、その間に津山盆地がある。江戸時代には岡山藩や津山藩など、いくつかの藩が分立していた。岡山藩は、治水や干拓による開発が行われ、新田を開発し、明治時代には広大な農地を開発した。

食の歴史と文化

岡山県は古くから米どころとして知られている。コシヒカリの先祖に当たる「朝日米」や酒造に最適の「雄町《おまち》米」の産地として有名である。ビールの原料の二条大麦の産地としても知られている。

明治時代以来、日本有数のモモの産地となり、とくに白桃の生産量は高い。ピオーネ、マスカット・オブ・アレキサンドリアなど高級ブドウの生産地としても知られている。

伝統野菜として首の部分の赤紫色の「万善《まんぜん》カブ」は、江戸時代から作られていて、この漬物は代官に献上したといわれている。「岡山野菜」としてブランド化されているものには、ナス、トマト、イチゴ、アスパラガス、キュウリなどがある。

近年、B級グルメのブームにより蒜山《ひるぜん》の地名がマスコミに登場している。B級グルメでは焼きそばがヒット商品のようであるが、蒜山ダイコンも地野菜として利用されている。「蒜山おこわ」という郷土料理がある。もち米に山菜・鶏肉・栗などを混ぜて蒸し上げたご飯で、祭りや祝い事のあるときに作られる。
魚介類が豊富なところから、さまざまな魚介類やその他の具をのせた絢爛たる「祭りずし」は有名である。
有名なこなものとして「きび団子」がある。岡山名物といえるもので、水田が少なく、畑の多い風土から生まれた団子らしい。慶安4（1856）年に、原料の「キビ」と地名の「吉備」を結びつけて「吉備団子」いわれるようになったとの説がある。
粉の食べ方の一つとして香煎《こうせん》があるが、岡山県ではコムギ・ハダカムギで作り「イリコ」とよんでいた。

知っておきたい郷土料理

だんご・まんじゅう類

①焼きんぼう

米粉、そば粉で作るだんごで、これにヨモギやハコグサを入れる。秋から冬にかけて朝食や夕食に食べる。とくに、稲こぎ（稲の脱穀）が終わった11月頃に最もよく食べる。「焼きんぼう」のことは、「焼きもん」「いすぬかだんご」ともいう。
くず米を水気のあるうちに粉に挽く。鉄鍋でヨモギやハコグサを入れて煮立たせ、そば粉やくず米の粉を加えて煮詰める。火からおろしてすばやくかき混ぜ、荒熱をとったらだんごになる硬さに捏ねる。直径約3cmのだんごに丸め、囲炉裏で焼いて、醤油、味噌で食べる。熟した柿をつけて食べることもある。

②きびだんご（吉備団子）

岡山県の吉備高原ではキビ、アワを、粒のまま米の上にのせて蒸したキビ餅、アワ餅として食べるか、キビやアワを粉にしてから団子にして食べた。キビんはもち種とうるち種があり、現在お土産として市販されている吉備団子はもち種のキビを使って作っている。
土産品として、もち独特の軟らかさと滑らかさを保つように作られている。カビの発生や品質劣化を抑えるために、砂糖や水飴などをつかって工夫している。現在は、もち米を使い、キビ粉を混ぜて作っている。
岡山市の吉備神社の境内で、キビの粉を原料として作った団子で、安政年間（1854～60）に広栄堂の初代・武田浅次郎が、池田藩の家老である茶人からうけて創製した求《ぎゅう》肥《ひ》餅から展開したものと伝えられている。キビ（黍）と吉備の国（昔の備前・備中・備後・美作《みさまか》の4つの国）の語呂合わせから吉備団子とよばれるようになった。

吉備団子の製造元の広榮堂（創業は、安政3年、1856年）は、「むかし吉備団子」と「元祖きびだんご」を作っている。もともとは、もち米に砂糖と水飴を加えて軟らかい求肥にし、風味づけたものであった。池田藩主に認められた、お茶席にもふさわしい「きびだんご」の誕生となったといわれている。「きびだんご」の売り上げが飛躍的に伸びたのは、明治24（1891）年の山陽鉄道開通にともなう岡山駅での立ち売りであった。

③しんこ細工

岡山県では、八朔（8月1日）の子どもの初誕生を祝って犬や馬などの動物の形を米の粉で作る風習がある。この風習は香川県にも残っていて、歴史的には古いものである。

④藤戸まんじゅう

倉敷市の名物酒まんじゅう。江戸期創業の藤戸饅頭本舗が、品質を守り続けているまんじゅうである。北海道十勝産の小豆を使用したこし餡を甘酒の混ざった小麦粉の生地で薄く包んだ、ほのかに甘酒の香りのするまんじゅう。藤戸饅頭本舗が倉敷で営業を始めたのは、万延元（1860）年である。もともとは、藤戸まんじゅうは、藤戸寺の観世音に供えたまんじゅうであり、その後供養のために配られた。

⑤大手饅頭

岡山市の名物饅頭。麹種による薄皮の酒饅頭である。江戸時代中期の天保8（1837）年に回船問屋の伊部屋永吉が酒饅頭の作り方を習得し、岡山城の大手門近くに店を構え、池田侯が好まれた饅頭として「大手饅頭」と名付けた。

お焼き・焼きおやつ・お好み焼き・たこ焼き類

①流し焼き

水を加えた小麦粉をどろどろの生地にし、砂糖で甘味をつける。これを、熱くした「ほうろう」に流し入れて焼く。両面がきつね色になるまで焼く。

この焼いた生地で小豆餡を包んで食べる。
旧暦6月1日（「ろっかつしてえ」）に、作るおやつ。

めんの郷土料理

①年取そば

年末にあらかじめ石臼で挽いたそば粉で、正月に作る。煮干しでとっただし汁で、隠し味に砂糖を加え、醤油味のそば汁をかけて食べる。

②そば切り

そばに、けんちん汁をかけて食べる。

③にゅうめん（牛窓町）

うどんや素麺を甘い小豆のあんをかけて食べる。小豆の代わりにササゲのあんをかけることもある。岡山県の牛窓町の人々はぜんざいをよく作ることから発想したうどんや素麺の食べ方である。

④にゅうめん（笠岡市）

ダイコン、ジャガイモ、カボチャなどを入れて煮た醤油味の汁を、うどんにかけて食べる。主として客のもてなしに作る。

34 広島県

広島焼き

地域の特色

本州の中国地方の中部に位置する県で、県庁所在地は、広島県南西部の広島湾奥にある。広島市は、江戸時代の浅野氏42万6千石の城下町であった。中国地方の経済・文化の中心地であるが、昭和20（1945）年8月6日に、世界で最初に原子爆弾の投下による被害を受け、同じく原子爆弾の被害を受けた長崎市とともに、このような悲劇が二度と発生しないように宣言し、平和を願っている中心都市である。

広島県は、かつての安芸《あき》・備後《びんご》の2つの地域である。大部分を中国山地が占めている。冬は寒気が厳しく、積雪が多い。北東部には吉備高原がある。南は瀬戸内海に面し、広島・福山の平野がある。気候は瀬戸内海の影響を受け、温暖で晴天の日は多い。

江戸時代には、広島藩と福山藩に分かれていて、それぞれが新田・塩田の開発を進めた。干害の多かった山間部では、土師川《はぜがわ》から農地に水を引くことに成功した。

食の歴史と文化

農業の中心は稲作で、品種はコシヒカリやヒノヒカリである。野菜では漬菜の一種の広島菜が栽培されている。広島菜の由来は江戸時代の初期の武将・福島正則（1561～1624）が、安芸広島の城主のときに、京都本願寺から種子を譲り受けて、広島で栽培したことによるとの説がある。広島市観音地区の特産の「観音ネギ」（葉ネギ）は、明治時代に京都の九条ネギをこの地で栽培したことが、このネギの由来となっている。

広島の代表的郷土料理は「広島焼」ともいわれるお好み焼きである。戦前、水で溶いた小麦粉にせん切りキャベツを混ぜて焼いた1銭洋食という、京都にあった料理が原形といわれている。大阪焼きというお好み焼きのようなものにうどんや中華麺を加えたもの。お好み焼きの発祥は1950年頃といわれているから、広島焼きもそれほど古いこなもの料理ではないと推定できる。

広島の代表的土産物には、宮島の「もみじまんじゅう」がある。明治40（1907）年頃に紅葉の名所の紅葉谷にちなんで名付けられたまんじゅうで、カステラ生地で人形焼のように作ったものである。基本的には小豆の餡が入っているのであるが、現代の人々に合わせ、いろいろな餡が考えられている。

広島の郷土料理には、特産の広島産のカキを使った料理が多い。とくに「土手鍋」は冬の鍋料理として最適であると同時に、味噌とカキのうま味の相性がよいのが人気である。

知っておきたい郷土料理

だんご・まんじゅう類

①かもち

サツマイモと麦粉で作るだんご。「かもち」の名の由来は、「いもかわもち」が訛って「かもち」になった説やその他の説がある。

作り方は、皮を除いたサツマイモは適当に切って、水を加えて煮る。イモが軟らかくなり、煮汁がまだ少し残っている頃に麦粉を加えながら潰し、さらに弱火で蒸す。最後に粉を入れて「すりこ木」で潰し終わったらだんごを作って、蒸す。蒸し上がった生地で餡を包んで「かもち」にする。

②にぎりだんご

夏の朝食に食べるサツマイモの粉で作るだんご。かんころ粉を水で捏ねて小さく丸め、軽く握って指のあとをつけてから、蒸す。餡を包んで蒸す場合もある。かんころは、サツマイモを薄い輪切りにして、むしろに広げて天日で乾燥したものである。寒くなって、正月前頃に作り乾燥させたものである。

③ゆでだんご

米粉で作るだんごで、砂糖で甘くした小豆餡や黄な粉で食べる。祝いの日には、うるち米ともち米を寒ざらししてから製粉する。両方の粉を混ぜて捏ねて丸くし、平たくし、熱湯で茹でる。浮き上がったところで、器にとり、煮小豆をかけたり、餡をつけたり、黄な粉をつけて食べる。ふだんは、くず米の粉からだんごを作る。

④しばもち

米粉をぬるま湯で捏ねて、しばもちの生地を作る。この生地で、小豆餡を包み、サルトリイバラ（広島県蒲刈町周辺では「しば」といっている）の葉で挟んで蒸す。この地方の呼び名「しば」から「しばもち」の名がある。米粉のだんごは粘りがあるので、サルトリイバラで挟むことにより、粘りを気にせず食べられるようになる。

米粉の代わりにだんご麦粉を使うと、きめ細かく、粘りのある生地ができる。だんご麦は、瀬戸内海地方で栽培している大麦の一種である。

⑤いがもち

呉、蒲刈地域では、祭りや花見のためには、いがだんごを用意する。作り方は、しばもちと同じである。貴重な米を節約するために、雑穀の粉を使うので、生地は茶色である。

餡を包んだ餅の上面には、赤色や青色に染めた数個の米粒をつけて蒸す。

⑥まき

「かたらもち」ともいい、田植えじまいの日（「さなぶり」）に作る。うるち米の粉にもち米の粉を混ぜ、熱湯を加えて練り、だんごの生地を作る。この生地で餡を包み、さらにサルトリイバラ（河内地区では「かたら」といっている）の葉で包んで蒸す。日常の食事の前にも食べる。

⑦もみじ饅頭

小麦粉、卵を原料としたカステラ生地で、小豆餡を包み、「もみじ」型に焼き上げた和菓子の一種である。「もみじ饅頭」の名の由来については、明治政府の初代首相・伊藤博文（1841～1909）が、宮島の紅葉谷で紅葉狩りをした折に、茶店で可愛い娘がお茶をだした手を見て「もみじのように可愛い手だね」といわれたそうだ。その話を聞いた宮島の老舗旅館「岩惣」の女将が「紅葉谷にちなんで菓子を作ってみては……」という発言をきっかけに、大阪で和菓子職人で大阪名物の「岩おこし」の卸商でもあった高津常助が明治39（1906）年に紅葉谷公園入り口に店舗（高津堂）を構え、製造販売した。明治43年に商標登録を取得している。現在の「元祖もみじ饅頭」は、高津堂の3代目（創業100年後）が、製造後に日にちがたっても軟らかく生地と口に残らない甘さの餡にこだわったもみじ饅頭を復活させたときに、「元祖もみじ饅頭」の名で作り続けている。その後、大正時代に創業した店、昭和初期に創業した店と続出し、各店舗ともそれぞれに特徴ある「もみじ饅頭」を製造・販売している。後発メーカーでは「もみじ饅頭」の名の由来は、広島県の県花にちなんだ型にしたというところもある。また、カステラ生地でなく「もちもち感」のある生地で餡を包んだもの、「生もみじ饅頭」というもの、現代の消費者の嗜好を探求し、小豆餡にはこし餡、粒餡、抹茶餡があり、その他、カスタードクリーム、チョコレートを包んだものもある。さらには、幸福への願いをこめたという紅白の練り餡を包んだ「福もみじ」まで登場している。世界文化遺産の厳島神社を目当ての観光客相手に、小豆餡をカステラ生地で包んだ「もみじ饅頭」のほかに、これからも目先を変えた製品がでてきそうである。

⑧香蘭茶だんご

香蘭茶は野生のシュランという植物の乾燥したもの。中国地方の郷土料理で、白玉粉に小麦粉をまぜ、水を加え耳ぶたほどの軟らかさに練って、芯に適量の香蘭茶のくずを入れて団子にして茹でたもの。

⑨しばだんご

中国地方では、田植えが終わった後の田植え休みやお盆に作る。もち米の粉で捏ねた生地で小豆餡を包み、カタラの葉の上に置いて蒸したもの。

お焼き・焼きおやつ・お好み焼き・たこ焼き類

①広島焼き

お好み焼きの一種である。大阪から伝わった「一銭洋食」という子どもの駄菓子であった。現在のような満足に食事もおやつも食べられなかった昭和30（1955）年代の頃は、広島の子どもたちは、鉄板の上に薄く延ばした小麦粉の生地に、イリコの粉（煮干しのくず）をかけたクレープ状のものが、現在の広島焼きの初めのようであった。お好み焼きの歴史については中国から伝わったという説もあるが、広島焼きの最初は、水溶き小麦粉を鉄板で焼いたものであった。

お好み焼きは、作り方からは広島流と関西流に分類されている広島焼きの特徴は、水溶き小麦粉を、薄く油をひいて熱して鉄板上に円を描くようにひきのばして皮を作り、その上に具材を順次重ねてゆき、ついでつなぎの役目に少量の生地をたらす。さらに、ヘラでひっくり返して両面を焼いてソースを塗り、青海苔や紅ショウガなどをのせる。具材にキャベツやモヤシを使い、さらに茹でた中華麺も使うのが特徴でもある。上になる皮に、鉄板で広げて薄く焼いた卵を使うことが多くなっている。

具材にキャベツやモヤシというあっさりした野菜を使うので、広島焼きの美味しさのポイントは、ソースにあるともいわれる。現在は関東でも流通している「お多福ソース」が有名だが、その他5社の小メーカーがあるそうである。広島の人々は、お好み焼きはソースの味で食べるともいっている。

関西流の焼き方は、水溶き小麦粉の生地に、具材（ネギ、キャベツ、肉、エビ、貝、イカ、天かすなど）を混ぜ合わせ、その混合物を熱した鉄板の上に広げ、両面をこんがり焼く。具材のうま味や食感で食べるのが関西流お好み焼きの特徴である。

②黒砂糖のちまき

備後地方の端午の節供の料理。もち米の粉とうるち米の粉を半々に混ぜて練り、これを細長い団子にし、サンキライの葉で縦に包んでから、クマザザの葉で横に巻き、熱湯で茹でる。食べるときには、葉をはがし、ちまきはどろどろに湯で溶かした黒砂糖溶液をつける。

めんの郷土料理

①鯛めん

結婚式、棟上、長寿の祝いなどの時に作る。「鯛めん」は「めん鯛」ともいい、「めでたい」に通ずるとされている。

鱗や内臓を除いた鯛は、平釜で崩れないように煮る。茹でた素麺は白波をイメージして皿に盛り、その上に鯛をのせる。

②そうめんのふくさ吸い物

備後地方の祝い料理の一つ。まろやかな心温まるそうめんの入った白味噌仕立ての吸い物。大きめの菓子椀というお椀に入れて供する。そうめんのように末永く続くようにという意味のある料理で、結納の時、最後に「ふくさ吸い物」をだす。

35 山口県

そばだま汁

地域の特色

本州の中国地方の西端に位置する県で、北部と西部は響灘・日本海に面し、南部は瀬戸内海に面する。日本海に面する地域は、冬に降水量が多く、季節風も強いが、対馬海流（暖流）の影響で比較的温暖である。瀬戸内海側は、周年にわたり温暖である。山間部は内陸性の気候である。大部分は、中国山地の西端部に当たる丘陵で、中部の丘陵地域は石灰石からなるカルスト地形秋吉台である。江戸時代には、この地を治めた長州藩主・毛利氏は、荒地の開拓や沿岸の干拓を行い、多くの新田や塩田を開いた。

食の歴史と文化

山口県の農業の中心は、稲作であり、主な栽培品種は「コシヒカリ」「晴るる」である。野菜ではレンコンの栽培が盛んである。果物では、日照時間が長く、水はけのよい土壌に適したかんきつ類（ミカン、イヨカン、ポンカン、ナツミカンなど）の栽培が盛んである。

漁業は、漁場が日本海や瀬戸内海にあり、東シナ海へも漁場としている。下関、萩、仙崎などのほか、多くの漁港があり、鮮魚の水揚げ基地として、蒲鉾などの加工品の生産地として栄えている。

郷土料理の「茶粥」は、昔、岩国地方で米の節約のために工夫された粥で、番茶で煮た粥である。萩地方の冠婚葬祭には、小豆、蒲鉾、白玉団子を入れて甘く煮た「いとこ煮」を作る。豊浦海岸地帯では、トコブシ（方言はずんべ）を入れた炊き込みご飯を、トコブシの獲れる春に作る。このご飯を「ずんべ飯」という。

山口の名物はフグ料理である。瀬戸内海・玄界灘・東シナ海などで漁獲されたトラフグは下関の漁港に一旦集まってから、各地に送られる。下関のフグが有名になったのは、明治28（1895）年に、伊藤博文が下関の「春帆楼」で食べたことに由来する。

知っておきたい郷土料理

だんご・まんじゅう類

①もぶりだんご

小麦粉に水を少しずつ捏ね、丸めて蒸しただんごの回りに、黒砂糖を入れて炊いた小豆餡をまぶす。米粉を使っただんごもある。玖珂郡は米の少ない地域なので、小麦粉で作る。10月の亥の日に行う刈上げ祝いに作る。

②そばだんご

そば粉で作るだんご。そば粉をこね鉢に入れ、水を加えて練る。だんごの中に少量の味噌や黒砂糖を入れて、平たいだんごに形づくり、茹でる。

③冷やしだんご

お盆に仏壇に供える来客があったときにも提供する。原料のうるち米の粉ともち米の粉は寒ざらしして調製する。水または湯で練り、小さく丸めて茹でる。井戸水にさらして冷やし、白砂糖か中白糖をかけて食べる。

④送りだんご

盆の8月16日の精霊を送るために作るだんごである。精霊流しには、麻《お》幹《がら》の舟にのせて流す。精霊流しに使った残りは、家族で白砂糖か黄な粉をかけて食べる。

作り方は、だんご用の粉に少しずつ入れながら、だんごを作る硬さに捏ね、親指大にちぎって丸め、熱湯の中に入れて茹でる。浮き上がったら、掬って冷水にとり、ザルに移す。水気がとれたら白砂糖か黄な粉で食べる。

⑤いぎの葉だんご

小麦粉に水を加えて練り、だんごの生地を作り、黒砂糖で味付けした小豆餡（エンドウマメや栗の餡でもよい）を包む。これをサルトリイバラの葉（錦町地区では「いぎの葉」という）で包み、蒸す。春先は、茹でたヨモギの芽を生地に入れてもよい。端午の節句には必ず作り、祝う。

⑥生まんじゅう

祭り、農作業の休日、家族の誕生日などに作る。うるち米の粉に熱湯を加えて混ぜ、布巾で包んで蒸して搗き、まんじゅうの生地を作る。まんじゅうの上にのせる赤色や緑色の生地のために、少量を分けておく。白い生地で、小豆餡を包んだ後、花びらの型に形どる。この際、頂点になる部位に小さな赤色や緑色の生地をおき、彩りよいまんじゅうに仕上げる。

⑦三角餅

江戸時代に藤坂屋初代が三角《みすみ》餅の名で売り出した和菓子である。北海道産の小豆餡を包んだユニークな餅である。「三角餅」の名は、村上帝第三皇子の末裔が、この店に来て三角餅の呼び名としたといわれている。

⑧ういろう

山口のういろうの原料は、米粉、餅粉、葛粉、小豆粉のほかに、ワラビ粉、豆でん粉、葛根粉、小麦粉である。原料の種類が多いのが特徴で、室町時代後期の永正年間（1504～21）に作られ始めたといわれている。

⑨舌鼓

山口市は、室町時代に文化の花が咲き、「西の京」といわれるほど栄えた。山口市の銘菓「舌鼓」を製造している山陰堂（創業は明治16［1883］年）は、現在は山口市の米屋町という繁華街に店を構えた。「名菓　舌鼓」は、白餡が、柔らかな求肥で包まれていて、ふくよかな美味しさを感じる菓子で、一つずつ「舌鼓」の焼印がついている。

⑩亀の甲煎餅

下関の煎餅である。文久年間（1861～64）に、江戸の増田多左衛門は煎餅作りを習得し、長州藩の兄のもとで売り出した。小麦粉に、砂糖、卵、ゴマ、芥子の実を混ぜ合わせた生地を、型に流し込んだ手焼き煎餅。亀の甲の紋様で反っている。

めんの郷土料理

①そば切り

雨の日に作る手打ちそば。醤油味または味噌味の汁で、具はダイコンの葉の干した「つり菜」やネギ。

②そば雑煮

そばのつなぎには小麦粉を使う。あぶり魚でだしと味噌味の汁で具の山東菜、ネギ、水菜、いちょう切りしたダイコンなどを煮て、そばにかける。

36 徳島県

たらいうどん

地域の特色

四国地方の東部に位置する県で、南部は太平洋、東部は紀伊水道に面している中央部の剣《つるぎ》山地が東西に延びている。北部の県境に讃岐山脈があり、讃岐山脈と剣山地の間を、四国山地を発する吉野川が流れている。剣山地の南側には、勝浦川・那賀川が流れている。山地が多く、主な平野としては、吉野川下流の徳島平野がある。気候は、剣山地を境に南北で異なり、北部は、冬は晴天の日が多く、降水量は少ない。南部は、温暖だが降水量は少ない。現在の徳島県はかつての阿波国全域であった。江戸時代の徳島藩は、新田開発を進め、那賀川や吉野川流域の開発を行った。県庁所在地の徳島市は徳島北東部の吉野川下流域にあり、近世は、蜂須賀氏の城下町として栄えたところである。

食の歴史と文化

徳島県は山がちの地形であるから、農業は野菜が中心である。代表的な野菜はニンジンであり、吉野川流域の砂地の畑ではサツマイモ（「なると金時」）が栽培されている。徳島は、温暖な気候を利用した数多くの野菜や果樹の栽培が行われ、都市部にも出荷している。かんきつ類の中では、特産のスダチがある。地鶏の「阿波尾鶏《あわおどり》」は、徳島県立農林水産総合技術センター畜産研究所が開発した肉用鶏で、1990年から市場に出回っている。

徳島県は、明治時代から沢庵漬けが盛んで、「阿波沢庵」として知られている。明治27（1894）年に、久米伊勢吉という人が考案したと伝えられている。現在は沢庵に適した「阿波晩生《おく》」が栽培されている。

こなものの郷土料理にはソバを使った料理や、「たらいうどん」がある。山地の祖谷では、「そば切り」や「ソバ米」を食べる。ソバ米はソバの実を塩茹でした後に、乾燥させてから殻を使ったもので、雑炊に入れて食べる。たらいうどんは「御所のたらいうどん」ともいう。江戸時代から御所温泉（現在阿波市）に伝えられた野趣豊かな木こり料理の一つである。ヤマイモ入りのコシのあるうどんをタライに浮かし、辛口のジンゾク（ゴリ）のだし汁をつけて河原で大勢に一緒に食べた。現在は、遠方からの客のもてなしにご馳走として提供することが多い。ジンゾクは、吉野川・園部川でとれるゴリ（ハゼ科）である。吉野川の流域の半田地域で作っている「半田素麺」は、製法は播州より伝えられたものといわれている。この地域の冬の気候は、素麺の乾燥に適していることから、素麺の生産地となった。

知っておきたい郷土料理

だんご・まんじゅう類

①やつまただんご

ヤツマタ（シコクビエ）だけで作るだんご。ヤツマタの粉に塩を加え、熱湯を加えてかき回し、平たいだんごに作って、茹でる。食べるときには、餡をからまして食べる。

ヤツマタは、帆軸が約8本に分かれているので、ヤツマタという。稲作に適さない赤土でも生育する。

②とうきびの粉だんご

トウモロコシ（トウキビ）の粉で作るだんご。黄色のだんごで、子どもの間食に好まれている。作り方は、トウモロコシの粉に塩を加え、熱湯を加え、かき回して捏《こ》ねる。これを平たいだんごに作り、茹でる。トウキビは秋に軒下に吊るして乾燥してから製粉する。

③七夕だんご

7月7日には、うるち米の粉（「きち粉」）ともち米の粉を混ぜ合わせ、これに水を加えて練り、丸めて沸騰した湯に入れて茹でる。茹で上がったらザルにあげ、砂糖入りの黄な粉をまぶして食べる。だんごの回りに、餡をまぶして食べることもある。

このだんごは、笹の枝に短冊を飾り、黄な粉や小豆餡をまぶした七夕だんごは、七夕の祝いの供にする。

④あおがい

「あおがい」とは、土成《どなり》地区では「葬式の膳にあるいはお土産として用意するもので、餡がいっぱい詰まった丸い餅3個（白・赤・緑）をいう。

もち米で作った餅の生地で、いっぱいの餡を包んだまんじゅうである。

⑤だんご

きびの粉、小麦粉、そば粉などで、それぞれ小豆餡を入れて作るだんごである。それぞれの粉の色が楽しめる。きび粉は黄色、そば粉は薄い茶色、小麦粉は白色に近い黄色の3色が楽しめる。春先は、ヨモギを使って緑色のだんごができる。

⑥かしわ

もち米とうるち米を混ぜ、水で練ったかしわの生地で、餡を包んだものと、餡を入れないものを蒸す（那賀郡周辺では、柏の葉の代わりに、かしの葉でだんごを挟んで蒸す）。端午の節句、土用の入り、土用入りの翌日の田圃で稲に虫がつかないように祈る行事の日に作る。

⑦ばらもち

端午の節句にもち米の粉とうるち米の粉で作る柏餅。餅は柏の葉で包むのではなく、サルトリイバラの葉で包む。

⑧阿波ういろう

旧暦の3月節句には、各家庭でういろうをつくり雛壇に供えた。原料は、小豆の漉し餡、もち米の粉、砂糖、塩で、これらを混ぜ合わせ、水を加えて練り合わせ、蒸籠で蒸して作る。あっさりした味である。

⑨小男鹿《さおしか》

小男鹿は、万葉集の中でも詠まれる牡鹿のことである。牡鹿をイメージした蒸し菓子である。ヤマイモ、和三盆糖、大納言小豆、うるち米を主原料として練り上げて細長い形（長方形）に、蒸したものである。しっとりした軟らかな生地の中に点々と大納言小豆が散らばり、それが鹿の斑模様にみえる。徳島を代表する銘菓である。この銘菓は、明治天皇が詠まれた和歌のなかでも誉めている。「小男鹿」の製造元「小男鹿本舗　富士屋」の創業は明治3（1870）年である。徳島は、古くから茶の湯が盛んであったので、茶会に欠かせない菓子の発達した地域でもあった。富士屋は小男鹿と同じく、自然薯を使ったもっちりした皮に、百合根を混ぜた餡を塗り、巻いた菓子の「山路」も提供している。

「小男鹿本舗　富士屋」の和菓子の伝統的手法は、「自然薯、小豆、薯蕷《じょうよ》粉《こ》、卵、阿波三盆糖」を使うことである。阿波三盆糖は、吉野川北岸で栽培したサトウキビから昔ながらの方法で作った日本古来の砂糖である。

⑩小六饅頭

徳島市の焼き菓子。カステラ生地で小豆餡を包んで焼いたもの。豊臣秀吉に仕えた阿波藩主の蜂須賀小六に因み、饅頭の名がついている。甘味料には、阿波特産の三温糖、蜂蜜が使われている。

麺類の特色

徳島にはたらいうどんという名物がある。ヤマイモ入りのコシのあるうどんをタライに浮かし、ゴリのだし汁の辛口のつけ汁で食べる。ゴリは徳島の方言では「ジンゾク」という。吉野川・園部川で5〜6月頃にとれる。

平家の伝説をもつ祖谷地方は、山岳地帯の焼き畑で良質の祖谷ソバ（阿波ソバ）を栽培している。この地方のそば料理には、そば飯、そば饅頭、ソバ米のみそ汁がある。

めんの郷土料理

①たらいうどん

タライに浮かしたうどんをゴリのだしのきいた辛口の醬油のつけ汁をつけて食べる。野趣味と遊戯性のある食べ方のうどん。

②そば切り（木頭《きどう》）

そば粉に塩を入れて、水を加えて作る手打ちそば。そばの麺線の1本をとりだし、手でひねって茹でるという珍しい方法がとられる。だし汁はシイタケ、煮干しで調製する。

③そば切り（東祖谷山《ひがしいややま》）

つなぎを入れない太目のそばで、祝い事の日には作る。婚礼の祝宴には、縁が切れるという意味でそばはふるまわない。

④運気そば（鳴門市）

大晦日の正月の料理づくりが終わった時に食べる。かけ汁のだしはコンブ、煮干し、鰹節でとる。醬油味で、みりんで味付けした汁をかける。食べるときは、めんを1人分ずつ籠にとり、沸騰した湯で温めて容器に移す。

⑤半田《はんだ》そうめん

吉野川流域の半田地方で作るやや太めのそうめん。

37 香川県

讃岐うどん

地域の特色

四国の北東部に位置する県である。南部は讃岐山脈、北部は讃岐平野が広がり、瀬戸内海に浮かぶ小豆島、塩飽《しわく》諸島などの島々も香川県に含まれる。瀬戸内海の気候の影響を受けて、日照時間が長く、降水量は少ない。降水量が少ないために干害に見舞われることが多かったので、古い時代から治水工事が進められた。江戸時代になって治水工事や溜池が完成し、製塩のほか、サトウキビの栽培や製糖が進められた。砂糖では和菓子の甘味に欠かせない「讃岐三白《さんぱく》」という特産品がある。

食の歴史と文化

温暖な地域なのでサトウキビの栽培に適し、生産量も多くなり、日本の伝統的高級砂糖の「和三盆《わさんぼん》」が製造されるようになった。京都の和菓子には欠かせない。その後、享保12（1727）年に讃岐志度浦の平賀源内が中国から輸入した唐の白砂糖を参考に、讃岐で日本独特の方法で「三盆白」を作ることに成功した。これが「和三盆」のルーツといわれている。

代表的な郷土料理の「讃岐うどん」は、独特な強い弾力（コシ）のある手打ちうどんであった。最近は、機械でも大量に作るようになり、チェーン店も増えている。讃岐では、善通寺生まれの弘法大師が、唐の都・長安（西安）で、うどんの作り方を習得し、帰国後郷里の農民の食糧不足を救済するためにうどんの作り方を広めたとの伝えがある。

香川県や小豆島は、良質の小麦の産地だったのが、讃岐うどんや小豆島の手延べ素麺の製造を活発にし、有名になったといわれている。近年、外国産の小麦粉を利用した讃岐うどんは、純粋な讃岐うどんではないのではないかと、話題となったことがあった。

小豆島や香川の「しょうゆ豆」は、干したそら豆を炒って、トウガラシと砂糖の入った醤油に漬け込んだもので、家庭の惣菜、酒のつまみとして利用されている。四国八十八箇所の霊場を回っていたお遍路さんが、炒ったソラマメが醤油壷に落ちて味がついたことにヒントを得て作り出したといわれている。

知っておきたい郷土料理

だんご・まんじゅう類

①はげだんご

小麦粉に水を加えて練り、熱湯に玉しゃもで掬って落としながら茹でる。湯からとりだして水気をとり、餡をまんべんなくまぶす。

「はげだんご」の名の由来は、茹でただんごが、「つるりっとしただんご肌に、餡がくっつかず、まだらになる」からの意味と、はんげしょう（半夏生）に食べることに由来するとの意味もある。

餡は小豆、ササゲ、ソラマメ、エンドウマメ、ぶどう豆などで作る。

②かいもち（三豊郡豊中町）

サツマイモと米粉から作るだんごで、ご飯のたしにする。サツマイモを水で煮てしゃもじで潰し、これに米の粉を少しずつ入れて、弱火で煮て、だんごの硬さにする。この生地を丸め、黄な粉をまぶして食べる。

③かいもち（三豊詫間《たくま》町）

サツマイモを軟らかく煮つけ、煮えたら赤砂糖、小麦粉を混ぜて、火からおろす。ぺっとりしたイモを三角形にちぎって黄な粉をまぶして食べる。

晩秋には、掘り上げたイモについて、大きいものは家の床下のイモ壺に籾殻を入れて保存する。

④かんころもち

小さい形の整っていない屑サツマイモを輪切りにして乾燥させた「かんころ」を一晩水に浸けておき、すり鉢に入れ、すりこぎでよくたたき、ササゲと一緒にして軟らかくなるまで煮る。赤砂糖で味をつけ、三角にちぎっておやつとして食べる。

⑤しばもち

初夏に、サルトリイバラの若葉で挟んだ粉もちである。生地はうるち米の粉ともち米の粉を合わせて作る。生地の中には小豆餡である。

⑥よむぎだんご

香川郡では「ヨモギ」を「ヨムギ」といい、雛の節句につくり雛壇に供えて祝う。よむぎだんごは、小麦粉を水で練り、この中に茹でてアクを除き、細かく刻んだヨモギを加えて緑色の生地を作る。

餡は小豆餡、ソラマメ餡を使う。甘味は白下糖＝赤砂糖（「たっこみ」）か赤砂糖よりも黄色の砂糖（「黄ざら」）を使う。

⑦石垣いも

小麦粉に少量の重曹を加え、甘味料として赤砂糖を加え、水を加えて生地を作る。この中に賽の目に切ったサツマイモを加えて蒸す。サツマイモが石垣のように突き出ていることから「石垣いも」の名がある。

⑧いもだんご

輪切りにしたサツマイモを軟らかく煮てから潰す。これにそば粉をふりこんで、とろ火で加熱して生地を作り、小豆餡で包んでだんごにし、黄な粉をまぶす。

お焼き・焼きおやつ・お好み焼き・たこ焼き類

①かーらもち

「かーら」という直径40cmほどのほうろくで焼くので「かーらもち」の名がある。

小麦粉に塩、砂糖を混ぜ、水を加えて流動性のある生地を作り、かーらで焼く。食べるときは、適当な大きさに切り分ける。

麺類の特色

香川県のうどんは「讃岐うどん」として知られている。讃岐うどんの由来は、弘法大師が持ち帰った小麦の種子を彼の故郷の讃岐に蒔き、それ以来讃岐の小麦栽培が発展して、今日の讃岐うどんが誕生したと伝えられている。粉食文化の発展の由来とも推測されているが、単なる伝説としてとらえたほうがよいと考えられる。

江戸時代から、讃岐は良質の小麦の生産地として知られている。その理由は、気候が温暖で雨が少ないこと、土壌が小麦の栽培に適していること、塩田で良質の塩が作られていたこと、だしの煮干しの原料となるカタクチイワシは観音寺の沖合の伊吹島の沿岸で漁獲され、伊吹島で良質の煮干しが作れることなどがあげられる。現在は、讃岐うどんの原料の小麦と同種の小麦がオーストラリアで栽培し、香川県に輸入されているという話も伝わっている。

讃岐うどんの特徴は、独特の弾力性（もちもち感、ぷりぷり感など）があることである。この理由は、構成するデンプンとしてアミロペクチンの含有量が多いことがあげられている。

小豆島は手延べ素麺の産地となったのは、オリーブ油、醤油などそうめんを作る油と汁用の醤油、周囲が海に囲まれているからだしの材料に不自由しないことがあげられる。さらに、慶長3（1598）年に、池田町の農家が副業として小麦の栽培をはじめ、良質の小麦がとれたことにある。

めんの郷土料理

①ぶっかけうどん

讃岐うどんの代表的食べ方である。高松市の郊外は、四国85番目の札所・八栗寺への参道沿いで、人の集まるところであると同時にうどん専門店も多い。ぶっかけうどんの発想は、造り酒家の店主が、自分の好みのうどんを食べたいという発想から生まれたらしい。客がめいめいのどんぶりに、うどんをとり、好みの具を選んで最後にうどん汁をかけて清算するという、今はやりのセルフサービススタイルの仕組みの店が出来上がったという。

②釜揚げうどん

茹でたげうどんと生卵をすばやく和え、この上にうどんの汁をかけた「かまたま」といわれる食べ方がある。

③醤油かけうどん

丼にうどんをとり、これに好みの具を載せてコンブと鰹節、煮干し（イリコ）でとっただし汁をベースとした醤油味の汁をかける。

④ドジョウうどん

「きりこみ」ともいう。短い手打ちうどんに具入りのうどん汁をかけたもの。汁のだしはフグ、エビ、イリコでとる。野菜はダイコン、サトイモなど。汁の味付けは味噌味。短い麺をドジョウにたとえて名付けたうどんである。

⑤肉うどん

一人用の小鍋にうどん玉、牛肉の薄切り、蒲鉾、ネギのぶつ切りなどをならべ、麺つゆをかけて煮込む。

⑥年明けうどん

「年越しそば」に対して、香川県の讃岐うどんの関係者が平成21（2009）年正月に設定したのが、「年明けうどん」である。讃岐うどんのメッカ香川県では古くから正月にはうどんを食べる習慣がある。「うどんは太くて長い」ことから「長寿」に繋がるとの縁起のある食べ物として食べられていた。

正月の「お目出度い」の意味を表すために、「年明けうどん」の具には赤いもの（赤い日の出蒲鉾、茹でたエビなど）を添えることが必須条件となっている。「年明けうどん」は、元旦から1月15日までの間に食べるものをいうことになっている。

⑦小豆島素麺（なすびそうめん）

「島そうめん」ともよんでいる。小豆島は冬の日照時間が長く、素麺の天日乾燥に適しているので、寒づくりが盛んである。油で炒めたナスを、イリコだし汁で煮込む。

⑧ドジョウそうめん

ドジョウ入りの素麺。泥を吐かせてドジョウを煮込み、湯が沸騰したら半分に折った素麺、具を入れて、味噌仕立てで煮込んだもの。

⑨打ちこみ汁

「切り込み」ともいう郷土料理。ワラビ、竹の子、サトイモ、ニンジン、ゴボウ、ジャガイモ、ナス、カボチャなどの野菜をたっぷり入れた煮込みうどん風の粉食である。小麦粉に水を加えて生地を作る。食塩を加えないで生地をまとめるのが特徴である。「ほうとう」や「すいとん」のように太く、短く切る。

⑩なすびそうめん（茄子そうめん）

讃岐の郷土料理で、夏に食べる。油で炒めたナスに、イリコ、トウガラシを入れて、醤油、砂糖で調味し、ナスが軟らかくなるまで煮込む。茹でたそうめんを加え、煮汁をしみこませる。主食または惣菜として利用する。

38 愛媛県

タルト

地域の特色

四国の北西部に位置する県である。北部は瀬戸内海、西部は豊後《ぶんご》水道に面し、大部分は、四国山地となっている。かつての伊予国の全域を占める。北部に高縄半島、西部には豊後水道に向かって佐田岬半島が突き出ている。県庁所在地の松山市は愛媛県の中部に位置し、瀬戸内海の伊《い》予《よ》灘《なだ》に臨み、近世には久松氏15万石の城下町だった。また水産練り製品の製造や魚の養殖で盛んな宇和島市は伊達氏の城下町であった。

全体に山がちで、南部は山地が海に迫り、沿岸はリアス式海岸を形成している。気候は温暖で、冬の日照時間も長い。とくに、宇和海沿岸は温暖である。山がちのため、開発の進行度合いは速くなかった。

食の歴史と文化

山がちで温暖な気候ため、南予地方の段々畑では、果樹の栽培が盛んである。とくに、温州みかんをはじめとする各種のかんきつ類栽培は盛んである。

漁業では宇和海沿岸ではブリやマダイの養殖が盛んに行われている。佐田岬沖を流れる豊後水道で漁獲されるマサバやマアジは、九州・大分の関サバ、関アジと同じ海域で漁獲されることから、岬サバ、岬アジとして市場に出荷されている。

伝統野菜では、伊予緋かぶ、清水一寸ソラマメ、うすい豆、女早生（サトイモ)、松山ナス、その他の野菜がある。「伊予緋かぶ」は、松山藩主久松氏の時代に滋賀県から取り寄せたカブの種子を栽培したのが始まりとの説や、藩主・蒲生忠知のときに栽培したのが始まりなどの説がある。

郷土料理には、大皿に一尾まるごと煮付けたマダイと素麺をのせた「鯛めん」がある。祝い事に欠かせない料理である。「五色そうめん」という名物がある。ヤマノイモの白、鶏卵の黄色、梅肉の赤、抹茶の緑、そばの茶色の五色で彩った素麺である。江戸時代中期の享保年間（1716～36）に、藩主から中御門天皇（1701～37、114代天皇）に献上したといわれている。また、「福めん」は、大皿にコンニャクの刺身を盛り、上に魚のそぼろや入り卵を盛り付けたもので、宇和島地方の祝い事に作る。

愛媛県の銘菓には「タルト」がある。半生の菓子である。ポルトガル語のタルタ（taart）に由来する名前で、小麦粉に、砂糖、卵を混ぜあわせたカステラ生地を焼いた半生の菓子で、ユズの香りが特徴である。

知っておきたい郷土料理

だんご・まんじゅう類

①ゆでもち

サツマイモの粉で平たく作っただんご。豊後水道の突端の宇和郡の漁村では、こなもので一番利用頻度の大きいのは、サツマイモの粉である。

サツマイモの粉を練ってだんごの硬さになるまで練り、適当な大きさにちぎって平たく丸めて茹でて、麦の入った粉か黄色の粉（黄な粉など）をまぶす。サルや人形の形にして茹でることもある。秋にサツマイモを収穫し、切り干しにして保存し、春先に製粉する。

②とりつけだんご

盆や七夕、たのもさ（旧暦8月1日に豊作を祈る行事）、お月見に作るだんごで、米粉や小麦粉で作るだんごで、餡をまぶして食べる。

粉は熱湯で練り、よく捏ねてだんごにし、熱湯に入れて茹でる。浮き上がっただんごは、砂糖入りの小豆餡をまぶして食べる。

③草もち

重曹の入った湯でアクを抜き、緑色を発色させたヨモギを入れただんご。雛祭りに作るだんご。端午の節句には、サルトリイバラの葉で包んで「しばもち」を作る。

④練りもち

日常の間食として簡単に作る粉もちである。うるち米の粉にヨモギを入れて練り合わせた生地を作る。この生地で餡を入れて包む。粉もちには黄な粉をまぶす。

⑤りんまん

3月の雛祭りには米粉に砂糖と醤油を入れて蒸して作る醤油もちと、うるち米の粉にかたくり粉を入れた粉もちの生地で作る「りんまん」がある。この生地で餡を包み、赤・青・黄に着色した米で粉もちの上を飾り、蒸し上げる。蒸した粉もちは、冷ますと「りんまん」につやがでる。雛祭りには、雛壇に供える。

⑥タルト

小麦粉・砂糖・卵を混ぜて、水を加えて練った生地を焼いたカステラ生地で、伊予特産の柚子入りの小豆餡を巻いたものである。柚子の香りが口いっぱいに広がる爽やさがあり、松山だけに残る南蛮菓子。松山藩主・松平定行が、江戸時代前期の寛永12（1635）年に、長崎に出かけた時に、ポルトガル人から教えられた菓子を、松平家の銘菓として伝えたものである。明治時代になり、庶民も食べられるようになる。タルトの名は、ポルトガル語のタルタ（taart）に由来する。松山のタルトの名の由来は、洋菓子のタルト（パイ生地にクリームや果物をのせたもの）と同じ意味である。製造元の「一六本舗」の創業は明治16（1883）年である。洋風の菓子に使う材料は使っていないのが特徴の菓子である。

⑦月窓餅《げっそうもち》

本ワラビ粉を原料とした餅で漉し餡を包み、青大豆の黄な粉をまぶした、小さな和菓子。菓子の名は愛媛県西部の大洲《おおず》藩2代藩主・加藤泰興（1611～78、槍術の名人）の号に因んで名付けられたものである。口の中で軟らかな餅の食感と青大豆の風味が合う。大洲市で、380年以上もの歴史のある「村田文福《ぶんぶく》老舗」に伝わる銘菓。

⑧鶏卵饅頭

寛政2（1790）年に創業した「鶏卵饅頭　一笑堂」で発売した饅頭で、今治の中心地に店を構えている。銘菓「鶏卵饅頭」は、水を使わず卵だけで練った生地で、漉し餡を包み蒸した菓子。直径は2cmほどの大きさで、一口で数個は頬張ることができる。今治藩御用達の頃は大手饅頭とよばれていた。鶏卵饅頭に「巴」型の焼き印を両面に押したものが「焼鶏卵饅頭」とよんでいる。

お焼き・焼きおやつ・お好み焼き・たこ焼き類

①ほうろく焼き

小麦粉に砂糖を混ぜ、水を加えてどろどろに捏ねる。これを、火にかけたほうろくに流し入れ、こんがり焼く。農作業の間食に用意する。

②あん巻き

土居町での身内の集まりのときに用意するおやつ。小麦粉に卵、砂糖を混ぜ、水を加えて薄い濃度の生地にする。これをほうろくで薄い皮に焼き上げる。この皮で小豆餡を包み、熱いうちに食べる。

麺類の特色

愛媛の名物の「五色そうめん」は、素麺の製造元「五志喜」に由来する。現在は、白地のそうめん、鶏卵（黄）、抹茶（緑）、梅肉（赤）、そば粉（茶）のそれぞれの色は、食品のもつ色素を活かしたものである。

めんの郷土料理

①鯛めんの姿身

「鯛めん」は「対面」にちなんで松山藩の接待料理にヒントを得たものである。五色そうめんと小鯛の浜焼きを盛り合わせた豪華な料理。

②手打ちうどん（玉川町）

手打ちうどんを使って、うどんの釜揚げ、油揚げやネギを入れた煮込みうどんを作る。

39 高知県

ケンピ

地域の特色

四国の南部に位置する県で、太平洋に面した海岸線はリアス式海岸を形成し、南東部に室戸岬があり、南西部に足摺岬があり、その間が土佐湾となる。東西に長い形状をしており、北部は四国山地が占め、県域の8割もある。平地は高知平野、中村平野、安芸平野が広がる。平野には物部川、仁淀《によど》川が流れている。気候は、黒潮の影響を受け、温暖である。梅雨の時期と夏は降雨量は多い。台風の通り道であるから、風水害も多い。

かつての土佐全域であり、江戸時代には、土佐藩・山内氏の領地であり、県庁所在地の高知市は近世、城下町として栄えた。物部川や四万十川の治水には、土佐藩初期の家老・野中兼山《けんざん》の功績が大きかった。

食の歴史と文化

山がちなため稲作は少ないが、温暖で日照時間が長いため野菜の栽培に適している。伝統野菜には、十市《といち》ナス、十市往来シシトウ、弘岡カブ、土佐ブンタン、イタドリなどがある。近年は、1個1kgほどの土佐ブンタンが、関東地方の市場でもみられるようになった。

土佐は、カツオ漁の盛んなところで、黒潮にのって移動するカツオを南のほうから東北方面まで追い、鮮魚だけでなく、カツオのたたきのような半調理品、なまり節や鰹節、缶詰のような加工品として利用されている。

高知の代表的郷土料理である「皿鉢《さわち》料理」は、直径30cm以上の皿に、魚（カツオ・ブリ・ヒラメ・イカ、その他の魚介類）の刺身や焼き物、すし、揚げ物、季節の野菜などを盛りつけて提供する料理で、祝い事のときに用意することが多い。素麺を盛る場合もある。豪華に見え、好きなものを好きなだけ食べられる。京都の膳式料理の名残の料理で、発祥は江戸時代のようだが、明治維新後に一般化し、家庭でも用意するようになった。京都や金沢のタイの蒸し料理に似た「鯛の玉蒸し料理」がある。マダイの腹の内臓を除き、その中に各種の具材を詰めて蒸した料理である。

知っておきたい郷土料理

だんご・まんじゅう類

①ほしかもち

「ほしか」の粉とは、サツマイモの皮のまま輪切りにして干したもの＝「ほしか」という）を台唐臼《だいがらうす》で搗《ひ》き、石臼で挽いて粉にしたものをいう。ほしかの粉で作るもちを「ほしかもち」といい、春先に食べ、山仕事の弁当にも利用する。

「ゆでもち」と「蒸しもち」の2種類がある。ほしかの粉を少し硬めに練り、適当な大きさに丸めて、熱湯に入れて茹でたものが「ゆでもち」である。節句、彼岸には、ほしかの粉に少量の小麦粉やそば粉を混ぜて、水を入れて練る。小豆餡を入れて蒸して作る。

②そばもち

そばだんごともいい、そば粉に水を加えて練る。あるいは、だしじゃこ（煮干し）でとったダシ汁で、薄い塩味をつけ、そば粉を入れて練り上げて作る。適当な大きさにちぎって丸め、蒸してつくったものと、湯の中に入れて茹でたものと作り方により2種類の「そばもち」がある。来客のあるときや神祭《じんさい》、節句などのハレの日に作る。日常の間食や食事のたしに作ることもある。旧暦の12月1日（「おとごのついたち」という）には、新そばでそばもちを作って、神に供える。

中には小豆餡を入れることもある。また、餡には、固形の黒糖を刻んだ1塊を生地で包んで丸めたりもする。黒糖は、もちの中では溶け、食べるときに飛び出してくる。

昔は冬の夜に、家庭の茶の間で作ったものである。

③ほしかだんご

茹でたサツマイモを乾燥した「ゆでぼしか」を水に浸けて軟らかくし、たっぷりの水で煮る。半煮えのものを、もち米を加えて炊き上げる。熱いうちにすりこぎで搗き、冷めてからだんごに丸める。小豆餡をからめて食べる。

ゆでぼしかに小豆を混ぜて炊いただんごは、八朔《はっさく》（旧暦8月1日）に作る。

八朔には、贈りものをして祝う習俗が、古くからあった。

④しばもち

端午の節句の祝いに作る柏餅に似た粉もち。柏の葉の代わりに、サルトリイバラの葉（ミョウガの葉を使うこともある）一枚一枚で小豆餡を包んだ生地に当てて蒸す。粉もちの生地は、もち米、小麦粉、生きり干しサツマイモの粉を捏ねて作る。

⑤ケンピ

小麦粉と砂糖のみで作った菓子で、堅く、噛みしめていくと香ばしさと甘さが感じられる飽きのこない味である。噛みしめて楽しむ高知の茶菓子。製造元の「西川屋老舗」は元禄元（1688）年の創業で、土佐藩主・山内一豊などを含む山内侯に勤めた土佐藩の御用菓子屋。明治時代まで御用菓子屋は続いた。ケンピの材料の小麦粉の値段が高かったので、サツマイモを使った芋ケンピが広まったこともあった。

お焼き・焼きおやつ・お好み焼き・たこ焼き類

①ひきごもち

小麦粉で作った餅で、小麦粉を水で練り、小豆餡を入れて丸め、サルトリイバラの葉やミョウガの葉などで包んで蒸したものと、小豆餡を包んだ生地を油をしいた鍋で焼いたものがある。夏真祭り、七夕、お盆、八朔（旧暦の8月1日）に作る。

めんの郷土料理

①なすのそうめん煮（南国市）

夏の野菜であるナスとそうめんを組み合わせたそうめん料理。縦に切ったナスとだしジャコを煮た中に、そうめんを入れて煮込む。

②皿鉢料理とそうめん

高知の郷土料理の皿鉢料理には茹でたそうめんを添える場合もある。

40 福岡県

博多ラーメン

地域の特色

九州の北部に位置する県で、北西部は日本海、北東部は瀬戸内海、南西部は有明海に面し、魚介類に恵まれている地域である。中央部に筑紫《つくし》山地があり、北部に福岡平野・直方《のうがた》平野・南西部に筑紫平野が広がっている。かつての筑前・筑後の2つの国と豊前《ぶぜん》国の一部である。

県庁所在地の福岡市は福岡県北西部、博多湾に臨む位置にある。古くから港町として栄え、近世は黒田氏の52万石の城下町であった。福岡市の一部である博多は、朝鮮半島・中国大陸との交通や交易の要衝であった。平野部は肥沃な土壌で、稲作ばかりでなく、小麦や大麦の栽培が行われている。対馬暖流の影響で、温暖であるが、日本海側の冬は季節風が厳しい。

古くから、東アジアとの交流の拠点であったから、文化の面では中国、朝鮮半島の影響もうけている。江戸時代には福岡藩、久留米藩、柳川藩、小倉藩などに分かれていて、それぞれが独特の文化をもっていた。

食の歴史と文化

肥沃な平地に恵まれているので、平地の8割は稲作である。栽培品種の半数は「コシヒカリ」で、次に「夢つくし」の栽培量が多い。小麦、大麦、大豆などの生産量も多い。特産の「あまおう」という品種のイチゴ、「博多ナス」(長ナス）は関東地方でも人気である。八女茶《やめちゃ》の由来は、室町時代前期の応永13（1406）年に、出羽（山形）の国の周瑞《しゅうずい》禅師が、筑紫の八女鹿子尾《かこお》村（黒木町）に霊厳寺を建立するときに、この地に茶種を持ち込んで栽培したといわれている。

博多の郷土料理や名産は魚料理をはじめ種類が多い。特徴のあるものには「ウナギの蒸籠蒸し」「辛子明太子」「シロウオの踊り食い」などがある。こなもの系の代表には「鶏卵素麺」「博多ラーメン」がある。鶏卵素麺は、麺類ではなく江戸時代前期から氷砂糖に鶏卵を溶かし、素麺のような模様をした菓子である。ラーメンは、地方や店によって特徴がある。博多ラーメンの基本的な特徴は、豚骨スープのラーメンである。昭和30年頃に誕生したものであるが、同じ博多の店でもだしのとり方や材料が同一ではないようである。

知っておきたい郷土料理

だんご・まんじゅう類

①へこやしだご

小麦粉に黒砂糖を加えて、軟らかく溶く。鉄鍋に菜種油をひき、杓子1杯をたらして焼く。具を入れないお好み焼き風のだんごに似ている。温かいうちに食べるのがコツ。

②手のはらだご

田植え時のおやつとして作るだんご。「手のひら」の大きさでべたべたとするのが、「手のはら」の名の由来といわれている。

作り方は、小麦粉に水を加えてだんごの硬さに捏《こ》ねる。これを適当な大きさにちぎって手のひらにとり、ぺたぺたとし、手のひらの大きさに作る。これを熱湯の中に入れて、浮き上がったら掬い、黒砂糖入りの黄な粉をつけて食べる。

③二度まんじゅう

柳川市地域では、3月15日は「つつぼだこ」といって、田圃の仕事の安全を祈って、干してある籾殻の米の粉「つつぼ」でだんごを作る日である。この時に、うるち米の粉、もち米、小麦粉で作るまんじゅうを「二度まんじゅう」という。まんじゅうの生地には小豆餡を入れる。生地にはヨモギを入れることもある。

④さんきらまんじゅう

旧暦の5月の節句のために、サンキラ（山帰来＝サルトリイバラ）の葉を摘み、この葉でまんじゅうの両面に挟んで蒸す。餡には小豆や栗を使い、甘味は黒砂糖でつける。

さんきらまんじゅうは、8月の盆、9月1日の月おくれの「八朔さんの日」（農家では豊作祈願・予祝などの行事に贈り物をする）の時にも作る。

お焼き・焼きおやつ・お好み焼き・たこ焼き類

①ふな焼き

小麦粉に水を加えてどろどろの生地にする。これを、炒り鍋やフライパンで薄い皮に焼く。黒砂糖や味噌を挟んで食べる。

麺類の特色　博多はうどん処といわれている。博多駅の近くには「饂飩蕎麦発祥の碑」がある。博多の麺は軟らかいのが特徴で、やさしい弾力がある。だしは透き通っている。だしには羅臼コンブ、イリコ（煮干し）を使う。

めんの郷土料理

①丸天うどん

博多名物の円形のさつま揚げを入れたうどん。

②ごぼう天うどん

ささがきゴボウの天ぷらを入れたうどん。

③たらいうどん

博多湾の中央に浮かぶ能《の》古島《このしま》でつくる「能古うどん」と軟らかい細めんを一緒に盛り合わせたうどん。コシの強い能古めんと、細めんの軟らかい食感を楽しむ。能古島が発祥の食べ方といわれている。

④博多ラーメン

昭和30年頃、久留米に誕生したのが博多ラーメンの始まりであるとの説がある。スープに特徴がある。豚骨を高熱で長時間煮出して、骨のなかのうま味成分をスープ内に溶出する濃厚なスープである。

41 佐賀県

ひらひぼ汁

地域の特色

九州の北部に位置する県で、北西部は日本海に面し、南部には有明海に面して佐賀平野が広がる。北東部は筑紫山地がある。北には玄界灘が面している。東岸には唐津湾、西岸には伊万里湾を形づくっている。西部は山がちで、武雄《たけお》・嬉野《うれしの》などの盆地がある。気候は、夏に雨が多く、冬は雨が少ない、温暖である。玄界灘は季節風が厳しい。

かつての肥前国の東半分の地域であり、江戸時代には佐賀藩と唐津藩がこの地を治めていた。江戸時代以降、水害を抑え、堤防や用水路をつくり治水に成功した。

佐賀県の県庁所在地の佐賀市は、佐賀県の南東部に位置し、筑紫平野西部の商業・行政・交通・文教の中心地であった。江戸時代は鍋島氏の城下町として栄えていた。

食の歴史と文化

佐賀県の面積は小さいが､米作りの先進地域であった。「ヒノヒカリ」「夢ずくし」などの品種を中心として栽培している。温暖な地域のため水田の裏作を行う農家もある。小麦・二条大麦の生産量も多い。温暖なため、温州みかんをはじめ、いろいろな種類のかんきつ類も栽培されている。

水はけのよい嬉野は、お茶の特産で、蒸し製と釜入りの玉露がある。嬉野茶は、室町時代中期の永享12（1440）年に、平戸を訪ねてきた中国人によって伝えられたといわれている。郷土料理には、祭りやハレの日に作る「くんち（供日）料理」に特徴がある。有明海特産のムツゴロウ（ハゼ科）を具にした「須古《すこ》ずし」（押しずし）がある。小麦産地であるので、小麦団子を入れた団子汁もある。古くは、米の代わりに小麦粉を利用していた。

九州・佐賀県唐津市は古くは朝鮮半島への要地であったためか、この地の菜畑遺跡の縄文晩期終末の地層から大麦が検出されていて、同じ遺跡のこの地層よりも上部である弥生前期初頭の地層からはソバが検出されている。

知っておきたい郷土料理

だんご・まんじゅう類

①ながだご

厄年の祝い（厄年の厄落とし、還暦の長寿の祝いなど）、七五三などのハレの日に、災難に遭わないことを祈願して、神仏に供えるだんご。

サツマイモは皮を剥いて、小さく切って蒸す。蒸したイモに小麦粉を入れ、軟らかくなるまで捏ねる。だんごの硬さまで捏ね上げたら、手のひらより小さめに延ばし、餡がたっぷりくっつくように、真ん中に筋を立てて、熱湯で茹でる。茹で上がったらザルにとり、少し乾いてから小豆餡をからめる。

②米ん粉だご

ハレの日に作る。また正月に作るものは「ときだご」、盆に作るものは「迎えだご、送りだご」、春や秋の彼岸の作るものは「彼岸だご」、節供に作るものは「節句だご」という。

「米ん粉」とは、「うるち米のくず米を洗って乾燥し、ひき臼で粉にしたもの」をいう。

米ん粉に水を加えて、だんごを作るのに適した硬さまで練る。この生地を一口大にちぎり、丸く、平べったい形にして茹でて、だんごを作る。これに醤油や砂糖をつけて食べる。

③いもん粉だご

生切り干しサツマイモの粉は「いもん粉」といっている。このいもの粉をこね鉢の中で、水を加えてよく捏ね、棒状にまとめて食べやすい厚さに切って蒸す。蒸し上がったらそのまま食べる。ご飯代わりに食べることもある。

また、いもん粉だごの生地で、サツマイモを包んで蒸してから、輪切りにして蒸す作り方もある。

間食用として利用するだんごである。

④ふつだご

「ふつだこ」の「ふつ」は佐賀郡地区では「ヨモギ」のことをいい、「だこ」は「だんご」のことなので、「ふつだこ」は「ヨモギ入りのだんご」（あるいは「草餅」）のことである。春の彼岸に仏壇に供え、春の間食用に利用する。仏壇に供えただんごは、おろしたら、煮しめや漬物をおかずにして食べる。

米の粉とヨモギを捏ねて搗《つ》いて、だんごの生地を作る。この生地で小豆餡を包み、蒸したもの。

⑤かんころだこ／石垣だこ（鎮西町）

かんころだこは、かんころ粉（生切り干しのサツマイモ）に熱湯を加えて作るだんご生地で小豆餡を包み、蒸したもの。石垣だこは、サツマイモの輪切りを餡にして、かんころ粉の生地で包み、蒸したもの。サツマイモにより表面が石垣のようになるので、石垣だこの名がある。

かんころだこを作るときは、だんごの上下にサルトリイバラの葉を当てて蒸し、石垣だこを蒸すときは、下の面だけにサルトリイバラの葉を敷く。

⑥かんころだんご（鎮西町）

かんころ粉と小麦粉を混ぜて水を加えて捏ねて、だんごの生地を作る。小豆のつぶ餡やソラマメ、茹でたサツマイモを潰したもの「えんどうやえいも」を餡にして包み、蒸したもの。

雨などで田圃や畑での仕事ができない日に、作って食べる。

⑦ふくらましまんじゅう（鎮西町）

麦飯に麹を加えて作った麦麹、小麦粉でまんじゅうの生地を作り、これで餡を包んで蒸して作る。子どもの祝いの日に作る。大ぶりのまんじゅうで、どこの家庭でも作り、子どもたちの好物である。

⑧ぎおんまんじゅう（有田町）

8月の地域の祇園祭（8月1日は石場神社、8月2日八坂神社、8月3日は陶山神社の祭り）に作るまんじゅう。米の粉と小麦粉を混ぜ、これにごく少量の重曹を入れて生地を作り、小豆餡を生地で包み、蒸したまんじゅう。蒸すときにはサルトリイバラ（佐賀地区では「がんじゃー」）の葉を敷いて蒸す。

⑨松露饅頭

球形のまるい可愛らしい饅頭で、小さく丸めた漉し餡にカステラ生地をかけながら焼いたもの。美味しさだけでなく、焼きたては香ばしいところにも、格別の評価を得ている。製造元の「大原老舗」の創業は嘉永3（1850）年。「松露饅頭」は「大原老舗」の代名詞ともなっている。大原老舗の所在する唐津は、玄界灘に面し、古くから中国大陸との交通の玄関口であった。有名な唐津焼は、大陸から安土桃山時代に伝わったもの。唐津の「焼き饅頭」も、中国との文化交流の中で伝わったものである。海産物問屋を営む、あわび屋惣兵衛の妻が作る焼き饅頭の評判がよいので、惣兵衛は菓子屋へ転業し、「松露饅頭」を開発した。「松露」とは、松林に自生する球形のキノコである。惣兵衛の作った饅頭は、唐津の松林で見つかる松露に似ていることから、「松露饅頭」と名付けられたといわれている。

⑩丸芳露《まるほうろ》

元禄9（1696）年に創業した「北島」は、南蛮菓子も作っていた。明治時代に入り、新しい味を求める客に応えるために開発したのが「丸芳露」であった。南蛮菓子からボーロ風の菓子に仕立てたものである。

お焼き・焼きおやつ・お好み焼き・たこ焼き類

①ぐずぐず焼き

小麦粉に水を加えて、どろどろの生地にする。これを鍋やフライパンで薄焼きに仕上げる。黒砂糖を挟んで食べる。筑後川河口地域では、間食に用意する。

めんの郷土料理

①なま皮うどん（佐賀市）

小麦粉を水で捏ねて、ぬれ布巾をしばらくかぶせてねかせてから、食塩水を入れて練り上げる。細く切って煮込みうどんやつけめんにする。

②ひらひぼ

小麦粉のうどんの生地を短冊に切り、熱湯で湯がき、みそ汁に入れる。

③ろくべえ（太良町）

サツマイモの粉で作る麺で、茹で上げたら、醤油味のだし汁をかける。

42 長崎県

長崎ちゃんぽん

地域の特色

九州の北西部に位置する県で、東シナ海に面し、北松浦・島原・長崎・西彼杵《にしそのぎ》半島と五島列島・平戸島・壱岐・対馬などの約6,000もの島々からなる。半島や島嶼地区は山地や急傾斜が多い。海岸はリアス式海岸を形成している。長崎県は陸も海も複雑な地形をなしている。対馬暖流の影響で温暖だが、降雨量は多い。

古代から海岸との交流の窓口となっていて、鎖国政策がとられた江戸時代も、長崎の出島でオランダ・中国との貿易が行われていた。朝鮮半島との交流は、対馬を介して行われていた。

長崎県の県庁所在地の長崎市は、長崎県南部の長崎半島のつけ根にある。元亀2（1571）年に、ポルトガル船が寄港して以来、貿易港として発展し、江戸時代には国内唯一の貿易港として発展した。昭和20（1945）年8月9日に原子爆弾の投下によって廃墟となり、広島市と同様に平和復興へ向かって宣言している。3・11の東日本大震災による東京電力福島原子力発電所の被害からの復旧・復興には、広島市・長崎市のように長い年月が必要となると考えざるをえない。

食の歴史と文化

地形が山形や急傾斜地なので、棚田や段々畑が多く、農地としては恵まれているとはいえない。野菜ではジャガイモ「さちのか」の特産である。果実では「茂木ビワ」が有名である。茂木ビワは、奈良時代に中国から伝えられたといわれている。

複雑な海岸線の地域が多く、西方に広がる大陸棚を有し、好漁場が多く、漁業が発達している。漁船による漁業も発達しているが、複雑な海岸線を利用した養殖も発達している。

加工品では島原の手延べ素麺、五島の手延べうどんが有名である。島原素麺は、江戸時代前期の寛永14（1637）年の島原の乱の後に、島原半島の農民により作られた。五島うどんは五島列島で作られている。古い製麺所は92年も前から営業しているようである。五島列島に伝わる郷土料理に「かんころもち」がある。サツマイモを切って、半茹でにして、寒風で乾燥すると「かんころ」ができる。かんころともち米を蒸して潰し、ゴマ・ショウガ汁・砂糖で調味し、かたくり粉をまぶしながら蒲鉾のように仕上げたものである。長崎の名物の「皿うどん」は、油で揚げた細めの麺を皿に盛り、上から長崎チャンポン用に煮込み、かたくり粉でとろみをつけたものである。長崎チャンポンは、明治時代の中期に、福建省から渡来した陳平順（チェンピンシュン）が長崎で作った麺料理であったと伝えられている。明治12（1879）年には、パリーの外国宣教会が、フランスの小麦粉で作った手延べそうめんのようなものであったと伝えられている。

知っておきたい郷土料理

だんご・まんじゅう類

①どんだへもち

サツマイモの粉に、小麦粉を加えて作るもちで、お年寄りの集まり、農作業の間食用に作る。

乱切りして蒸したサツマイモと米粉を臼に移し、杵で搗き混ぜる。餅のようになったら、浅い木箱にあけて、だんごのように丸め、黄な粉をまぶしたり、中に餡を入れたりする。

②はちりだご

島原半島南部の須川地区では、小豆島出身の人が素麺づくりを始めたことも関係し、「はちりだご」は「はちり」（サツマイモ）を輪切りにして、素麺の製造過程で短く切れてしまった素麺を巻きつけて蒸し上げて作る。素麺づくりに忙しい時には、昼食の代用として食べる。

③手のひらだんご

五島のサツマイモを使って作るかんころ粉を利用しただんご。サツマイモのかんころ粉に水を加えてだんごを作るのに適した軟らかさまで捏ね、手のひらや型に入れてだんごの形をつくり、熱湯に入れて茹でる。赤砂糖、黒砂糖、黄な粉をつけて食べる。

かんころは、11月頃から作り、だんごは4月8日のお釈迦様に供える。

④いもだんご

五島の春先の間食に作られる。皮をむいて、適当な大きさに切ったサツマイモは、軟らかく煮る。煮たイモと茹でてさらしてふきんでしぼったイモを混ぜて、臼で搗き、よく混ざり合ったら、丸めて黄な粉をつけて食べる。

⑤にぎにぎだんご

五島では彼岸明けとお盆の15日には、必ず作る米粉のだんご。そうめんと一緒に仏壇に供える。

こね鉢に米粉を入れて、だんごの生地に作る。生地は片手にとり、「にぎにぎ」するように型を作り、沸騰している茹で上げる。彼岸、お盆、祭りなどのハレの日に作る。

⑥せんだご

サツマイモを発酵させて作ったデンプンのようなもの（「あったせん」といっている）をどんぶりに入れ、手で捏ねて、歯応えのよい生地を作る。これを碁石ほどの大きさに丸めて、茹で上げる。真っ黒な「せんだご」ができる。砂糖をまぶして、間食として食べる。

⑦けいらん

うるち米の粉で作る、竹筒のような形で、白い生地の真ん中に赤で絵付けした餡まきだんごのこと。白い生地が茹で卵の白身の色に似ていることから「けいらん」の名がある。

法事、彼岸など先祖の供養のときに、仏壇に供えたり、茶うけとして客にすすめたりする。

外側に水に浸けたもち米をまぶして蒸す。この時に、栗のいがのようになるので、これを「いがけいらん」という。

⑧けいらんまんじゅう

米の粉で作ったまんじゅうで、彼岸や豊作祈願、盆などに神仏に供える。米の粉の生地は、蒸したあとで、茹で卵の白身のようにつやがでるので、「けいらんまんじゅう」の名がある。

これに似た鶏卵饅頭は山口県、島根県などにもある。

⑨かからだご

単に「もち」ということがある。4月からお盆過ぎまでサルトリイバラの葉が大きくなる頃まで、田植えの後の間食、仏事や祝い事の供え物として作る粉もちである。

もち米の粉、小麦粉を混ぜて、捏ねた生地で小豆餡を包み、さらにサルトリイバラの葉で包んで蒸す。

⑩かんころだんご

サツマイモの粉のかんころの粉に水を加えて捏ねた生地で、小豆餡を包み、小豆のつぶし餡を包み、サルトリイバラの葉を敷いて蒸したまんじゅう。

春から夏の雨の日に間食として家庭で作る。

⑪島のかんころもち

長崎に伝わる「干しいも・もち米・砂糖」を混ぜて搗き合わせた餅である。サツマイモが、平戸で最初に持ち込まれたのが、1615年である。それ以来、サツマイモの利用法は考えられたらしい。11月になると、五島列島ではサツマイモを薄く輪切りにして乾燥し、これを茹でて干しいも（カンコロ）をつくる。正月になると、カンコロを蒸し白い米の餅に混ぜて搗いて、かんころもちを作る。第二次大戦後、砂糖が入手しやすくなると、かんころもちに砂糖が入るようになった。

麺類の特色

長崎のうどんの代表としては、「五島うどん」があげられる。五島にうどんの作り方を伝えたのは、7世紀から9世紀に中国へ渡った遣唐使という説、四国のうどん職人が五島に渡ってうどん作りをしたという説もある。

五島列島といっても大小127の島がある。その中でも中通島、若松島、奈留島、久賀島、福江島が五島といわれている。五島は、晩秋から春先にかけて北西の風が吹く。その風は、山を越え、冷たく乾いた風となって島の東側へ吹き降ろす。この五島特有の風が麺の乾燥に最適なのである。

五島うどんは表面に、五島に多い椿油を塗りながら延ばす。五島のうどんはもちもちしてしっかりしているのが特徴である。だしは焼きアゴ（トビウオ）を使う。

めんの郷土料理

①地獄炊き

ぐらぐら煮立つ鍋からうどんを取り出して食べる。生醤油か、生醤油に生卵を入れた麺つゆで食べる。夏は冷たいざるそばで食べる。

②そば切り

お盆や祭りのときは、手打ちそばを作る。茹でたそばの上には、ヤマイモの擂ったものをかけ、その上から熱いそばつゆをかける。

③そばぞうし

「そばぞうすい」のこと。大鍋に煮干し、ダイコン、ニンジンなどの季節の野菜を入れ、醤油味で煮る。この中に打ったそばか捏ねたそばの指先ほどの長さのものを加えて煮る。

④島原そうめん

島原の手延べそうめん。江戸時代前期の寛永14（1637）年の島原の乱の後に、島原半島の西有家地方に移住した農民により作られた。コシや風味のあるのが特徴。

⑤ちゃんぽん

長崎ちゃんぽんともいう。独特の固形かんすいで独自の風味をだした麺（ちゃんぽん）を使う。長崎は、遣隋使、遣唐使の時代から中国との交流している頃にはすでにこのちゃんぽんがあったと伝えられている。

⑥じごくそうめん（地獄そうめん）

島原地方の郷土料理。手延べそうめんを煮立てた鍋の中に入れ、鍋を囲みながら生醤油、卵、カツオ節からできたたれに、薬味にネギ、ショウガ、ユズコショウを使って食べる。煮えている様子が、地獄池のようにみえるので、この名がある。めんが煮崩れしないように太いそうめんを入れて煮る。

43 熊本県

いきなりだんご

地域の特色

九州の中部に位置する県で、北東部は阿蘇山、南部は九州山地、西部は島原湾、八代湾に面し、熊本平野・八代平野がある。西に突出する宇土半島があり、その先に天草諸島がある。熊本県の県庁所在地の熊本市は九州のほぼ中央に位置し、交通の要地である。細川氏の城下町として、熊本城を中心に発達した地域である。

かつての肥後国全域である。江戸時代には加藤清正がこの地を領し、治水工事や灌漑水路などを開設した。

食の歴史と文化

熊本県は半島もあり、数々の島を有していて、沿岸線が複雑なので漁業が発達している。とくに、クルマエビ、マダイの養殖をはじめとし各種の養殖業が発達している。傾斜地の多い地形なので、かんきつ類をはじめとし各種の果実の栽培も盛んである。熊本県では「くまもとふるさと伝統野菜」を制定し、ワケギ、高菜、水前寺菜などが栽培されている。

熊本の名物の「からしレンコン」は、熊本西部の白川流域一帯で収穫されるレンコンを使うものである。寛永9（1632）年に細川家の菩提寺の玄沢寺和尚が考案したといわれている。

熊本県の郷土料理の「いきなりだんご」は、手軽に作ることができることからこの名がついたといわれている。サツマイモを餡にした饅頭風のもので、農家の農繁期に食べるものとして用意した。

知っておきたい郷土料理

だんご・まんじゅう類

①あんころがし

米粉をぬるま湯で捏ね、片手で握れる大きさのだんごを作りつぶし餡をまぶしたもので、茶飲みに食べる。

田植え、観音さん祭り、七夕、お盆、十五夜などに作る。

②ねったんぽ

適当に切ったサツマイモともち米を一緒にし、釜に入れて煮る。軟らかくなったら、そのまますりこぎでたたく。もち米の粒がところどころ残っただんごである。秋から冬の間食用として利用している。

③のべだご

小麦粉を軟らかく捏ねて、よく延びるようになるまで捏ねる。梅干し大にちぎり、表面が滑らかになるまで置いておき、その後、楕円形に延ばして熱湯で茹でる。あるいは捏ねた後は、のべ板に移し、薄く延ばし、ひし形に切り熱湯で茹で上げる。黒砂糖や黄な粉をつけて食べる。日常のおやつに作る。

④あんこかし

小麦粉に少量の塩を入れてぬるま湯を加えて捏ねる。表面が滑らかになるまで放置する。これを、ちぎり、楕円形に延ばして、湯で軽くゆがいて、ザルにあげて水気を除いてから小豆餡をからめる。盆の13日に作る。

⑤いきなりだんご

「いきなりだご」ともいう。「いきなり」の名の由来は「手軽に、簡単に作れる」の意味による。サツマイモを餡にした饅頭のようなもの。

輪切りにしたサツマイモか適当な大きさと厚さに切ったサツマイモを、小麦粉に塩を入れて捏ねた皮で包み、茹でたり、蒸したり、揚げたりしたもので、主食にも利用するが、農家の農繁期の間食にも利用する。

⑥石垣だご

生切り干しサツマイモの粉に水を入れて捏ね、これにサイコロ状に切ったサツマイモを混ぜ合わせ、直径5～6cm の薄いだんごの生地をつくり、これを蒸したもの。黒いだんごの中に黄色のサツマイモが石垣のようにみえるので、「石垣だご」といわれている。

⑦しまだご

生切りの干しサツマイモの粉を捏ねたものと、小麦粉の捏ねたものをそれぞれ平たく延ばし、両者を重ねて、2枚をくるくる巻いて布巾に包み、蒸したもの。蒸したもののは1cmほどの厚さに切る。黒と白の渦巻き状になったもの。おやつとして利用される。

⑧いきなっだご

秋の農繁期にサツマイモと小麦粉で作るだんご。サツマイモの輪切りしたものを、小麦粉に塩を加えて練って薄く延ばした生地で包んで蒸したもの。ミョウガの葉があるときは、だんごの上をミョウガの葉で包む。ミョウガの緑と香りが爽やかに感じるだんごである。

⑨豆だご

小麦粉に塩と砂糖を入れて捏ねた生地に、一煮立ちさせた大豆を混ぜる。さらに大豆の煮汁を加えてだんごを作れる硬さまで練る。生地ができたら平たい小判型にし、熱湯に入れて茹で上げる。

⑩からいもだご

サツマイモの粉を水で溶いてよく練る。細長く延ばし、包丁で輪切りしてたっぷりの湯でゆがく。火が通ったらとりだし、黒砂糖をまぶす。間食に利用する。

⑪彼岸だご

天草では、だんご作りは、春の彼岸から始まり、祇園さま祭り、盆、八朔（旧暦8月1日）、十五夜、なごし（土用の夏越）と続く。

彼岸だごは、彼岸に作るものをいう。作り方は、もち米の粉と小麦粉を混ぜてよく捏ね、この生地で、ザラメを加えて甘味をつけた餡を包み、さらにサルトリイバラの葉で1つずつ包んで蒸す。

⑫こっぱだご

サツマイモの生切り干し（「白こっぱ」という）を粉に挽いたものを水に入れて、手でまとまる硬さに捏ね、この生地で生のサツマイモの輪切りを包む。蒸籠に麦わらを敷き、その上にサツマイモの包んだものをのせて、蒸す。麦わらの縞模様のついただんごができあがる。間食に利用する。

⑬甘酒まんじゅう

ご飯と種麹で、ご飯のデンプンを発酵させる。これに小麦粉を加えて捏ねてまんじゅうの生地を作る。小豆の餡を包んでから再度発酵させてから、蒸して作る。

盆、川祭り、八朔祭り、12月の農業終了の祝いなどに作る。甘酒がないときは重曹を使うこともできる。

⑭みょうがまんじゅう

夏の祭りに、ミョウガの葉でくるんで蒸した小豆餡入りのまんじゅうである。ミョウガの葉の香りが、このまんじゅうの特徴でもある。夏の祭りには、稲の生育と水難よけを祈る川祭り、七夕祭り、田植えじまいの祝い(さなぼり)、などがある。

⑮味噌まんじゅう

熊本県南部の人吉盆地にある人吉市は、江戸時代は城下町として栄えていた。熊本県にありながら冬の気温は低いためか、醸造業が盛んである。球磨川に水を使った焼酎や味噌造りが盛んである。浜田屋の「味噌まんじゅう」は近所の「球磨味噌」を使用したもので、108年の歴史がある。人吉市の名物まんじゅうである。

お焼き・焼きおやつ・お好み焼き・たこ焼き類

①御嶽だんご

3月16日の御嶽さん（市房神社）の祭りに作るので、この名がついている。

小麦粉と米粉を合わせ、塩味をつけて、ぬるま湯を加えてだんごの生地を作る。一口大の生地を丸め、小豆餡を包み、平たい形にし、鉄鍋やフライパンで両面を焼く。

②香り白玉

白玉を求肥に漉し餡を包んで手焼きし、緑鮮やかなニッキの葉で挟んだものが「香り白玉」である。つるりと滑らかな白玉に爽やかなニッキの香りがかすかに移り、独特の美味しさがある。製造元の白玉屋新三郎の初代は、江戸時代の寛永15年に米や求肥を扱った米飴屋を始めた。以後、白玉粉や白玉菓子を作るようになった。

めんの郷土料理

①むっきり

むっきりは「麦きり」の意味で「うどん」のこと。手打ちうどんは、濃い醤油味のだし汁で食べる。だしはしいたけ、イリコ、一晩水につけておいた大豆などでとる。夏場の昼飯とすることが多い。

②きりだご

米すり（籾すり）のおやつに食べるうどん。小麦粉の麺帯をやや幅広めに切り、煮立ったそば汁の中に入れて煮立たせて食べる。そばの汁の中には、小豆、サトイモ、サツマイモなどを入れる。

③おしきり

小麦粉で作る手打ちうどんは、炙ったイワシでとっただし汁（醤油味）の中へ入れて、煮立たせる。煮立ったらネギなどを散す。

④いで汁かえ

薄く細い手打ちうどんは、だしと具と一緒に煮る。7月14日にそうめんの代わりに仏壇へ供える。

⑤南関そうめん

玉名そうめんともいう。玉名郡南関《なんかん》町で作る細くてコシのあるそうめん。この地区特産の大豆で作る南関揚げ（油揚げ）を入れて、熱い昆布ダシ汁をかける「にゅうめん」が、この地の名物。

⑥熊本ラーメン

熊本ラーメンの特徴はスープにある。豚骨・鶏がら・鰹節・野菜屑を高温で長時間煮込んでとる濃厚なスープであり、白濁している。麺はコシがあり太い。

44 大分県

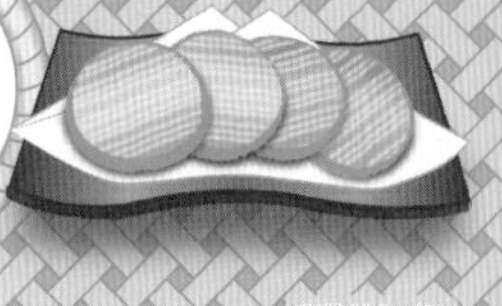

臼杵せんべい

地域の特色

九州の北東部に位置する県で、北から東は瀬戸内海・豊後水道《ぶんごすいどう》に面し、北部は九重山など火山地域、南部は九州山地となる。北東部には国東《くにさき》半島がある。県域の北部は、溶岩の台地が広がり、周防《すおう》灘沿岸に中津平野、国東半島が連なる。南部の九州山地の東端は海に沈んでリアス式海岸を形成する。別府湾に注ぐ大野川・大分川の下流には、小さな大分平野がある。

かつての豊後《ぶんご》国全域と豊前《ぶぜん》国南部の地域である。県庁所在地の大分市は、別府湾南岸に面し、中世は、大友氏の根拠地であった。南蛮貿易が行われた地区でもある。

食の歴史と文化

「一村一品」という地域ごとの特産物で、地域の活性を図ろうと計画したのが大分県であった。山がちで、温暖なので果樹の栽培には適している。九重町、玖珠《くす》町などは干ししいたけの生産量では全国では上位である。その他、野菜や果物（とくにかんきつ類）の生産量を上げている。伝統野菜としてのカボチャ、キュウリ、高菜などの地野菜の栽培も注目している。

漁業では、佐賀関の漁協が計画したブランド魚（関サバ、関アジ）は、品質の点で高く評価され、この方式を参考にした漁業形態が増えてきている。別府湾の城下カレイは、県外の客に対して地のものとして、評価されている。海岸線のリアス式海岸を利用した魚介類の養殖も盛んである。寒い日の日常食として「団子汁」という郷土料理がある。だご汁ともいい、煮干しと昆布でとっただし汁に、シイタケ、カボチャ、ニンジン、サトイモ、その他の野菜を加えて煮込み、これに耳たぶほどの硬さに練った小麦粉の団子を入れて味噌仕立てにした汁物である。内陸の竹田地方では、貴重な魚を頭まで食べる「頭料理」がある。

知っておきたい郷土料理

だんご・まんじゅう類

①にぎりだんご

生切り干しサツマイモの粉（「とういんいもん粉」といっている）を、だんごにしやすい硬さに捏ねる。この生地を手のひらにとり、握りながら、たっぷりの湯でゆがく。浮き上がっただんごは、水を切り、黒砂糖入りの黄な粉をまぶす。間食用として利用する。

②ねり／いとこねり

大分県の南海岸では、「ねんこ」「ねりそ」「ぼし」ともいう。

「ねり」は、生切り干しサツマイモ（「かんくろ」）は、ササゲとともに煮る。煮上がったものは、しばらく蒸した後、熱いうちに搗いて練り上げる。昼飯や間食に利用する。熱いうちは茶碗に入れて食べる。冷えたらおにぎりにして食べる。

「いとこねり」は、ささぎ豆やぶどう豆と生のサツマイモを一緒に煮たものを練り、茶碗に盛って食べる。

③かんくろだんご

サツマイモの生きり干し（かんくろ）の粉をぬるま湯で練り、重曹を入れておくと軟らかくなる。捏ねた生地は手のひらで握る。指のあとをつけて蒸す。蒸し上がったものを熱いうちに食べる。

④盆だんご

盆の精霊を迎えるために作るだんごで、寒ざらしのもち米の粉で作る。だんごの生地は、熱湯で茹でる。黒砂糖入りの黄な粉で食べる。

⑤いももち

サツマイモに小麦粉と米の粉を混ぜて捏ねたものを丸めて蒸しただんご。間食に利用する。

⑥かんころもち

サツマイモをサイコロに切り、生きり干しサツマイモの粉（かんころ粉）に入れて、練る。この生地を丸めて、蒸す。間食用としてこのまま食べる。

⑦ほおかぶり

輪切りや角切りのサツマイモを餡にし、これを重曹の入った小麦粉の生地で包んで蒸したもの。秋の繭だしの後で食べただんご。

⑧石垣もち

小麦粉に砂糖、重曹、塩を入れてかき混ぜた中に、アクの抜いたサツマイモを賽の目に切って入れ、水を加えたまんじゅうの生地を作る。これを、食べやすい大きさの形にして蒸す。

冬から春にかけての間食用として作る。

⑨酒まんじゅう

ご飯に種麹を加えて発酵させる。これに小麦粉を入れて酒まんじゅうの生地を作り、餡を入れて丸め、その底にサルトリイバラの葉を敷いて蒸す。

夏場の行事には作るまんじゅう。

⑩ふくらかしまんじゅう

作り方はほとんど酒まんじゅうと同じである。酒まんじゅうより大きく、蒸すときに敷くサルトリイバラは、蒸し器に敷いてあるので、まんじゅうにはついていない。

⑪さるまんじゅう

大分県の郷土料理。日田市地区では、旧暦の6月の申《さる》の日（十二支の9番目）に、牛馬の安全を祈願して「さるまんじゅう」を作り、サバの頭とともに、竹の皮に包んで、笹にぶらさげて川端の石垣にさす風習がある。

作り方は、小麦粉に少量の重曹と食酢を入れて、水で捏ねてまんじゅうの生地を作る。ソラマメの餡を入れて包み、蒸す。

⑫黒砂糖まんじゅう

日田の町の祇園祭り（7月13日）に作るまんじゅう。小麦粉に少量の重曹、食酢を入れ、黒砂糖を細かく刻んでお湯で溶かしたものも加えて、さらに水を加えて捏ねて、まんじゅうの生地を作る。この生地で小豆餡を包み蒸す。

⑬ふくれまんじゅう

宇佐市の宇佐神宮の夏祭り（7月31日から8月2日）に作るまんじゅう。小麦粉に重曹を入れたまんじゅうの生地でササゲの餡を包んで蒸す。

⑭ちまきもち

国東地区で端午の節句や田植え時の間食用に作る。米粉で作った生地で小豆餡（または、ケンチョウ餡）を入れ、サルトリイバラの葉で巻いて蒸したちまきに似たもの。

⑮臼杵《うすき》せんべい

大分県臼杵市の名物の小麦粉せんべい。小麦粉に、砂糖・卵を混ぜた生地を、厚めのせんべいに焼き上げたもの。砂糖・ショウガ汁を合わせて、刷毛で塗り、金網の上で乾燥して焼き上げる。淡白な甘味とショウガの香りをつけ、歯ざわりのよいせんべいである。安土桃山時代の慶長5（1600）年に、岐阜から臼杵城主として赴任した稲葉貞通に伴って大分に移った菓子職人の玉津屋と稲葉貞通が考案したせんべいといわれている。臼杵せんべいは、参勤交代の非常食に使われた。

最近の臼杵せんべいは、アズキあん、抹茶、ブルーベリーなどをせんべいで挟んだサンドイッチタイプのものが市販されている。

⑯いぜ餅

大分県の名物まんじゅう。茹でて作るまんじゅう、みどりまんじゅうともいわれる。小麦粉の生地を耳たぶの柔らかさに捏ね上げ、みどり豆の餡を包み、布を敷いた大鍋の中で茹でる。

⑰薄焼きせんべい

大分県臼杵市の名物せんべい。安土桃山じぢの慶長5（1600）年に、臼杵城主の稲葉貞通のもとで勤めていた菓子職人に作らせたせんべいといわれている。小麦粉に、砂糖、卵を混ぜた生地を厚めに焼きあげたもの。砂糖、ショウガ汁を合わせた調味液を、刷毛で塗って味付けをしている。

⑱花ゆず

ユズ子と呼ばれるユズを入れた求肥。上質の求肥に、香り豊かな天然のユズの皮をたくさん混ぜ、さらに和三盆糖をまぶしたもの。

お焼き・焼きおやつ・お好み焼き・たこ焼き類

①ひ焼き

小麦粉に塩と重曹を入れてまんじゅうを作る硬さに練る。これを、小さくちぎり丸め、さらに円形に平らな形にして焼く。トウキビの粉で作るものもある。

②じり焼き

小麦粉に塩味をつけ、水を加えて天ぷらの衣のように軟らかい生地を作る。これを平鍋に流して、両面を焼く。黒砂糖を芯にして巻く。食べるときは食べやすい長さに切る。

③オランダ

大分県の夏の郷土料理。ナスを炒め、味醂、味噌で調味し、水溶きした小麦粉を加えて、油を敷いたフライパンで焼いたり、油で揚げたりしたもの。揚げることにより洋風のお菓子に見立てて「オランダ」の名がある。

めんの郷土料理

①鯛めん（大分市）

結婚の披露宴などの祝い事で供する。「鯛めん」は「対面」にかけてある。大皿に茹でたうどんを波のイメージで盛りつける。この上に蒸した鯛を載せる。食べ方は、深めの小皿にうどんと鯛を取り分ける。

②鯛めん（宇佐市）

麺は素麺を使う。結婚披露宴に供される。

③ほうちょう

手打ちうどんを湯に浮かせておいて、生醤油で食べる。ほうちょうは、三浦梅園（1723～89）の『豊後跡考』のなかに書かれている「鮑腸《ほうちょう》」に由来するといわれている。すなわち、うどんをアワビの腸に喩えた。戦国時代にキリシタン大名大友宗麟が、飢餓のときに飢えをしのぐために考え出したとされている。

④おしょぼ

薄い麺を茹でてから、黄な粉をつけたもの。

⑤おどろ

大分県の郷土料理。小麦粉に水を加えてよく捏ねて生地を作る。この生地を薄く延ばしてから麺線とする。めんは茹でてから、水を切り、容器にあけておく。季節の野菜を入れた熱いみそ汁をかけて食べる。冬はけんちん汁をかけ、夏は冷たいみそ汁をかける。翌日まで残った「おどろ」は、がに（蟹）の巣とよばれ、味噌汁をかけて食べる。

45 宮崎県

味噌だんご

地域の特色

九州の南東部に位置する県で、東は太平洋の日向灘に臨み、宮崎平野が広がっている。北部・北西部は九州山地、南部は霧島火山群、南部は鰐塚《わにつか》山地である。霧島火山群の噴火による火山灰の被害を心配しなければならない地区もある。

かつては、日向《ひゅうが》国であった。古代の建国神話の舞台（天照大神が支配していた国など）のあるところとして知られている。江戸時代には薩摩藩領と飫肥《おび》藩領などの小藩に分かれていた。土壌の質が農作物の栽培には向かなく、苦労した地域であったが、大正時代の末に工場誘致ができた。県庁所在地の宮崎市は、宮崎県の南部の大淀川河口の宮崎平野にある。その南部の海岸には青島がある。

平地は海岸沿いにある宮崎平野だけである。黒潮の影響により気候は温暖である。冬にも晴天が続き、日照時間が長い。梅雨と台風の時期には、降雨量が多い。

食の歴史と文化

宮崎県は、畜産と野菜の栽培が中心である。水はけのよい台地と長い日照時間は、果実栽培にも盛んである。とくに、ヒュウガナツやキンカンの特産品としても知られている。畜産関係では「宮崎牛」「宮崎地鶏」が知られているが、近年はインフルエンザやその他の伝染病による被害が目立っている。

沖合いの豊後水道には、太平洋の黒潮が流れ込むので好漁場となっている。カツオ、マグロ、イワシ、マアジ、マサバなどの水揚げの多い漁港も多い。内水面では、ウナギ、アユ、コイなどの養殖が行われている。

伝統野菜の日向カボチャは、煮物や「日の出南京」という蒸しものとして利用されることが多い。中国の粽に似た「あくまき」は、農家の保存食として作られたものである。現在は端午の節句に作られる。灰汁に漬け込んだもち米を孟宗竹の皮に包んで炊き上げたものである。冷汁は宮崎県の郷土料理、長崎の郷土料理がある。宮崎の冷汁は、ご飯の上に、アジ・サバ・イワシなどのすり身と刺身を載せ、ゴマ・焼き味噌で作った汁をかけて食べる（長崎の冷汁《ひやしる》には、魚は使わない）。

知っておきたい郷土料理

だんご・まんじゅう類

①ひらだこ

小麦粉に塩を入れて練り、これにもち米の粉を加え、だんごにし、沸騰した湯に入れて湯がく。できあがったものは、黒砂糖をまぶす。夏の仕事の間食用として利用する。

②かんころだご

サツマイモの粉に水で練り、手の握りの形がつくように握る。これを蒸す。間食に利用する。

③いもだんご

生きり干しのサツマイモの粉（「いもん粉」）につなぎに小麦粉を加え、少量の食塩も加えて水と合わせて練る。この生地をだんごに丸めて蒸す。イモ餡を入れたものは「親子だご」という。

④こっぱだご

サツマイモの切り干し（「こっぱ」）を粉にし、これに水を加えて練る。この生地を握って丸いだんごにして蒸す。ご飯を炊くときに、羽釜の内側に丸めてだんごを置いて、一緒に蒸す。ご飯の節約のために、このだんごを食べることもあった。

⑤とうきびだご

間食に作る。トウキビ粉（トウモロコシ粉）に米粉か小麦粉をつなぎとして入れて水で捏ねてだんごの生地を作り、この生地で小豆餡や栗の餡、サツマイモの餡を包んで、サルトリイバラの葉の上にのせて蒸したもの。

⑥ぶちだこ

うるち米を捏ねた生地は2つに分け、一つには何も入れず、もう一つにはヨモギを入れて緑色にしたもの。この2つの生地を組み合わせて、2色のぶちの生地となるようにして餡を包み、蒸す。旧暦の2月1日に作る。

⑦こぶりだご

春の彼岸に作るヨモギの入っただんご。小麦粉、もち米で作っただんごの生地で餡を包み、黄な粉を敷いた浅い木の箱（もろぶた）に並べる。ヨモギのほかに、ヨオメナ、ゴボウの葉を使うこともある。

⑧ソーダだこ

小麦粉に水溶き重曹を加え、黒砂糖と水を入れて捏ねた生地を蒸しただんご。

⑨ふくれ菓子

小麦粉に重曹を入れ、刻んだ黒糖か白砂糖を加えて、軟らかい生地に仕上げ、これを蒸したもの。田植えの時に作るか、夏の間食用として作る。

⑩あくまき（灰汁巻き）

宮崎や鹿児島の農家では、端午の節句に作る。灰汁につけたもち米を孟宗竹の皮に包み、灰汁（あく）の中で炊き上げたもの。黄色い飴状になり、特有の香りがある。食べやすい大きさに糸で輪に切り、醤油、黒砂糖、黄な粉をつけて食べる。

⑪鯨ようかん

宮崎県・佐土原に古くから伝わる郷土の菓子。鯨のように大きくたくましく育って欲しいという願いから作った菓子。蒸した米粉を小豆餡で挟み、鯨にみたててつくる。餅菓子の感覚がある。

⑫大賀玉饅頭

延岡市の古くからの歴史に因んで名づけた饅頭。オオガタマの鈴状の実が饅頭の表面にのっている。オオガタマ（大賀玉）はモクレン科に属する木で、神社の境内に植えられている。天照大神が、天岩戸に身を隠したときに、アメノウズミノミコトがオオガタマを手に持って舞ったという伝説がある。

お焼き・焼きおやつ・お好み焼き・たこ焼き類

①味噌だこ

小麦粉に水を加え、さらに、刻んだニラ、砕いたイリコ（煮干し）、少量の砂糖を加えて軟らかい生地に練り上げる。これを油をしいた鉄鍋で焼く。弁当のおかずに用意する。

麺類の特色　讃岐うどんに比べると、食感がやわらかい。細めんが多い。だしは、昆布、サバ節、鰹節でとり、淡口《うすくち》醤油を使う。

めんの郷土料理

①山かけうどん

めんつゆにヤマイモを加えた釜揚げうどんで、ヤマイモが麺にからみやすいように、擂ったヤマイモはだしと卵を一緒にかき混ぜ、つゆに加えてある。

②釜揚げうどん

うどんは軟らかく茹でる。つけ汁淡口醤油と味醂のみの甘めで、温めて供する。薬味は青ネギと小粒の揚げ玉。

③ゆであげだこ汁

幅の広い手打ちうどんは、ネギ、シイタケ、鶏肉の入った汁をかけて食べる。お祝いの時に作る。

46 鹿児島県

そまんずし

地域の特色

九州の南部に位置する県で、東側には大隅半島、西側に薩摩半島が太平洋に向かって突き出し、鹿児島湾を形成し、湾内に桜島が浮かぶ。北部に火山の火砕流で出来た火山灰土のシラスが厚く堆積した台地が丘陵がある。全体に平地は少ない。南方海上には、大隅諸島、トカラ列島、奄美大島諸島などの島嶼が存在する。大隅諸島以南は暖かく、亜熱帯型気候である。

かつての薩摩・大隈の2つの国の地域である。県庁所在地の鹿児島市は鹿児島県の中央部に位置し、鹿児島湾を臨む。長い間、島津氏が支配していたこともあって、固有の文化が培われている。幕末の鹿児島県は、西郷隆盛などが活躍したことでも知られている。

食の歴史と文化

シラス土壌は、栽培には適さない農作物が多い。江戸時代に、前田利右衛門はシラスに適したサツマイモを導入した。サツマイモの栽培は現在も盛んで、栽培品種もいろいろ開発されてきている。畜産関係では鹿児島黒牛、かごしま黒豚、茶美豚（チャーミートン）、さつま地鶏などが飼育されている。長い海岸線と南方の数々の島嶼は、水産業を発達させている。マグロの蓄養、クルマエビやマダイの養殖も行われている。

伝統野菜としては、古くから栽培されている「桜ダイコン」は、煮物・漬物に利用されている。郷土料理の「薩摩汁」や「薩摩揚げ」（魚の天ぷら）、「酒ずし」が知られている。奄美大島の「鶏飯《けいはん》」は具をのせて鶏がらスープをかけて食べるご飯である。鹿児島の郷土料理には「あくまき」もある。

知っておきたい郷土料理

だんご・まんじゅう類

①よもぎだご

3月の節句に、ヨモギを入れて作るだんご。もち米の粉とうるち米の粉から作るだんごにヨモギを入れて捏ねた生地をだんごにし、蒸したもの。蒸すときに蒸籠《せいろ》にクマタケランの葉を敷いて、その上にだんごをのせる。

②せんむち

ソテツの幹からとったデンプン（「せぐたぐ」）を搗いて、これに煮たサツマイモを加えて、さらに搗く。直径3cmほどの平たいだんごの形にして茹でる。できただんごは黒砂糖や味噌をつけて食べる。

奄美大島南部で作るだんごである。

③かからんだご

米粉に小豆餡と砂糖を混ぜて丸めて、かからかん葉（サルトリイバラの葉）で包んで蒸しただんごで、五月の節句には欠かせないだんごである。かからかんの葉を使うので、「かからん」の名がある。

「餡入りかからんだご」と「よもぎ入りかからだご」がある。

④やまいもの茶きんしぼり

ヤマイモを原料とした和菓子。ヤマイモは蒸してつぶして使う。これに砂糖を加えて練り、適量を布巾にとり、茶巾しぼりをする。絞った菓子の中央に小さな紅色をつける。鹿児島の正月の祝い膳にのせる。

⑤ふくれ菓子（川辺郡）

5月の節句、お盆、彼岸、法事に作る。重曹と黒砂糖、小麦粉を混ぜて、水を入れて練り、木箱に入れて蒸す。

⑥ふくれ菓子（姶良郡）

農家で作る蒸し菓子である。小麦粉に重曹を入れ、煮て溶かした黒砂糖を入れて混ぜ軟らかい生地を作る。これを布巾を敷いた木箱に入れて蒸す。

⑦かるかん

あく抜きしたヤマイモを擂りおろし、米粉、砂糖を混ぜ合わせ、水をくわえてから練ってから蒸籠で蒸した鹿児島の銘菓。食感がなめらかで、口中では特有の溶け方を感じる。江戸時代前期の寛文年間（1661～72）に考案されたといわれている。「かるかん元祖　明石屋」(創業は弘化4[1847]年）は、江戸で菓子作りをしていた八島六兵衛が島津斉彬公（第11代薩摩藩主・第28代島津家当主）に請われて鹿児島にやってきて、鹿児島で菓子作りを始めた。「明石屋」の名は、八島が播州明石の出身であったことからつけた店名である。八島は、鹿児島で採れる質のよい自然薯と江戸仕込みの技で、この店の代表である「かるかん（軽羹）」を作り続けている。

⑧赤松

国分市の薄焼き小麦せんべい。赤松せんべいともいう。霧島公園に自生する赤松を模したせんべいとネーミングである。表面はケシの実がのせてあり、年輪を表している。裏面は松風のうらさびしさを描いている。

⑨大黒餅

鹿児島県の奄美大島で産する上質の黒糖を用いた求肥に、大納言小豆の粒餡を包んで折り畳んだ菓子が「大黒餅」。黒糖のもつ風味が餅のような食感との相性がよい。ヤマイモを使った鹿児島市の上品な菓子である。

お焼き・焼きおやつ・お好み焼き・たこ焼き類

①そまんかっぱ焼き

そば粉（鹿児島では「そま粉」という）と細かく刻んだサツマイモ（からいも）、黒砂糖を混ぜ、水を加えて軟らかい生地を作る。鉄鍋に油をしいて、この生地を流して両面を焼く。

毎月の1日、15日、七夕には、お茶うけに作る。

②米の粉の揚げもん

もち米の粉に、黒砂糖を入れ（米粉の半分）、少量の塩を混ぜる。これに、水を加えて弾力のある硬さの生地にする。これを鉄鍋やフライパンで大きな焼き物を作る。両面を焼き、焼き上がったら、しゃにんの葉（サンニン、月桃《げっとう》の葉）に移し、冷えてから切り分ける。

祭りなどお祝い事に作り、重箱に詰めて神社へ持っていく。

③いもせんの揚げもん

いもんせん（「サツマイモデンプン」のこと）に水を加えて、サラサラになるくらいに混ぜる。鉄鍋やフライパンで両面を焼く。ショウガ醤油、酢醤油、ゴマ醤油などで食べる。

めんの郷土料理

①そまんずし

そばぞうすいのことで、冬に作ることが多い。焼き干し魚を入れた汁に、ダイコンやニンジンを入れて煮る。その中に水で捏ねたそば粉を太い麺にして入れて煮る。

②そば切い（笠沙町）

手打ちのそばの太い麺を茹でて茶碗に入れておく。魚の焼き干しで作ったそばつゆを、このそばにかける。お祭りのもてなしに作ることが多い。

③そば切い（鹿屋市）

手打ちそばを茹でて、めいめいが籠で茹でて自分の茶碗に入れておく。煮干でとったかけ汁をかける。

④そばずい

つなぎにヤマイモを入れたそばを、幅広い麺に作る。ダイコン、ニンジン、シイタケなどの野菜を入れた汁を作り、煮立ったところへ手打ちそばを入れる。

⑤薩摩そば

鹿児島のそば粉でつなぎはヤマイモとして作るそば。椀だねとして、蒲鉾を入れる。

⑥鹿児島ラーメン

鹿児島ラーメンはスープに特徴がある。特産の黒豚の骨・鶏の骨・鰹節・タマネギ・ニンニクで、丁寧に仕上げた白濁したスープで、コクがある。

47 沖縄県

さーたーあんだぎー

地域の特色

日本最南端に位置する県である。主な島は沖縄島であり、そのほか宮古・石垣・西表《いりおもて》などの島からなる。亜熱帯に属する。

15世紀に琉球王国が成立し、16世紀には奄美から八重山までの島々を支配し、海洋貿易国として栄えた。とくに中国との交易は、中国のいろいろな文化の影響を受けた。その17世紀初頭には、琉球王国は薩摩藩に征服され、明治時代に沖縄県となった。昭和に入り、第二次世界大戦後、一時アメリカの占領下におかれた。昭和47（1972）年に日本に復帰した。

食の歴史と文化

沖縄は、琉球王国時代に中国との交易が盛んであったので、現在の食生活の中にも中国の食文化の影響がみられる。豚肉料理などには、中国料理風なところが多くみられる。

農業ではサトウキビの生産が多く、それを原料とした製糖は、沖縄の貴重な産業となっている。

郷土料理には、ゴーヤチャンプルなど混ぜて炒める料理がある。沖縄の文化はチャンプル文化ともいわれている。それは「混ぜる文化」の意味である。琉球王国時代から中国と交流を引き継いだ料理には、ソーキ汁、イラブ汁などの豚肉料理が多い。

沖縄そばは日本そばではなく、小麦粉に灰汁《あく》を加えて捏ねて作る麺である。スープは豚骨スープに鰹節のだしを使うのが特徴である。沖縄の代表的な菓子には、「サーターアンダギー」という揚げドーナツがある。小麦粉に砂糖、卵、膨張剤を入れて軟らかい団子にし、油で揚げたものである。

沖縄の菓子には2つの系統がある。一つは昔の琉球王国時代の流れの琉球菓子、もう一つは沖縄の庶民のおやつとして作られた菓子である。庶民の菓子には小麦粉、砂糖、卵を、混ぜて作る菓子やいもデンプンを使った菓子が多い。

昔からサツマイモの本場として知られている沖縄で、サツマイモを原料として菓子を作るようになったのは第二次世界大戦後であった。日本は古くからの「おやつ」にサツマイモを使ったものが多かったが、近年、紫芋が人気となり、サツマイモの利用法が工夫されると、サツマイモそのものを利用した菓子類が登場し、とくに、沖縄の紫芋を利用した洋菓子風のものは、沖縄の地域興しに大いに貢献している。とくに有名なのが、ムラサキイモを使ったタルトで沖縄の菓子として位置を確保した。

これまで、沖縄にはサツマイモの菓子がなかったのは、料理人には琉球王国に勤める人が多かったので、食材としてサツマイモに気がつかなかったのである。第二次世界大戦後、内地や海外との交流が盛んになり、いろいろな料理の技法を会得した人たちが増え、新しい沖縄の食文化が築き上げられている。

知っておきたい郷土料理

だんご類

①いももち

宮古島で作るだんごである。煮たサツマイモに小麦粉と水を加えて、木臼で粘りがでるまで搗く。さらに水を加えた小麦粉を加えて練る。これを、臼で搗いて粘りのでたイモに加えて、さらに搗いてから平らのだんごの形にし、熱湯に入れて茹でる。茹で上がっただんごは、熱いうちに黄な粉や黒砂糖をまぶす。

②うむくじむっちー

彼岸や清明祭（シーミー）、7月の盆に作る。煮たサツマイモにサツマイモデンプンを加え、小判型にし、油で揚げたもの。

お焼き・焼きおやつ・お好み焼き・たこ焼き類

① ひらやちー（ヒラヤチー）

ひらやーち（ヒラヤーチ）ともいう。八重山群島周辺ではナビハンビンという。石垣島のほうでは、古くからハンビンとは「芯のはいらない天ぷら」の意味なので、ナビハンビンとは薄焼き天ぷらの意味がある。ナビは日本語の鍋（なべ）に由来する言葉で、ビンは「餅」の中国読みである。琉球王国時代に中国から受けた影響が、今なお続いていることが分かる。ヒラヤチーまたはヒラヤーチは、平たく焼いたものの意味で、沖縄風お好み焼きである。お好み焼きといっても広島風や関西風のお好み焼きのような決まったスタイルはない。

薄く焼いたひらやちーは、地域や店により提供の仕方が異なる。那覇では2枚重ねのひらやちーを提供し、広島の「オタフクソース」に似たソースがひらやちーの表面に塗ってある。焼く道具はフライパンであり、普通のお好み焼き店のような鉄板ではないので、作り方が難しいようである。人気のひらやちーは、水溶き卵にニラを入れて混ぜ、少量の食塩を入れて小麦粉を加えたもの。細切りした紅ショウガをトッピングに使うのは、どこのお好み焼きでも定番の方法のようである。もちろん、沖縄お好み焼きにも紅ショウガをトッピングする。

ひらやちーにまぜる具は家庭により異なる。ニラとネギを入れるところが多い。ソースはウスターソース系のものが多い。ニラやネギは1～2cmの長さに切り、小麦粉・卵・カツオ節だし汁を混ぜて溶き、塩・コショウを加えてからツナの油漬け缶詰を混ぜる。この生地をフライパンで薄く焼く。

おやつや夜食用として利用することが多い。

②ポーポー（炮炮）

中国の料理の影響を受けている料理である。小麦粉で作った皮でアンダンスー（油味噌）を包み、丸めたもので、昼食やおやつに利用する。昔は、5月4日のユッカヌフィー（豊漁祈願）のハーリー＜カヌー競争＞祭りの日）に、家庭で作られた。小麦粉の生地にはベーキングパウダーを加えるので、軟らかい生地となる。アンダンスー（油味噌）の食材は、［豚三枚肉・白味噌・砂糖・ショウガ汁・サラダ油］である。

③あんだーぎー

沖縄の揚げ物料理の一つで、亜熱帯の沖縄独特の天ぷらといえる。小麦粉に卵を大目に入れた濃い目の衣を作り、厚めの衣を具につけて油で揚げる。衣には味をつけておく。材料には豚肉、マグロ、グルクンなどの白身魚、ニンジン、サツマイモ・ゴボウ・ニガウリ・ニラ・ヘチマ・キクラゲなどを使う。食べるときには、天つゆは使わない。揚げてから時間が経っても硬くならないのも特徴である。

④きっぱん（桔餅）

琉球王朝時代の1731年頃、中国から伝わったもので、闘鶏餅、鶏卵糕《ちいるんこう》の材料に使われた。クニブ（九年母、クネンボ）などのかんきつ類の実に砂糖を加えてじっくりと煮詰め、砂糖の衣で覆っている。実の表面は、果汁を搾ってから皮を細く刻む、その後も長時間、砂糖で煮詰め、直径5cmほどの餅状に丸めて乾燥させる。仕上げに真っ白な砂糖で表面を覆ったもので、餅のように見える。

⑤ちんすこう

金楚糕、珍楚糕と書く。琉球王国時代から沖縄県で作られている伝統的菓子の一つである。沖縄の代表的土産である。小麦粉、砂糖、ラードを主原料とした焼き菓子である。ビスケットのような食感はあるが、その甘さについては個人差がある。この菓子が作られるようになったきっかけは、蒸しカステラを沖縄の気候風土に合わせたものに作り上げたという説、シルクロードを渡ってきたポルトガルのボーロを真似て作ったという説がある。琉球王朝時代の王族や貴族のみが、祝い事のときに食べたという説もある。

小麦粉やヤマイモの粉を使った沖縄の菓子

- さーたーあんだーぎー　小麦粉・砂糖・鶏卵・豚油・重曹を混ぜて捏ね合わせ、軟らかめの生地をつくり油で揚げたもの。
- 三月菓子　小麦粉・砂糖・鶏卵・豚油・重曹を混ぜて捏ねた生地を長方形にし、表に2～3本線を入れて、油で揚げたもの。
- ちんぴん　小麦粉を水で溶き、これに黒砂糖を加えた生地を、広げて焼いたもの。丸めて食べるが、中には何もいれない。
- ぽーぽー　小麦粉を水で溶き、これに白砂糖を加えた生地を広げて焼く。丸めて食べる。
- かるかん　山芋・もち米・砂糖（黒砂糖）、重曹を混ぜて、形をつくる。蒸し器の底にサンニンの葉を敷き、その上に生地をのせて蒸す。
- ウムクジムチ　ウムクジ（芋のでんぷん）と砂糖に水を少しずつ加えな

がら捏ね、熱した鍋で混ぜて炊き、ハッタイ粉をまぶして仕上げる。

- ウムクジガリガリ　芋のでんぷん・炊いた芋と砂糖を材料とした揚げ菓子。
- ウムナントゥー　山芋・サツマイモ・黒砂糖・少々の食塩・少々のゴマを混ぜて捏ねて生地を、サンニンの葉にのせて、鍋で蒸したもの。出産の祝いに作る。
- ヤマウムナントゥー　すった山芋・玄米粉・黒砂糖・重曹・卵白を混ぜて捏ねた生地をサンニンの葉にのせて、鍋で蒸したもの。
- ナントウーンス　もち粉・ザラメまたは黒砂糖・味噌・ピーナッツバター・サンニンの葉、ショウガ・ゴマを入れた菓子。正月やお祝いの菓子として作られる。
- ちんすこう　砂糖・豚脂・小麦粉を混ぜ、捏ね合わせた生地を木型で抜き取り焼く。
- 花ぼーるー　小麦粉・砂糖・鶏卵を捏ね合わせ花形につくる。茶菓子や法事に使われる。
- たんなふぁくる　小麦粉と黒砂糖、鶏卵などを混ぜて作る焼き菓子である。

麺類の特色　沖縄で小麦粉を原料とした麺料理が広く知られるようになったのは、明治時代の後期である。本土出身の中国人の調理人が、那覇でシナそば屋を開いたのが、沖縄そばのはじめのようである。明治時代に、沖縄からハワイ島への多くの人が移民したためか、沖縄でのそば屋としては沖縄めんの店が多い。

沖縄そばの麺は、そば粉を使わないで、小麦粉にかん水を加えて作るので、コシが強くラーメンの食感に近い。濃厚な豚骨スープに鰹節のだし、具には豚の三枚肉、蒲鉾、薬味としてコーレーグス（島トウガラシの泡盛漬け）を使う。

沖縄の人は、昼食や間食に沖縄そばをよく利用する。

めんの郷土料理

①そーうみんぷっとぅるー

そうめんは茹でて塩味をつける。鍋に刻んだ豚の脂を入れて熱してから、水を切ったそうめんをいれ、さらに刻んだネギも散す。中華料理のビーフンに似た料理。

②そーみんちゃんぷるー

そうめん、豚肉、ネギを、たっぷりの油で炒めたもの。

付録1　B級グルメとこなもの食品

B級グルメは、地域活性のために誕生したローカルフードであり、必ずしも古くからの伝統食品や郷土料理ではない。「B級」というキーワードは、「高級でないジャンル」を意味していると思われる。実際に、B級グルメ大会に出展される料理は焼きそば、焼きとりなど、「値段は安めで、そのわりには美味しい庶民的な食べ物」を指しているように思われる。

地方のほとんどの地域で人口が減り始めている。高齢者が増えている地方では、各市町村が地域活性と人口の増加に苦慮している。その中で町の活性のためのキーポイントが、「自分の地域への魅力」を世の人々に知らせることとして、郷土の特徴ある料理が注目されているのである。

B級グルメコンテストは、大きな広場をもつ地域が、持ち回りで行っているが、来場者によって評価されるというところは、現代の情報公開にマッチしているといえる。

B級グルメには、焼きソバ、餃子、お好み焼きなどにみられるように、現代の庶民派こなもの文化の展示会のようである。

北海道

北見塩焼きそば（オホーツク北見塩焼きソバ）

焼きそばの具としてオホーツク海で漁獲される豊富な海の幸を入れることにこだわった焼きそばである。この焼きそばには、定義がある。北海道産の小麦粉を使うこと、豚肉でなくオホーツク海産のホタテを使うこと、キャベツでなく北見タマネギを使うこと、味付けは塩であること、鉄板で提供すること、北見市の焼きソバ推進協議会指定の割り箸を使うこと、北見にこだわるスープに仕上げることなど、地域おこしをコンセプトとした焼きそばである。この焼きそばが誕生したのは、平成19（2007）年である。

青森県

八戸せんべい汁

江戸時代の天保の大飢饉時（天保4〔1833〕～7〔1836〕年）に八戸藩内で生ま

れたとされている。

黒石やきそば

第二次世界大戦前に、飲食店では製麺所から仕入れた麺を手もみによって独自の形状にして中華そばを作っていた。大戦終了後、その麺を各店ごとに蒸したり煮たりして、焼きそばを作るようになったのが、黒石やきそばとなった。食堂のほかに、駄菓子では子どものおやつに、新聞紙で作った三角形の袋に焼きソバを入れ、ソースをかけて売っていた。黒石市は商工会議所が中心になって、焼きソバで街の活性化に続けている。現在では、コンビニエンスストアの「ローソン」が「黒石風つゆ焼きそば」として、「揚げ玉とともに、平太麺に、ソースがからむ焼きソバ」が広まっている。

岩手県

冷麺

岩手県は日本そばの盛んなところであるが、日本における朝鮮半島の冷麺の発祥地である。昭和初期に、日本へ移住した朝鮮半島北部出身の青木輝人氏が、昭和29（1954）年に、盛岡で「食道園」という店を開き、そこで冷麺を提供したことによるといわれている。盛岡冷麺は、小麦粉とでん粉で作られて半透明のクリーム色をしている。スープは牛肉や鶏肉で煮込み、適度に味付けして冷やしたもので、飲み心地もよく、キムチの辛味によるパンチのあるうま味が評価の高いスープとなっていると思われる。冷たいコシのある麺とスープのコクが盛岡市民に取り入れられ、B級グルメの料理となったと思われる。

宮城県

登米《とめ》・油麩丼《あぶらふどん》

宮城県・登米地方の旅館のおかみが、肉の苦手な客に親子丼の代わりに作ったのが始まり。小麦たんぱく質の麩を植物油で揚げた「油麩」を利用している点は、面白いアイデアである。

石巻やきそば

漁師町の石巻市は、焼きそばの町として知られている。2011年3月11日の東日本大震災で被害を受けたが、市民の復興への意識を表すために、震災の年のB級グランプリにも出展した。石巻やきそばの特徴は、茶色い麺を使うこと、鉄板でやくこと、鶏がら、煮干しなどのだしを加えて蒸し焼きにすることである。

秋田県

横手焼きそば

第二次世界大戦後、横手市で屋台のお好み焼きを営んでいた店主が、鉄板を用いたメニューとして生まれたのが焼きそば。もっちりした食感の茹で麺にキャベツ・豚挽き肉の具材を入れて炒め、独自のウスター系のソースがかけてある。麺の上にのっている半熟の目玉焼きをからめて食べる。

山形県

どんどん焼き

東京のもんじゃ焼きの進化形といわれている。現在は、一部の地域で根付いているこなもの料理である。名前の由来は、客寄せのために太鼓をドンドンと鳴らしながら売り歩いたことによるといわれている。熱い鉄板に水で溶いた小麦粉を薄く広げ、広げた生地の上に海苔や魚肉ソーセージなどを載せて、焼きあがったものを割り箸にくるくる巻き取り、ソースや醤油をハケでつける。

冷やしラーメン

牛肉、鰹節、コンブでとっただしをベースにした冷たいスープの中に、冷やした太いラーメンが入っている冷やしラーメンである。冷やしたラーメンに、冷たいたれをかけた通常の冷やしラーメンとは違ったタイプのものである。具には蒲鉾、チャーシュー、キュウリ、メンマなどがのせてある。

茨城県

大洗の○○○たらし

「たらし」とは、ゆるく溶いた小麦粉にネギ、切りイカなどの具材を混ぜ、醤油やソースで味付けし、鉄板の上で「ガシ」というさじを使って混ぜながら焼いて食べる鉄板焼きのことで、東京のもんじゃ焼きに似ている。

栃木県

塩原温泉名物スープ入り焼きそば

那須塩原市の名物料理。ラーメンの麺と、豚肉、キャベツをソースで香ばしく焼き上げ、醤油ベースのスープに入れたものである。

ジャガイモ入り焼きそば

足利市周辺にみられる焼きそば。群馬県高崎市と小山市を結ぶ両毛線沿いには、麺の街が多い。「うどんの里館林」振興会、桐生うどん会、足利手打ち蕎麦切り会、上州太田焼きそばのれん会の５団体は、「『麺の里』両毛五市の会」を結成し、麺の街おこしに頑張っている。

ジャガイモ入り焼きそばは、第二次世界大戦後の食糧不足の時代に量を増やすために工夫された焼きそばであった。焼きそばとジャガイモの味、食感がマッチしたため、「ジャガイモ入り焼きそば」は残り、足利の郷土料理となっている。

宇都宮餃子

第二次世界大戦中の東北部の陸軍師団の本部が宇都宮にあった。大戦終了後、復員してきた元軍人は、自分たちが宇都宮に軍人として駐屯していたときに食べて餃子を覚えていて、その味を懐かしく思っていた人々が宇都宮の餃子を広めるきっかけとなったようである。実際に、宇都宮が餃子の街としてブレークしたのは平成の年代に入ってからである。栃木県が餃子に欠かすことのできないニラの生産量が日本一であることや、中国東北部と同じような内陸性の気候であることが、餃子の嗜好性と関係があるのではないかとも推測されている。

群馬県

上州太田焼きそば

秋田県の横手市から太田市へ移った人が、焼きソバを広めたのが「上州太田焼きそば」であるといわれている。太麺と茹でキャベツを具として炒めるのが特徴である。

埼玉県

行田のフライ

水溶き小麦粉に、ネギ、肉などの具を入れ、鉄板上で薄く香ばしく焼き上げたもの。お好み焼きとクレープの中間の厚さのお好み焼きとでもいうもの。1990年代に、行田や熊谷の郊外の農家で、お茶うけとして「たら焼き」「水焼き」という水溶き小麦粉の焼いたものを醤油やゴマ味噌をつけて食べていたものが、行田のフライの原形である。

神奈川県

湯河原坦々やきそば

食べ応えある太麺に、独自の味付けのソースを加えたオリジナル焼きそば。ソースには、隠し味として練りゴマや豆板醤を加えて、ピリッとした辛味がある。

新潟県

イタリアン焼きそば

赤いトマトソースのかかっているソース焼きそばで、焼きそばの進化形ともいわれている1910年の創業の「みかづき」という甘味喫茶が生み出した焼きそばである。具はモヤシとキャベツだけで、それに白ショウガがのせてあり、フォークで食べる。「みかづき」は新潟市内ではチェーン店として20軒以上存在している（田村秀著『B級グルメが地方を救う』からの情報）。

富山県

ブラックラーメン

富山市内の麺の店に誕生した、黒い汁のラーメンである。黒いスープは、濃口醤油味で、具は塩味が強く、ご飯に合う味になっている。

長野県

伊那ローメン

伊那市のローカルフードで、蒸した中華麺にマトンの肉と野菜を加えたもので、麺にコシがないのが特徴。名前の由来は、最初は炒肉麺（チャーローメン）という名前であったが、後に「炒」がとれて「ローメン」とよぶようになったといわれている。

静岡県

浜松餃子

平成24年2月、餃子の消費量の日本一が宇都宮から浜松へ移ったというニューズが目についた。これまで、宇都宮が餃子の消費量が日本一であったが、浜松に移ったのは、浜松の市民が餃子で地域おこしに頑張っていた結果と考えられる。浜松の餃子は、円形のフライパンに円状に餃子を並べた焼き方をしている。浜松市民の間には、「浜松餃子学会」という団体を作り、餃子を徹底的に研究しようという意気込みを感じる。

同じ静岡県の裾野市も餃子での地域おこしを頑張っているようである。餃子の具に、モロヘイヤの入った「すその水ギョーザ」も開発している。。

富士宮やきそば

富士宮市民は、以前から焼きソバを愛し続けていた。1990年代後半からは青年会議所を中心に地域おこしのために、「富士宮やきそば」として売り出した。コシの強い麺に、キャベツ、豚肉、肉カスを混ぜ、オリジナル中濃ソースを入れて炒めて味わう。

◎ 三重県

亀山みそ焼きうどん

もちもちした食感の焼きうどんに、亀山みそをベースにしたたれをかけた焼きうどん。

◎ 大阪府

かしみん焼き

岸和田市はだんじり祭りで有名である。その岸和田市には「かしみん焼き」というお好み焼き風のものがある。西日本にある小麦粉を溶いた生地に鶏肉（かしわ）を載せて焼く「かしわ焼き」と、牛脂のミンチを振りかけた「みんち焼き」の合わせたようなお好み焼きである。シンプルだがコクがある。

◎ 兵庫県

にくてん／高砂のにくてん

お好み焼きの前身ともいわれている。「にくてん」の「にく」はスジ肉、「てん」は天かすを意味する。スジ肉とコンニャク、天カス入りの薄いネギ焼きにウスターソースを塗り、2つに折ったもの。高砂市では具材に甘辛く煮込んだジャガイモを加える。

◎ 島根県

出雲ぜんざい

出雲大社のお膝元が、ぜんざいの発祥の地で、明治8年からの甘味処もある。ぜんざいには、紅白の丸餅が入っているので、粉もののB級料理とした。

◎ 岡山県

ひるぜん（蒜山）焼きそば

ジンギスカンのたれや味噌ダレを用い、具材に親鶏の肉を使うことが特徴である。蒜山焼きそばの起源は、昭和30年代には、各家庭でそれぞれに工夫し、調合していた。蒜山焼きそばの名は、蒜山地方を管轄する岡山県の美作《みまさか》県民局真庭地域事務所が関与している。地域活性化のために各種イベントに参加し、PR活動を行い、2010年のB級グランプリでは、2位となっている。具材には、蒜山高原のキャベツも使用することをコンセプトにしている。

徳島県

徳島ラーメン

茶色の豚骨醤油スープに中細麺で、トッピングは豚バラ肉、ネギ、モヤシ、生卵が特徴で、このスタイルが主流となっている。

高知県

鍋焼きラーメン

高知県須崎市の人々の間では鍋焼きラーメンが好まれている。谷口食堂というところが発祥の地であるといわれている。この店は現在は閉店して存在していないが、最近はこの店の提供方法を継承している。鍋焼きにしたのは冷めないための工夫であった。歯応えのある麺、鶏がらのスープ、ネギ・竹輪・生卵の具を使うのが基本となっている。

福岡県

元祖焼きうどん

焼きそばのライバルとして焼きうどんが生まれたらしい。焼きうどんの特徴は、麺には干しうどん、具には豚ばら肉、秘伝のソースはアジ節・サバ節の削り節をつかっただしを使った。

付録2　全国ご当地 お好み焼きめぐりリスト

（参考；オタフクソース株式会社発行、OCOKOGY Ⅲ）

全国お好み焼きマップ

（※大阪・広島のお好み焼きは本文を参照）

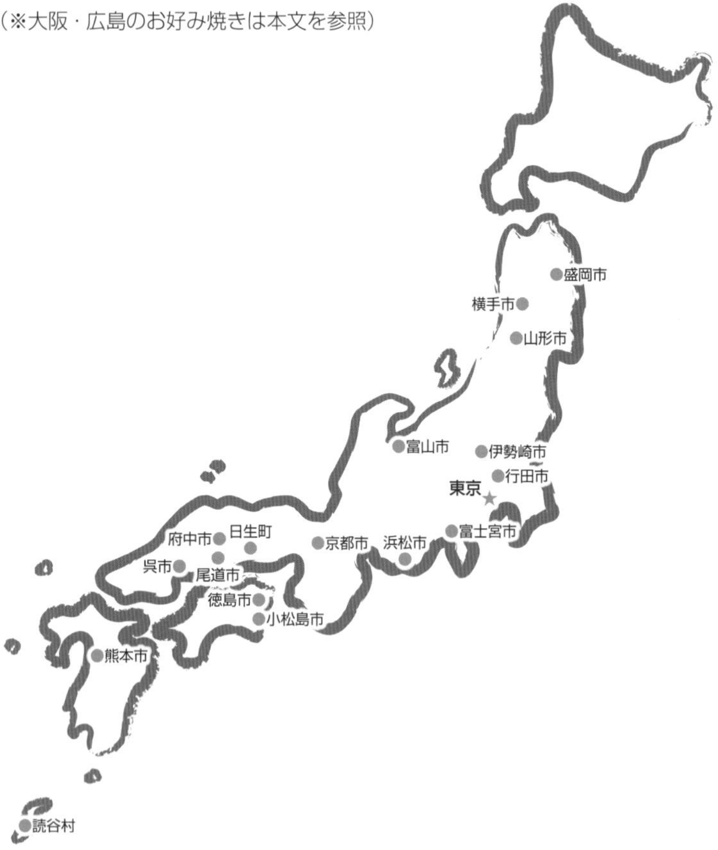

岩手県

盛岡市の「うす焼き」

もともとは、駄菓子屋の隅で焼いて、おやつに売っていた。厚さ２～３mm、直径10cm程度の手のひらにのるお好み焼きだった。小麦粉の生地にも味があり、具には干しえび、でんぶ、キャベツ、天かす、焼き海苔などをのせる。

秋田県

横手市の「横手焼き」

昭和25（1950）年頃、元祖神谷焼きそば屋の店主・萩原安治氏が製麺業者と協力して作ったのが始まりといわれている。

麺はストレート。具はキャベツ、豚肉のひき肉またはホルモン。目玉焼きと福神漬けが添えられるのが特徴。

山形県

山形市の「どんどん焼き」

山形で「どんどん焼き」が始まったのは、昭和13年以降。当時は、経木にどんどん焼きを載せ、熱いので棒に巻いて食べた。具はカツオ節、ネギ、そぼろ、紅ショウガ、ゴマの中から好きなものを３種選び、生地に混ぜて焼く。醤油を塗って食べる。

群馬県

伊勢崎市の「伊勢崎もんじゃ」

伊勢崎もんじゃは、東京のもんじゃ焼きに比べると、生地の水分が多く具が少ない。焼き方は、生地をそのまま鉄板に流して焼く。伊勢崎もんじゃの特徴は、ウスターソースの生地の中にイチゴシロップを入れ、さらにカレー粉を入れる「アマカラ」スタイル。具はモヤシ、キャベツなど。

埼玉県

行田市の「フライ」

大正14年に、古沢商店の古沢む免さん（平成10年に他界）という人が、女工さんのおやつ向けに売り出したのが始まり。「フライ」の名の由来は、「フライパンで焼いたから」といわれる。厚さ3～4mm、直径18cm。具はミンチした肉、キャベツ。ウスターソースをベースにした中濃ソースをかけて食べる。

東京都

月島の「もんじゃ焼き（文字焼き）」

小麦粉を水で溶いた生地を、鉄板かほうろう鍋に流して、薄焼きにしたもの。生地で土手を作り少しずつ薄くパリパリに焼いていくのが特徴。鉄板の上で生地を文字を書くようにヘラで広げることから文字焼きの名があるといわれている。江戸時代中期からある。具は、牛肉、小えび、イカ、キャベツ、揚げ玉など。

富山県

富山市の「昆布玉」

昭和時代の終わり頃から始められている。具材は昆布、キャベツ、卵。生地を鉄板に流し、具材を載せて焼く。鉄板の面の生地が焼けて返し、ある程度まで焼けたら、ソース、マヨネーズをかける。

静岡県

富士宮市の「しぐれ焼き」

特徴は、肉とかすとよばれるラードの搾りかすと背脂からラードを絞った残りを入れることである。鉄板に小麦粉の生地を流したら、すぐにキャベツ、ネギ、肉かす、紅ショウガ、干しサクラエビを載せ、スプーンで広げながら形を整える。この隣に蒸し麺を広げ、水を加えて蒸し焼きにする。麺を生地に載せて返す。特製ソースで食べる。

浜松市の「遠州」焼き

たくあんの入ったお好み焼き。生地にたくあん（黄）、紅ショウガ（赤）、ネギ（緑）を入れて直刑35cmほどに焼く、たくあんを使うのは、浜松の北のほうの三方原がダイコンの生産地、遠州のからっ風で天日干ししたダイコンでたくあんをつくるからであるらしい。

京都府

京都市の「べた焼き」

九条ネギのたっぷり入ったのが特徴。鉄板に流す生地は、直径30cmほど。具がカツオ節の粉、キャベツ、天かす、九条ネギ、紅ショウガ、豚肉、蒸し麺で、この順序で重ねていく。つなぎを入れてから、別に割り落として薄く焼いた卵をのせる。できるだけ平になるまで押さえる。九条ネギの甘味とぬめりがおいしさの秘密といわれている。

岡山県

日生町の「カキオコ」

海の幸のカキをふんだんに入れたお好み焼き。焼き方は、広島焼きと関西焼きの中間。キャベツを入れたゆるめお生地を鉄板に流して焼く。この上にカキ、天かす、ネギをのせ、最後に生地をかけて焼く。日生のお好み焼きは、カキを食べるための調理法である。

広島県

尾道の「砂ずり入りお好み焼き」

鶏の砂肝を入れるのが特徴。適度な量の砂肝は食感をよくする。具材には、牛脂を使うのも特徴。鉄板に流した生地には、キャベツ、麺、塩とコショウで味付けした砂肝を載せて焼く。最後にくるんで食べる。

府中市の「府中焼き」

具は、キャベツ、イカ天のほかに、脂身のついた牛肉のミンチを使う。牛肉を使うことによりコクと香ばしさがでる。ソースも特製である。

呉市の「二つ折りお好み焼き」

小さい鉄板で焼くお好み焼きなので、二つ折りにして食べられるように作ってある。まず、焼きそばを作り、それから、小麦粉の薄い皮を焼き、この上に焼きそばを載せる。

徳島県

徳島市の「お好み焼き・豆天」

お好み焼きの中にふっくらした甘い金時豆が入っている。ホットケーキのような食べ心地。具にはうどんに載せるほどの大きさの天かすをバリバリ折って入れる。さらにキャベツ、甘い金時豆を入れて焼く。

小松島市の「お好み焼き・カツ玉」

小魚のすり身をカレー味にし、これにパン粉をまぶしてつくるフィッシュ・カツの入ったお好み焼き。このフィッシュ・カツは、ソースやマヨネーズをつけても食べるし、カレーの具としても使われる。
鉄板に流した生地の上に、キャベツやネギなどを載せ、さらにこのフィッシュ・カツを載せて焼く。

熊本県

熊本市の「ちょぼ焼き」

ちょぼ焼きは、水で溶いた小麦粉の生地を鉄板に流し、魚粉、たくあん、あげかすを載せて焼く。焼きあがったら２つに折り、ソースを塗り、経木に載せて食べる。熊本のたくあんは、甘口である。割り干しダイコンの醤油漬けの「はりはり漬け」も使う。

沖縄県

読谷村の「ヒラヤーチ」

水溶き小麦粉の生地を鉄板に流し、いろいろな長さに刻んだニラ、ツナを載せて焼いたもの。食事の他に、酒の肴としても食べる。

お好み焼きのルーツ

お好み焼きは、630年から894年まで唐の文化を学んでくる目的で唐に派遣された遣唐使が持ち込んだものといわれている。当時、日本で粉食文化を普及しようとする学者がいて、唐で食べたセンビン（煎餅）を日本で広めようとしたのが、お好み焼きのルーツではないかという説がある。一方、茶人千利休（1522～1591）が、鎌倉時代の初頭に、宋から帰国した栄西（1141～1251）の著書をみて日本的お好み焼きの祖形、「ふの焼き」を作り出したという説もある。「ふの焼き」は、小麦粉に水と酒を加えて練り、煎り鍋（ほうろく鍋）に薄く延ばして焼き、かたまるときに山椒入りの甘味噌を塗って巻き込んで、1cm ほどの幅に切ったものといわれている。

付録3

こなものを原料とした伝統的加工食品の分類

- **もち類**
  - 切りもち
  - のしもち
  - 麦もち
  - 凍りもち
  - あられもち
  - きりたんぽ
  - 吉備団子
  - もち菓子、まんじゅう
  - 大福もち
  - ぎゅうひ（求肥）
  - 新粉もち
- **せんべい類**
  - 米菓（米粉せんべい）
  - 小麦せんべい
    - 南部せんべい
    - 磯部せんべい
    - 臼杵せんべい
    - 炭酸せんべい
    - おこし
    - 卵せんべい
    - 瓦せんべい
- **うどん類**
  - 生めん類
    - 生うどん
    - 茹でうどん
    - 冷凍うどん
  - 乾めん
    - 干しうどん
    - 干し冷麦
    - ひらめん
    - そうめん
    - 手延べそうめん
    - 手延べ冷麦
    - 手延べひらめん
    - 手延べそうめん
- **そば類**
  - そば切り
    - 手打ち製めん
    - 機械製めん
  - 乾燥そば
  - そば米（むきそば）
  - そばがき
- **麩**
  - 焼き麩
  - 生麩
  - 油揚げ麩
- **豆類**
  - 黄な粉
  - 餡

付録4　日本のめんマップ

北海道
●あきあじうどん
●そばずし
秋田
●いなにはうどん
富山
●おおかどそうめん
●ひみうどん
新潟
●へぎそば
●てぶりそば
岩手
●まつもそば
●はらこそば
●わんこそば
長崎
●いかすみそうめん
●ごとううどん
●さらうどん
●じごくぞうめん
●しっぽくうどん
●しまばらそうめん
●どろさまそうめん
●ごもくそば
●ながさきチャンポン
群馬
●たてばやしどん
●はなやまうどん
●みずさわうどん
●ながいもそば
兵庫
●いぼのいと
●たつのそうめん
●ばんしゅうそうめん
●いずしそば
●さらそば
福井
●えちぜんそば
●おろしそば
●からみそば
宮城
●ううめん
●しろいしうどん
福島
●なっとうそば
京都
●にしんそば
島根
●めかぶうどん
●いずもそば
●わりこそば
滋賀
●いぶきそば
栃木
●みみうどん
●くりやまそば
広島
●たいめん
大分
●たいめん
茨城
●くじそば
●みとそば
山口
●かわらそば
東京
●あられそば
●じんだいじそば
長野
●かわかみそば
●きりしたそば
●こおりそば
●しんしゅうそば
●そばずし
●やきみそそば
山梨
●あずきほうとう
●みたけそば
●ほうとう
●みみ
徳島
●たらいうどん
●はんだそうめん
奈良
●みわそうめん
愛知
●みそにこみうどん
香川
●さぬきうどん
●しょうどしまうどん
三重
●いせうどん
●いせそうめん
●おおやそうめん
愛媛
●きみぞうめん
●ごしきそうめん
●たいめん
大阪
●うどんすき
●うんろく
●おじやうどん
●かちんうどん
●かやくうどん
●きつねうどん
●このはとうどん
●すきうどん
熊本
●たまなそうめん
●なんかんそうめん
沖縄
●おきなわそば

付録5 郷土の小麦粉菓子マップ

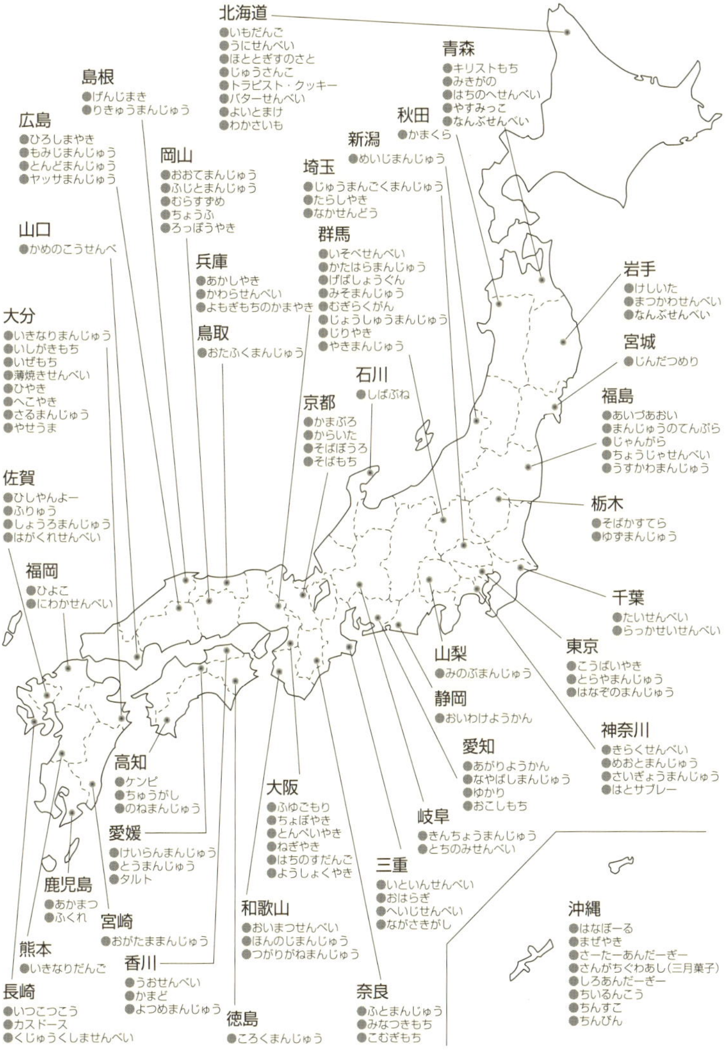
北海道
●いもだんご
●うにせんべい
●ほととぎすのさと
●じゅうさんこ
●トラピスト・クッキー
●バターせんべい
●よいとまけ
●わかさいも
青森
●キリストもち
●みきがの
●はちのへせんべい
●やすみっこ
●なんぶせんべい
秋田
●かまくら
岩手
●けしいた
●まつかわせんべい
●なんぶせんべい
宮城
●じんだつめり
福島
●あいづあおい
●まんじゅうのてんぷら
●じゃんがら
●ちょうじゃせんべい
●うすかわまんじゅう
新潟
●めいじまんじゅう
栃木
●そばかすてら
●ゆずまんじゅう
群馬
●いそべせんべい
●かたはらまんじゅう
●げばしょうぐん
●みそまんじゅう
●むぎらくがん
●じょうしゅうまんじゅう
●じりやき
●やきまんじゅう
埼玉
●じゅうまんごくまんじゅう
●たらしやき
●なかせんどう
千葉
●たいせんべい
●らっかせいせんべい
東京
●こうばいやき
●とらやまんじゅう
●はなぞのまんじゅう
神奈川
●きらくせんべい
●めおとまんじゅう
●さいぎょうまんじゅう
●はとサブレー
山梨
●みのぶまんじゅう
静岡
●おいわけようかん
石川
●しばぶね
岐阜
●きんちょうまんじゅう
●とちのみせんべい
愛知
●あがりようかん
●なやばしまんじゅう
●ゆかり
●おこしもち
三重
●いといんせんべい
●おはらぎ
●へいじせんべい
●ながさきがし
京都
●かまぶろ
●からいた
●そばぼうろ
●そばもち
大阪
●ふゆごもり
●ちょぼやき
●とんぺいやき
●ねぎやき
●はちのすだんご
●ようしょくやき
奈良
●ふとまんじゅう
●みなつきもち
●こむぎもち
和歌山
●おいまつせんべい
●ほんのじまんじゅう
●つがりがねまんじゅう
兵庫
●あかしやき
●かわらせんべい
●よもぎもちのかまやき
鳥取
●おたふくまんじゅう
島根
●げんじまき
●りきゅうまんじゅう
岡山
●おおてまんじゅう
●ふじとまんじゅう
●むらすずめ
●ちょうふ
●ろっぽうやき
広島
●ひろしまやき
●もみじまんじゅう
●とんどまんじゅう
●ヤッサまんじゅう
山口
●かめのこうせんべ
徳島
●ころくまんじゅう
香川
●うおせんべい
●かまど
●よつめまんじゅう
愛媛
●けいらんまんじゅう
●とうまんじゅう
●タルト
高知
●ケンピ
●ちゅうがし
●のねまんじゅう
福岡
●ひよこ
●にわかせんべい
佐賀
●ひしやんよー
●ふりゅう
●しょうろまんじゅう
●はがくれせんべい
長崎
●いつこつこう
●カスドース
●くじゅうくしませんべい
熊本
●いきなりだんご
大分
●いきなりまんじゅう
●いしがきもち
●いぜもち
●薄焼きせんべい
●ひやき
●へこやき
●さるまんじゅう
●やせうま
宮崎
●おがたままんじゅう
鹿児島
●あかまつ
●ふくれ
沖縄
●はなぼーる
●まぜやき
●さーたーあんだーぎー
●さんがちぐわあし(三月菓子)
●しろあんだーぎー
●ちいるんこう
●ちんすこ
●ちんびん

●参考文献●

岡田　哲編『たべもの起源事典』東京堂出版　(2003)
岡田　哲『食の文化を知る事典』東京堂出版　(2005)
岡田　哲編『コムギ粉料理探求事典』東京堂出版 (1999)
岡田　哲編『日本の味探求事典』東京堂出版 (1996)
木下敬三『さぬきうどんの小麦粉の話』旭屋出版 (2009)
日本伝統食品研究会編『日本の伝統食品事典』朝倉書店 (2007)
坂本正行『米の粉食　食の科学』(No.331) (2005.9)
歴史読本特別増刊『たべもの日本史総覧』新人物往来社 (1993)
荒井綜一 他『食品の貯蔵と加工』同文書院 (1979)
五明紀春 他『食品加工学』学文社刊 (1999)
岩崎信也『蕎麦屋の系図』光文社 (2011)
文部科学省 科学技術・学術審議会 資源調査分科会 報告「五訂増補食品標準成分表」: 五訂増補「食品成分表2006」女子栄誉大学出版部
神崎宣武『「まつり」の食文化』角川選書 (2005)
北岡正三郎『物語　食の文化』中公新書 (2011)
倉沢文夫『米とその加工』建帛社 (1988)
日本調理科学会編『料理のなんでも小事典』講談社ブルーバックス (2008)
仲　實『和菓子』柴田書店 (2007)
いも類振興会編『サツマイモ事典』全国農村教育協会 (2010)
亀井千歩子『日本の菓子　祈りと感謝と厄除けと』東京書籍東書選書 (1996)
守安　正『お菓子の歴史』白水社 (1968)
中村孝也『和菓子の系譜』淡交新社 (1967)
製粉振興会編集・発行『話題のバスケット　小麦粉とパン・めん・菓子の料理』(2007)
安達　巌『日本食物文化の起源』自由国民社 (1982)
陶　智子『加賀百万石の味文化』集英社新書 (2002)
成瀬宇平『47都道府県・伝統食百科』丸善出版 (2009)
成瀬宇平・堀知佐子『47都道府県・地野菜／伝統野菜百科』丸善出版 (2009)

成瀬宇平『47都道府県・魚食文化百科』丸善出版（2011）
農文協編『ふるさとの家庭料理　第4巻　そば・うどん』（2003）
農文協編『ふるさとの家庭料理　第6巻　だんご・ちまき』（2003）
農文協編『ふるさとの家庭料理　第7巻　まんじゅう・おやき・おはぎ』（2008）
旭屋出版編集部『うどん大全』旭屋出版（2006）
『和楽』（2012年2月号）小学館：特集「しあわせ和菓子」名鑑（2012）
全国銘菓設立60周年記念誌編集委員会編『日本の菓子　全国銘菓』全国銘産菓子工業協同組合発行（2010）
田村　秀『B級グルメが地方を救う』集英社新書（2008）
尚　承・高良　菊『おいしい沖縄料理』柴田書店（1995）
オタフクソース（株）編『続・OCOLOGY』（2001）

索　引

あ　行

か　行

さ 行

た　行

な 行

は　行

ま 行

や　行

ら　行

わ　行

47都道府県・こなもの食文化百科

平成24年7月31日　発　　行
平成30年4月20日　第3刷発行

著作者　成　瀬　宇　平

発行者　池　田　和　博

発行所　丸善出版株式会社
〒101-0051　東京都千代田区神田神保町二丁目17番
編　集：電話(03)3512-3264／FAX(03)3512-3272
営　業：電話(03)3512-3256／FAX(03)3512-3270
https://www.maruzen-publishing.co.jp

組版印刷・富士美術印刷株式会社／製本・株式会社 星共社

ISBN 978-4-621-08553-0　C 0577　　Printed in Japan

47都道府県・魚食文化百科
成瀬 宇平 著
丸善出版

47都道府県・伝統行事百科
神崎 宣武 著
丸善出版